RUDOLF STEINER GESAMTAUSGABE
VORTRÄGE

VORTRÄGE FÜR DIE ARBEITER AM GOETHEANUMBAU

RUDOLF STEINER GESAMTAUSGABE

Vorträge für die Arbeiter am Goetheanumbau

Band 1 — Die Erkenntnis des Menschenwesens nach Leib, Seele und Geist. Über frühe Erdzustände

Zehn Vorträge, 2. August bis 30. September 1922 (Bibl.-Nr. 347)

Band 2 — Über Gesundheit und Krankheit. Grundlagen einer geisteswissenschaftlichen Sinneslehre

Achtzehn Vorträge, 19. Oktober 1922 bis 10. Februar 1923 (Bibl.-Nr. 348)

Band 3 — Vom Leben des Menschen und der Erde. Über das Wesen des Christentums

Dreizehn Vorträge, 17. Februar bis 9. Mai 1923 (Bibl.-Nr. 349)

Band 4 — Rhythmen im Kosmos und im Menschenwesen. Wie kommt man zum Schauen der geistigen Welt?

Sechzehn Vorträge, 30. Mai bis 22. September 1923 (Bibl.-Nr. 350)

Band 5 — Mensch und Welt. Das Wirken des Geistes in der Natur – Über das Wesen der Bienen

Fünfzehn Vorträge, 8. Oktober bis 22. Dezember 1923 (Bibl.-Nr. 351)

Band 6 — Natur und Mensch in geisteswissenschaftlicher Betrachtung

Zehn Vorträge, 7. Januar bis 27. Februar 1924 (Bibl.-Nr. 352)

Band 7 — Die Geschichte der Menschheit und die Weltanschauungen der Kulturvölker

Siebzehn Vorträge, 1. März bis 25. Juni 1924 (Bibl.-Nr. 353)

Band 8 — Die Schöpfung der Welt und des Menschen. Erdenleben und Sternenwirken

Vierzehn Vorträge, 30. Juni bis 24. September 1924 (Bibl.-Nr. 354)

RUDOLF STEINER

Mensch und Welt
Das Wirken des Geistes in der Natur
Über das Wesen der Bienen

Fünfzehn Vorträge und eine Nachbemerkung
gehalten vor den Arbeitern am Goetheanumbau
in Dornach
vom 8. Oktober bis 22. Dezember 1923

1988
RUDOLF STEINER VERLAG
DORNACH SCHWEIZ

Nach vom Vortragenden nicht durchgesehenen Nachschriften
herausgegeben von der Rudolf Steiner-Nachlaßverwaltung
Die Herausgabe besorgte Paul Gerhard Bellmann

1. Auflage in dieser Zusammenstellung, Gesamtausgabe Dornach 1965
2. Auflage, Gesamtausgabe Dornach 1966
3. Auflage, neu durchgesehen und mit den Stenogrammen verglichen
Gesamtausgabe Dornach 1978
4. Auflage, teilweise neu durchgesehen
Gesamtausgabe Dornach 1988

Weitere Veröffentlichungen siehe zu Beginn der Hinweise

Bibliographie-Nr. 351
Zeichnungen im Text nach Wandtafelskizzen Rudolf Steiners
ausgeführt von Leonore Uhlig

Printed in Switzerland by Graphische Anstalt Schüler AG, Biel
ISBN 3-7274-3510-0

Zu den Veröffentlichungen aus dem Vortragswerk von Rudolf Steiner

Die Grundlage der anthroposophisch orientierten Geisteswissenschaft bilden die von Rudolf Steiner (1861 - 1925) geschriebenen und veröffentlichten Werke. Daneben hielt er in den Jahren 1900 bis 1924 zahlreiche Vorträge und Kurse, sowohl öffentlich wie auch für die Mitglieder der Theosophischen, später Anthroposophischen Gesellschaft. Er selbst wollte ursprünglich, daß seine durchwegs frei gehaltenen Vorträge nicht schriftlich festgehalten würden, da sie als «mündliche, nicht zum Druck bestimmte Mitteilungen» gedacht waren. Nachdem aber zunehmend unvollständige und fehlerhafte Hörernachschriften angefertigt und verbreitet wurden, sah er sich veranlaßt, das Nachschreiben zu regeln. Mit dieser Aufgabe betraute er Marie Steiner-von Sivers. Ihr oblag die Bestimmung der Stenographierenden, die Verwaltung der Nachschriften und die für die Herausgabe notwendige Durchsicht der Texte. Da Rudolf Steiner aus Zeitmangel nur in ganz wenigen Fällen die Nachschriften selbst korrigieren konnte, muß gegenüber allen Vortragsveröffentlichungen sein Vorbehalt berücksichtigt werden: «Es wird eben nur hingenommen werden müssen, daß in den von mir nicht nachgesehenen Vorlagen sich Fehlerhaftes findet.»

Nach dem Tode von Marie Steiner (1867 - 1948) wurde gemäß ihren Richtlinien mit der Herausgabe einer Rudolf Steiner Gesamtausgabe begonnen. Der vorliegende Band bildet einen Bestandteil dieser Gesamtausgabe. Soweit erforderlich, finden sich nähere Angaben zu den Textunterlagen am Beginn der Hinweise.

Die besondere Stellung, welche die Vorträge für die Arbeiter am Goetheanumbau innerhalb des Vortragswerkes einnehmen, schildert Marie Steiner in ihrem Geleitwort, welches diesem Band vorangestellt ist.

INHALT

GELEITWORT
zum Erscheinen von Veröffentlichungen aus den Vorträgen Rudolf Steiners für die Arbeiter am Goetheanumbau vom August 1922 bis September 1924

Marie Steiner

Man kann diese Vorträge auch Zwiegespräche nennen, denn ihr Inhalt wurde immer, auf Rudolf Steiners Aufforderung hin, von den Arbeitern selbst bestimmt. Sie durften ihre Themen selber wählen; er regte sie zu Fragen und Mitteilungen an, munterte sie auf, sich zu äußern, ihre Einwendungen zu machen. Fern- und Naheliegendes wurde berührt. Ein besonderes Interesse zeigte sich für die therapeutische und hygienische Seite des Lebens; man sah daraus, wie stark diese Dinge zu den täglichen Sorgen des Arbeiters gehören. Aber auch alle Erscheinungen der Natur, des mineralischen, pflanzlichen und tierischen Daseins wurden berührt, und dieses führte wieder in den Kosmos hinaus, zum Ursprung der Dinge und Wesen. Zuletzt erbaten sich die Arbeiter eine Einführung in die Geisteswissenschaft und Erkenntnisgrundlagen für das Verständnis der Mysterien des Christentums.

Diese gemeinsame geistige Arbeit hatte sich herausgebildet aus einigen Kursen, die zunächst Dr. Roman Boos für die an solchen Fragen Interessierten, nach absolvierter Arbeit auf dem Bauplatz, gehalten hat; sie wurden später auch von andern Mitgliedern der Anthroposophischen Gesellschaft weitergeführt. Doch erging nun die Bitte von seiten der Arbeiter an Rudolf Steiner, ob er nicht selbst sich ihrer annehmen und ihren Wissensdurst stillen würde – und ob es möglich wäre, eine Stunde der üblichen Arbeitszeit dazu zu verwenden, in der sie noch frischer und aufnahmefähiger wären. Das geschah dann in der Morgenstunde nach der Arbeitspause. Auch einige Angestellte des Baubüros hatten Zutritt und zwei bis drei aus dem engeren Mitarbeiterkreise Dr. Steiners. Es wurden auch praktische Dinge besprochen, so zum Beispiel die Bienenzucht, für die sich Imker interessierten. Die Nachschrift jener Vorträge über Bienen wurde später, als Dr. Steiner nicht mehr unter uns weilte, vom Landwirtschaftlichen Versuchsring am Goetheanum als Broschüre für seine Mitglieder herausgebracht.

Nun regte sich bei manchen andern immer mehr der Wunsch, diese Vorträge kennenzulernen. Sie waren aber für ein besonderes Publikum gedacht gewesen und in einer besonderen Situation ganz aus dem Stegreif gesprochen, wie es die Umstände und die Stimmung der zuhörenden Arbeiter eingaben – durchaus nicht im Hinblick auf Veröffentlichung und Druck. Aber gerade die Art, wie sie gesprochen wurden, hat einen Ton der Frische und Unmittelbarkeit, den man nicht vermissen möchte. Man würde ihnen die besondere Atmosphäre nehmen, die auf dem Zusammenwirken dessen beruht, was in den Seelen der Fragenden und des Antwortenden lebte. Die Farbe, das Kolorit möchte man nicht durch pedantische Umstellung der Satzbildung wegwischen. Es wird deshalb der Versuch gewagt, sie möglichst wenig anzutasten. Wenn auch nicht alles darin den Gepflogenheiten literarischer Stilbildung entspricht, so hat es dafür das unmittelbare Leben.

Mensch und Welt

Das Wirken des Geistes
in der Natur

ERSTER VORTRAG

Dornach, 8. Oktober 1923

Guten Morgen, meine Herren! Haben Sie sich irgend etwas ausgedacht, was heute beantwortet werden könnte? – Wenn nicht, dann will ich Ihnen heute etwas sagen, was sich ganz gut anschließt an Dinge, die ich schon besprochen habe.

Wenn der Mensch so hineinsieht in die Natur – er sieht ja eigentlich ziemlich gedankenlos hinein –, so kommt ihm in dem Momente, wo er anfängt, wirklich über die Naturdinge nachzudenken, ja so viel in den Sinn, was darauf hinweist, daß überall Geist in der Natur, daß überall das Geistige gegenwärtig ist, daß er gar nicht mehr anders kann, als, wenn ich so sagen darf, neugierig zu werden, wie da eigentlich dieser Geist in der Natur wirkt. Ich habe Ihnen ja beim Biberbau, bei ähnlichen Dingen immer wieder zeigen können, wie geistreich alle diese Dinge in der Natur sind. Nun will ich Ihnen heute noch etwas anderes zeigen.

Nicht wahr, der Mensch sieht zunächst, wenn er in einer gewissen Zeit des Sommers in der Natur draußen herumgeht, die schönen flatternden Schmetterlinge mit ihren farbigen Flügeln, die so bunt schillern, und da frägt er nicht weiter: Woher kommt dieses wirklich mannigfaltig bunt schillernde Flattern der Schmetterlinge, die sich so frei bewegen?

Es ist dieses von einer großen praktischen Bedeutung. Ich bin sogar davon überzeugt: Wenn wir hier irgendwo auf unserem Goetheanum-Grunde neue Versuche machen könnten für die Luftschiffahrt, so würden wir die nicht so anstellen, wie sie heute aus der materialistischen Wissenschaft heraus angestellt werden. Da versucht man es immer mit dem Vogelflug, mit dem Libellenflug, der Wasserjungfer und so weiter. Aber man hat keinen Sinn dafür, die Sache zu versuchen mit dem eigentlichen Schmetterlingsflug. Und dennoch würde die Luftschiffahrt erst auf ihre richtige Gestalt kommen, wenn man die Versuche dafür im Großen anfassen könnte gerade mit dem Schmetterlingsflug. Aber nicht wahr, auf solche Dinge gehen die Leute heute deswegen nicht ein, weil sie die Richtigkeit doch nicht einsehen können. Man kann nämlich solche Dinge in richtiger Weise, selbst für das praktische Leben, doch nur einsehen, wenn man auf das Geistige eingeht.

Nun will ich Ihnen heute etwas über die Schmetterlinge, etwas, was nicht gerade zur Luftschiffahrt gehört, aber Sie aufklären kann über die Luftschifferei, zeigen. Sehen Sie, solch ein Schmetterling ist ja nicht von vornherein da, sondern der kommt ja, wie Sie wissen, auf eine sehr komplizierte Weise zustande. Zunächst gehen wir davon aus, daß der Schmetterling, wenn es gegen den Herbst zu geht, er also reif geworden ist, ein Ei legt. So daß also das erste, wovon der Schmetterling ausgeht, das ist, daß er ein Ei legt. Aus diesem Ei kommt ja nicht wieder ein Schmetterling heraus. Da kriecht nicht wiederum, sagen wir, der Schmetterling Schwalbenschwanz heraus, der so ausschaut (siehe Zeichnung); der kriecht nicht da heraus, sondern aus diesem Ei kriecht zunächst dasjenige heraus, was

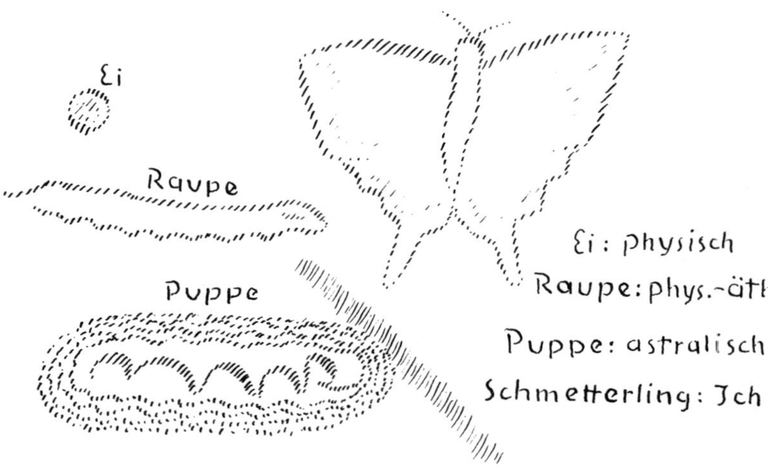

man im Volksmund einen «Wurm» nennt; eine Raupe kriecht heraus. Diese Raupe also kriecht aus dem Ei heraus. Hier hat sie ihren Kopf (siehe Zeichnung), hier hinten ist ein Stachel, und die kriecht nun so träg, langsam herum, ist eigentlich äußerlich eine Art von Faulenzer. Aber innerlich ist eine solche Raupe gar keine Faulenzerin, sondern innerlich spinnt sie aus ihrem eigenen Leib heraus Fäden, und aus diesen Fäden macht sie um sich herum eine Hülle. Wenn also das jetzt die Raupe ist (siehe Zeichnung), so spinnt diese Raupe aus sich selbst heraus Fäden und macht um sich herum eine Hülle, die hart ist. Die Raupe verschwindet allmählich im Inneren ganz, löst sich auf in diesen Fäden, macht also um sich herum eine Hülle, die sie irgendwie an einen Baumstamm anhängt, anklebt; sie klebt zuerst den Faden an und verschwindet dann in der Hülle. So daß wir haben: das Ei, die Raupe und hier, das nennt man eine Puppe. Und diese Puppe, die bleibt nun eine Zeitlang hängen. Dann kriegt sie irgendwo ein Loch und der Schmetterling kommt heraus. So daß, bevor ein solcher Schmetterling zustande kommt, vier Sachen notwendig sind: also erstens das Ei, zweitens die Raupe, drittens die Puppe und viertens er selbst. Das Ei, das wird irgendwo abgelegt. Die Raupe kriecht dann herum. Die Puppe bleibt ganz fest und der Schmetterling flattert lustig in der Luft herum. Der kann dann wiederum ein Ei legen und die Geschichte geht im Jahreslauf von neuem los. So ist die Sache.

Nun, das schauen sich die Leute an, und das erklären heute die Gelehrten ja so, daß sie einfach beobachten, was sich da durch das Mikroskop oder dergleichen eben beobachten läßt. Aber so einfach ist die Sache nicht. Man muß berücksichtigen, wo das Ei leben kann und wie es lebt, wie die Raupe lebt, wie die Puppe lebt und wie zuletzt der Schmetterling lebt. Das Ei, das braucht vor allen Dingen, wenn es so weit kommen soll, daß die Raupe auskriechen kann, manchmal furchtbar wenig – aber es braucht Feuchtigkeit, in der etwas Salz aufgelöst ist. Kein Ei kann gedeihen, ohne daß es etwas Feuchtigkeit, in der etwas Salz aufgelöst ist, bekommt. Daher muß das Tier, der Schmetterling, diesen Instinkt haben, das Ei irgendwo hinzulegen, wo es Feuchtigkeit bekommen kann, in der etwas Salz enthalten ist. Ohne das geht es also nicht. Es ist das, was ich Ihnen hier für den Schmetterling erzähle, eben geradeso auch für die Biene und so weiter. Es ist für die Biene auch notwendig, daß da, wo die Eier abgelegt werden, etwas durchdringt – wenn es auch wenig ist –, daß Salz hineinkommt. Es beobachten das eben wenige. Es genügt, wenn der Nebel durchgeht; der hat immer etwas Salzfeuchtigkeit. Es kommt einem da die Natur zu Hilfe. Es leuchtet das dem menschlichen Verstand nicht immer ganz ein. Die Natur ist eben viel gescheiter als der Mensch. Aber das Ei muß immer etwas Feuchtigkeit haben, in der etwas Salz drinnen ist. Das ist beim

Schmetterling auch so, und dann kriecht also die Raupe heraus. Das Ei braucht also nur diese Feuchtigkeit, in der Salz drinnen ist; es hat keine Augen, es sieht nichts, es lebt im übrigen für sich selbst in einer Welt, die ganz finster ist. In dem Augenblick, wo die Raupe ausgekrochen ist, kommt sie ans Licht heraus, ist also fortwährend im Lichte. Die Raupe hat Sinnesorgane, kommt ans Licht. Jetzt ist es eigentlich ein ganz anderes Wesen geworden, als das Ei es ist. Das Ei hat sich ganz in die Raupe verwandelt. Und daß die Raupe dem Licht ausgesetzt ist, daß sie Sinne hat, das übt einen inneren Eindruck auf die Raupe aus. Solche Dinge kommen bei gewissen Erscheinungen ganz radikal zum Ausdruck. Sie alle haben ja schon diese merkwürdige Erscheinung genossen, daß, wenn Sie irgendwo eine Lampe angezündet haben, allerlei Insekten im Zimmer herumflattern, sich vom Licht der Lampe angezogen fühlen, sich sogar hineinstürzen, so dumm sind, daß sie verbrennen. Woher rührt das? Natürlich kommt das nicht bei dieser Raupe vor, aber der Wille dazu ist bei dieser Raupe auch vorhanden. Die Raupe, die wird nämlich vom Sonnenlicht geradeso, ich möchte sagen, wollüstig angezogen, wie das Insekt, das sich in die Kerzenflamme stürzt; nur kann die Raupe nicht zu der Sonne hinaufkommen. Könnte sie sich vom Boden erheben und hinauffliegen zur Sonne, so würden wir sehr bald gar keine Raupen mehr haben; die würden alle zur Sonne hinauffliegen, alle fortfliegen. Denn das wollen sie, sie sind nur festgehalten von der Schwere der Erde, sie können nicht. So daß, wenn wir eine Raupe anschauen, diese Raupe eigentlich den Willen hat, dem Lichte nachzugehen. Das kann sie nicht. Aber was tut sie?

Denken Sie sich einmal, da ist der Lichtstrahl, da die Raupe (es wird gezeichnet). Jetzt spinnt die Raupe, indem sie kriecht, so wie der Lichtstrahl ist, einen Faden. Die Raupe spinnt ganz nach dem Lichtstrahl den Faden, und wenn der Lichtstrahl in der Nacht nicht da ist, da rollt sie den Faden ein und bei Tag spinnt sie in dem Lichtstrahl den Faden wieder weiter, in der Nacht rollt sie ihn wieder ein. Und daraus entsteht die Hülle rundherum. Die Raupe löst sich ganz im Licht auf, stirbt im Licht, wie das Insekt, das der Flamme zugeht, nur daß sie nicht zur Sonne hinaufkommt, in den Lichtstrahl selber hineingeht; aber sie spinnt ihren eigenen Körper in diese Fäden hinein und macht um sich diesen Kokon, wie man ihn nennt, diese Fäden, die da zusammengesponnen werden. Die Seidenraupe spinnt die Seide nach dem Licht. Wenn Sie also aus irgendeiner Seidenraupe Seide nehmen, so können Sie sich getrost sagen: Was ist das? Das ist gesponnenes Licht! – Da ist in der Richtung der Lichtstrahlen hineingesponnen die Erdenmaterie. Und wenn Sie irgendwo eine Puppe sehen, dann ist das so, daß das lauter gesponnenes Sonnenlicht ist, ringsherum Erdenstoff, der dem Sonnenstrahl nachgesponnen ist.

Also so weit sind wir, daß wir jetzt die Puppe haben, ringsherum gesponnenes Licht, und dadurch, daß das gesponnenes Sonnenlicht ist, kommt natürlich etwas anderes zustande, als wenn sich ein Insekt in die Flamme stürzt – da verbrennt es die Flamme der Kerze, kann nichts damit machen. Könnte aber dieses Insekt in der Schnelligkeit, mit der es sich in die Flamme stürzt, in der Richtung der Flammenstrahlen einen solchen Kokon herumspinnen, so würde aus dem Feuer der Flamme im Inneren ein neues Tier entstehen. Das wird nur durch die Verbrennung verhindert. Es ist interessant, daß man dadurch erfährt, was eigentlich dieses Insekt will, das in der Nacht im Zimmer herumflattert und sich in die Flamme stürzt: es will sich nämlich fortpflanzen, es will zugrunde gehen, damit es in einer neuen Gestalt wiederkommt. Es täuscht sich nur, weil es nicht so schnell eine Hülle machen kann. Aber die Raupe kann in der Langsamkeit eben diese Hülle machen, hängt diese Hülle auf, und jetzt kann die Kraft der Sonne, die da eingefangen ist, die da eine Gefangene ist, die kann den Schmetterling im Inneren schaffen, und der kann dann als ein Sonnengeschöpf herausfliegen und als ein Sonnengeschöpf sich bewegen.

Sehen Sie, meine Herren, da kommt man darauf, wie eigentlich die Dinge in der Natur sind. Erstens haben Sie in dem, was ich Ihnen gesagt habe, eine ganz wichtige Idee: Das Insekt, das sich in die Flamme stürzt, will sterben, denkt man sich. Nein, das will nicht sterben, sondern es will in anderer Gestalt wiederkommen. Es will durch die Flamme umgestaltet werden. Und so ist der Tod überall: Der Tod ist nichts, was die Wesen vernichtet, sondern wodurch sie, wenn der Tod richtig eingeleitet wird, nur umgestaltet werden. Erstens sieht man das daraus. Zweitens sieht man aber einen gründlichen Zusammenhang, der zwischen allem in der Natur draußen besteht. Sehen Sie, der Schmetterling ist aus dem Licht geschaffen; aber das Licht mußte erst, indem es die Erdenmaterie in sich aufnahm und einen Kokon machte, in der Puppe zum Faden gemacht werden. Alles das, was entsteht an tierischen Wesenheiten, wird aus dem Licht heraus geschaffen. Auch der Mensch wird aus dem Licht heraus geschaffen durch die Vorgänge, die durch die Befruchtung des weiblichen Eikeimes geschehen; der schützt im Inneren des Menschen durch eine Hülle das Licht. Und in Wahrheit ist es das Licht, das den Menschen im Körper der Mutter schafft, das also die Möglichkeit schafft, daß der Mensch aus dem Lichte heraus entstehen kann. So sieht man also am Schmetterling, daß er aus dem Licht heraus, das erst gefangen worden ist, entsteht.

Nun, der Schmetterling, der flattert in vielen Farben herum. Solche Farben sind überhaupt da, wenn man dasjenige, was am meisten vom Lichte beeinflußt werden kann, anschaut. Wenn man also in heiße Gegenden geht, dann sind alle Vögel von wunderbaren Farben, weil da die Sonne die größere Stärke hat. Was tut also das, was da in der Sonne, im gefangenen Licht schafft? Das bringt die Farben hervor, bringt immer Farben hervor. Und so ist es auch beim Schmetterling. Der Schmetterling hat seine Farben durch dasjenige, was das Licht da als ein Gefangener getan hat. Man kann den Schmetterling nur verstehen, wenn man ihn versteht als Schöpfung aus dem ganzen Licht heraus, das ihn in vielen Farben macht.

Aber das kann die Sonne nicht allein. Die Sache ist so: Wenn wir das Ei anschauen, ist das also in der Feuchtigkeit drinnen, in der Salz ist. Salz ist Erde, Feuchtigkeit ist Wasser. So daß wir sagen können: Das Ei muß gedeihen in Erde und etwas Wasser. – Die Raupe kommt schon ans Licht heraus. Die Raupe kann ihrem ganzen Wesen nach nicht bloß gedeihen in Erde und Wasser, also in aufgelöstem Kalk zum Beispiel und Wasser, sondern die Raupe braucht Feuchtigkeit, also Wasser, aber auch Luft, Feuchtigkeit und Luft. Diese Feuchtigkeit und Luft, die die Raupe braucht, die ist nun nicht bloß wie das, was das Ei physisch braucht, sondern in dieser Feuchtigkeit drinnen lebt dasjenige, was man Äther nennt und was ich Ihnen beim Menschen geschildert habe als den Ätherleib. Die Raupe kriegt einen Ätherleib. Und durch den Ätherleib atmet sie. Durch den Ätherleib nimmt sie dasjenige auf, was jetzt schon geistig in der Luft ist. Das Ei ist noch ganz physisch, die Raupe aber lebt schon im Physisch-Ätherischen. Aber das ist schwer für die Raupe, im Physisch-Ätherischen zu leben. Die Raupe hat viel zuviel schwere Erdenmaterie in sich. Bei der Raupe ist es so: Wenn sie ans Licht kommt, so zeigt sich das eben, daß sie dann aus sich heraus die Lichtstrahlen spinnt in Form ihrer Kokonseide. Die Raupe möchte ans Licht, kann aber nicht; sie hat zuviel Schwerekräfte in sich. Sie ist dem nicht gewachsen, dem sie jetzt ausgesetzt ist. Daher will sie selber aufgehen im Licht, sie will sich ins Licht hineinergießen, sie will im Licht weiterleben. Was tut sie? Ja, sie schließt sich gegen die Erde mit den Sonnenstrahlen ab, sie macht einen Kokon um sich herum. Die Raupe schließt sich in der Puppe von den physischen Erdenkräften ganz ab. Und jetzt hat die Puppe im Inneren, wo der «Wurm» verschwunden ist, astralische Kräfte in sich, nicht mehr Erdenkräfte und nicht mehr ätherische Kräfte, sondern astralische, ganz geistige Kräfte in sich, und diese astralischen Kräfte leben im eingefangenen Licht. Das eingefangene Licht hat immer geistige Kräfte, astralische Kräfte in sich. Und diese astralischen Kräfte, die schaffen den Schmetterling. Der kann jetzt, weil er ganz aus astralischen Kräften besteht, in der Luft herumfliegen, was die Raupe nicht kann; der kann dem Lichte folgen. Er folgt nur dem Lichte, er unterliegt nicht mehr der Schwere. Es ist die Schwere dadurch, daß er sich hingegeben hat, ausgeschaltet. So daß man sagen kann: Er ist zum Ich herangereift. – Ein Ich ist es, in dem wir sozusagen den Schmetterling herumflattern sehen. Wir Menschen haben unser Ich in uns. Der Schmetterling hat es außer sich. Das Ich ist eigentlich Licht. Das färbt ihn.

Wenn Sie das bedenken, dann müssen Sie sich etwas klarmachen. Sie alle sagen immer zu sich: Ich. – Was bedeutet das, wenn Sie zu sich Ich sagen? Sehen Sie, jedesmal, wenn Sie zu sich Ich sagen, glänzt in Ihrem Hirn eine kleine Flamme auf, die nur mit gewöhnlichen Augen nicht gesehen werden kann. Das ist Licht. Sage ich zu mir Ich, so rufe ich das Licht in mir auf. Dieses selbe Licht, das den Schmetterling in Farben färbt, das rufe ich in mir auf, wenn ich zu mir Ich sage. Es ist das wirklich außerordentlich interessant, draußen in der Natur zu beobachten, daß man sich sagen kann: Ich sage zu mir Ich; könnte ich dieses Ich ausstrahlen in alle Welt, so wäre es Licht. Ich habe es nur durch meinen Körper eingesperrt, dieses Ich. Könnte ich es ausstrahlen, so könnte ich mit diesem Licht lauter Schmetterlinge erschaffen. – Das Ich des Menschen hat eben die Macht, lauter Schmetterlinge zu schaffen, überhaupt Insekten und so weiter zu schaffen. Sehen Sie, da stellen sich die Menschen vor, daß alles so einfach ist. Aber in älteren Zeiten, wo man solche Sachen gewußt hat, da haben die Menschen auch in dem Sinne gesprochen. Im ganz alten Judentum, da gab es ein Wort: «Jahve», was dasselbe bedeutet wie «Ich». Dieses Wort, in der hebräischen Sprache Jahve, durfte nur der Priester aussprechen, weil der Priester dazu vorbereitet war, sich zu sagen, was das bedeutet. Denn der Priester sah in dem Momente, wo er Jahve aussprach, überall die Bilder von herumfliegenden Schmetterlingen. Und da wußte er: Hat er das Wort Jahve ausgesprochen so, daß er nichts sah, so hat er es nicht mit der inneren richtigen Herzhaftigkeit ausgesprochen. Er stand aber in der richtigen inneren Herzhaftigkeit, wenn er lauter Schmetterlinge sah. Das hat er aber den anderen Leuten nicht beibringen können, denn die wären verrückt geworden darob; darum hat er sich erst vorbereiten müssen. Aber wahr ist es doch.

Ja, meine Herren, aber was ist denn das? Denken Sie sich einmal, hier wäre zwischen diesem Pult und dem Punkt, wo ich stehe, eine große Bettdecke mit lauter Flaumfedern drinnen. Die Flaumfedern wären etwas dünn drinnen, und ich stelle mich da hier an und dränge dahin, gehe so dahin, drücke die Flaumfedern zusammen, ich komme nicht ganz bis zu dem Pult hin, sondern muß in der Mitte stehenbleiben, weil ich sie nicht weiter zusammendrücken kann. Ich erreiche das Pult nicht, aber ich verspüre einen Druck, wenn ich mich da anstemme. So wollen Sie das Ich aussprechen, wollen Sie eigentlich lauter Schmetterlinge erzeugen, weil das Ich Licht ist. Aber Sie können das nicht. Statt dessen spüren Sie den Widerstand, wie ich da den Widerstand spüre, wenn ich dem entgegengehe. Und das sind Ihre Gedanken. Darinnen bestehen Ihre Gedanken, daß man nicht lauter Schmetterlinge erschaffen kann durch das Licht. Das Ich denkt Gedanken. Die Gedanken sind eigentlich nur Bilder von der Schmetterlingswelt.

Sehen Sie, das sieht so aus, daß eigentlich heute noch dasselbe einträte, was im alten Judentum eingetreten wäre, wenn einfach ein jeder, der Jahve ausgesprochen hätte, die ganze Schmetterlingswelt gesehen hätte; dann hätten die Leute gesagt: Nun, der ist selbstverständlich verrückt. – Er wäre es auch gewesen, wenn er nicht reif dazu gewesen wäre, die geistigen

Jch - Jnkarnat

Sachen anzuschauen! Aber heute sagen die Leute, wenn einer davon redet, daß das Licht Ich ist, und daß das Licht dasselbe ist, was in anderer Weise, wenn es eingesperrt ist, die Schmetterlinge erschaffen kann, was in uns, weil wir ein dazu geeignetes Gehirn haben, die Gedanken schafft statt der Schmetterlinge – heute sagen die Leute wieder: Der ist verrückt! – Aber das ist die Wahrheit. Das ist eben der Unterschied zwischen einer bloßen Verrücktheit und der Wahrheit. So daß man sagen muß: Schauen wir uns den bunten Schmetterling an in der Luft, dann wirkt auf uns dasselbe, wie wenn wir uns so recht in uns fühlen und Ich sagen. Der Schmetterling kann nicht Ich sagen, nicht einmal das höhere Tier, weil das Ich von außen wirkt. Wenn Sie einen Löwen ansehen in seiner semmelfarbenen Gelbheit, dann ist es die semmelfarbene Gelbheit, die vom Ich des Löwen von außen bewirkt wird. Der Löwe wird selber gedacht von der ganzen Natur, die Färbung kommt dadurch zustande. Weil wir von innen heraus denken, bekommen wir nicht von außen die Färbung, sondern wir bekommen die Hautfärbung von innen, die man sehr schwer in der Malerei nachmachen kann. Aber unser Ich färbt eigentlich mit Hilfe des Blutes unseren ganzen Körper zu dieser wunderbaren Menschenfarbe, die man in der Malerei nur nachmachen kann, wenn man alle Farben in der richtigen Weise miteinander mischen kann, richtig mischen kann. Da schafft fortwährend die Natur an dem Wesen, aber sie schafft auf geistige Art. Sehen Sie, ich habe Ihnen hier gesagt: Es muß der Übergang sein von dem Feuchten, das die Luft in sich hält, zu dem Licht. Da ist die Puppe nun in Luft und Licht. Da ist sie in Wasser und Luft als Raupe, hier in Luft und Licht als Puppe, und dann kommt sie immer weiter von dem Licht, das eingefangen ist, zu dem Astralischen, das in ihr wirkt.

Sehen Sie noch einmal auf das zurück: Raupe, Puppe. Denken Sie sich einmal, es gäbe ein Tier, das noch nicht in der Lage wäre, aus seinem eigenen Körper heraus Seidenfäden zu spinnen. Nehmen wir an, es gäbe solch eine besondere Art von Raupe, die wollte, wenn sie eben Raupe geworden ist, nun auch ins Licht, aber ihr Körper ist nicht fähig, Fäden zu spinnen, kann es nicht. Sie kann ihren Körper nicht so machen, daß sie ihn nach außen spinnt. Die Raupe spinnt sich wirklich zu Tode. Sie hört ganz auf, ihr ganzer Körper geht auf in dieses Gespinst. Es bleibt nur noch ein totes Gerüst in ihr. Aber nehmen Sie an, Sie hätten solch ein tierisches Wesen, das eben in sich Materie hat, Stoff hat, der nicht gesponnen werden kann. Was tut dieses Wesen, wenn es in dieselbe Lage kommt, wenn es stark dem Licht ausgesetzt ist? Nun, einen Kokon kann es nicht um sich herum spinnen. Was tut es? Es spinnt in sich selber – die Blutadern! Bei diesem Tier, wenn es in die Luft kommt, wird innerlich das Blut so gesponnen, wie die Raupe außen den Kokon spinnt. Wir würden also dann ein Tier bekommen, das, solange es noch mehr im luft-wäßrigen Elemente lebte, ein solches Blutgespinst haben würde, das dem wäßrigen Element angepaßt ist. Lebt es eine Zeitlang im Licht, so ändert es sogar die Form der Adern; die werden ganz anders. Es spinnt in seinem eigenen Körper; weil es nichts herausspinnen kann, spinnt es im Inneren des Körpers. Zeichnen wir uns das genau auf. Denken Sie sich, es gibt also ein Tier, das atmet, wie es in der Feuchtigkeit muß, durch Kiemen, bewegt sich in der Feuchtigkeit, im Wasser so, daß es einen Schwanz hat; da gehen seine Blutadern so, daß sie sich in die Kiemen und in den Schwanz hinein erstrecken. So kann das Tier schwimmen im Wasser und auch atmen im Wasser. Der Fisch hat Kiemen. Mit Kiemen kann man im Wasser atmen. Aber denken Sie sich, das Tier tritt öfter heraus an die Luft, geht ans Ufer, oder der Teich selber wird trockener: da ist es mehr dem Licht ausgesetzt, die Feuchtigkeit verliert sich. Es kommt in diese Gegenden, wo es Licht und Luft, nicht Wasser und Luft haben muß. Was tut das Tier?

Ich will Ihnen das jetzt so mit Punkten aufzeichnen: Dieses Tier zieht aus den Kiemen die Adern zurück, die werden immer mehr verkümmert, und es spinnt diese Adern hier ein. Das Tier spinnt seine eigenen Adern, die es zuerst in die Kiemen hinausgeschickt hat, hier ein. Und die Adern, die in den Schwanz gegangen sind, die zieht es zurück: es wachsen hier Füße; dieselben Adern, die in den Schwanz gegangen sind, die gehen in die Füße, ... (unklare Stelle in der Nachschrift), wo sie nun anders gesponnen sind als die in den Schwanz gegangenen. Das können Sie in der Natur beobachten: Das ist eine Kaulquappe, und das ist ein Frosch! Der Frosch ist zuerst eine Kaulquappe mit Schwanz und Kiemen und kann im Wasser leben. Wenn er nun aber an die Luft kommt, so macht er das innerlich, was die Raupe äußerlich macht. Die Kaulquappe, die ein Frosch ist, der im Wasser leben kann, spinnt aus ihrem eigenen Blutnetz ein Netz, das dann innerlich verläuft, und aus dem, was in Adern und Kiemen gegangen ist,

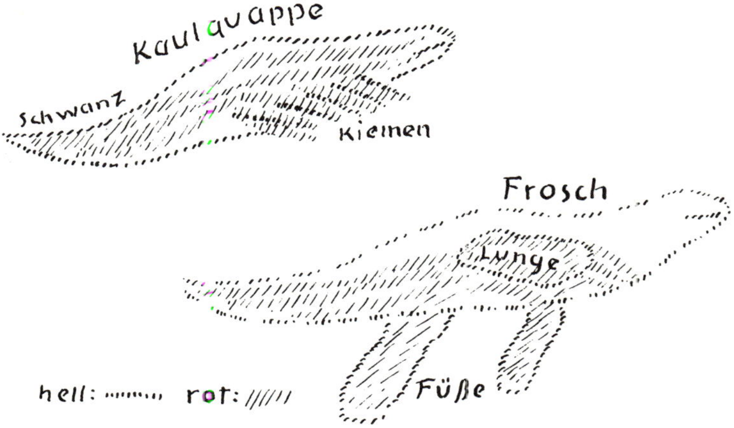

wird jetzt eine Lunge. Da waren es Kiemen und indem das Tier es jetzt eingesponnen hat, wird es eine Lunge; da war Schwanz und da werden jetzt Füße, die durch die Blutzirkulation, die sich in die Lunge hineinbegibt und durch diese Schwingung vorher ein eigentliches Herz entwickelt, bewegt werden. Also dieser selbe Weg von Wasser-Luft zu Luft-Licht, der durchgemacht wird von der Raupe zur Puppe, den macht der Frosch durch, der in Luft-Wasser lebt; das aber durchdringt da die Luft, indem er sich herausbegeben muß an Luft-Licht. Luft-Licht ist es, was eine Lunge erschafft und Beine erschafft, während Wasser-Luft Fischschwänze erschafft und Kiemen. Also es ist so, daß da fortwährend nicht nur das wirkt, was im Inneren eines Tieres ist, sondern immer die ganze Weltumgebung.

Was tut die Gelehrsamkeit? Was haben wir getan, indem wir das uns vorgestellt haben, wie es ist? Wir haben die Welt uns angeschaut! Wir schauen die Welt an, wie sie ist; wir schauen hinaus in die Natur. Was tut der Gelehrte? Der schaut im allgemeinen wenig die Natur an, wenn er solche Sachen wissen will, sondern der bestellt zunächst beim Optiker ein feines Mikroskop, furchtbar fein. Das wird nun nicht in die Natur hinausgetragen – man könnte ja da nicht viel damit machen! –, sondern in ein abgeschlossenes Zimmer gestellt; da läßt er den Schmetterling Eier legen. Für den im Licht herumflatternden Schmetterling hat der Gelehrte nicht viel Sinn. Das Ei legt er nun auf seine Präparierplatte, und dieses Ei beobachtet er dann durch das Mikroskop (es wird gezeichnet): Da hat er sein Auge, da guckt er hinein, was da mit dem Ei, das er selber zerschneidet, geschieht; wo die Natur gar nichts mehr tut, da macht er selber feine Scheibchen daraus, schaut das an, was er selber erst zerschnitten hat. Da unten auf der Präparierplatte liegen die mit dem Rasiermesser zerschnittenen feinen Blättchen. Darinnen forscht man nach! So sind überhaupt heute viele Forschungen.

Denken Sie sich eine Universitätsvorlesung. Der Professor bringt so viel Leute, als es überhaupt möglich ist, in sein Kabinett; da läßt er sie immer abwechselnd hineinschauen in das, was er da zerschnitten hat und zeigt ihnen das, was da drinnen ist. Er führt sie natürlich manchmal auf Exkursionen hinaus, aber da sagt er nicht viel über das, was da draußen ist, weil er darüber nicht viel weiß. Seine ganze Wissenschaft wird darauf abgestellt, was er unter dem Versuchsträger sieht, wenn er erst selbst kleine Stückchen herausgeschnitten hat. Zu welcher Weisheit kommt er denn dann? Er kommt auf alles das, was im Schmetterling vorwiegend schon im Ei drinnen liegt, nur auf kleinwinzige Weise. Ja, man kann doch zu nichts anderem kommen, wenn man erst mit dem Rasiermesser zersägt und schneidet und durch das Mikroskop es anschaut! Man vergißt ja alles, was da draußen in Licht und Luft und Wasser wirkt. Man hat ja nur Präpariergläschen, auf die man das Mikroskop richtet. Man kann ja gar nichts erforschen! Man kann nur sagen: Da draußen ist der Schmetterling, aber da drinnen, was ich da anschaue unter meinem Mikroskop, da ist schon der ganze Schmetterling drinnen auf ganz kleinwinzige Weise.

Heute trauen sich die Leute das schon nicht mehr, aber früher, da hat man gesagt beim Menschen: Da haben wir die Anni; die hat eine Mutter, die heißt Marie. Nun ja, die Anni ist aus der Mutter Marie geboren. Nun schön; aber die ganze Anna besteht ja schon in der Eizelle drinnen, und die Eizelle, die steckte wieder in der Mutter, der Maria drinnen. So daß man also sich vorstellen muß: Da ist die Eizelle der Anna, da die der Maria, da steckt die Anna drinnen; aber die stammt wieder ab von der Gertrud, das ist die Großmutter von der Anni. Nun ja, aber da das Ei der Zelle der Anna in der Zelle der Maria war, so muß die wieder in der Zelle der Gertrud drinnenstecken. Nun ist die Urgroßmutter der Anna die Käthe, und die Zelle von der Anna, Marie und Gertrud stecken schon in der Eizelle der Käthe drinnen und so weiter, und dann bekommen wir eine längere Reihe bis zur ersten Eizelle – das ist die der Eva. Und so haben die Leute gesagt – es war natürlich der bequemste Weg –: Der Mensch, der jetzt lebt, der steckte schon drinnen als ein kleinwinziger Kerl in der Eizelle der Eva. – Man nannte das die Einschachtelungstheorie. Die Theorien, die heute noch existieren, die sind nur etwas unklarer, die getrauen sich nicht mehr zurückzugehen bis zu der Eva, aber sie sind im Geiste ganz dasselbe, sind nämlich gar nicht fortgeschritten: «Der ganze Schmetterling ist schon da drinnen!» Und in diesem Schmetterling hat Licht und Luft und Wasser, die doch da sind, gar nichts mehr zu tun!

Wenn man so diesen Wissenschaftsbetrieb ansieht, wie da der Professor die Leute in sein Kabinett hineinführt, wie er ihnen da seine furchtbar gelehrten Sachen, die aber eigentlich gerade Narrheiten sind gegenüber dem Schaffen der Natur, vorführt, so hat man das Gefühl: Ja, es ist doch auch noch Licht und Luft und alles da! – Aus dem entfernt sich der Professor und geht in sein finsteres Kabinett hinein, in dem womöglich ein künstliches Licht gemacht ist, um das Mikroskop nicht zu stören durch das Fensterlicht und so weiter. Und da denkt man sich: Donnerwetter, der bleibt beim Ei stehen, in dem schon alles drinnen ist – und Luft und Licht und alles andere ist von der heutigen Wissenschaft pensioniert! – Es ist in Pension gegangen, tut nichts mehr. Die heutige Wissenschaft kennt nichts mehr von dem Schaffen in Luft und Licht und Wasser, kennt nichts mehr davon. Es ist schon etwas, was furchtbar nagt an unserem sozialen Leben, daß wir eigentlich eine Wissenschaft haben, die die ganze Welt pensioniert, nur noch das sieht, was durch das Mikroskop zu sehen ist, geradeso wie sich der Staat nicht kümmert um einen Pensionär, als daß er ihm die Pension entsprechend auszahlt; er braucht ihn nicht mehr. Nicht anders ist es beim Wissenschafter, als daß er seine Nahrungsmittel daraus nimmt; aber er weiß nicht mehr, wie diese Nahrungsmittel wirken, und er beschäftigt sich nur noch mit dem Mikroskop, mit den Teilen. Die ganze Welt ist eigentlich in der heutigen Wissenschaft ein pensionierter Faulenzer. Das ist schon schrecklich, denn das ganze große Publikum kann ja das nicht überschauen. Das ganze große Publikum sagt: Ach, das sind die Leute, die es verstehen müssen! – Wenn sie noch kleine Kinder sind, denkt man schon daran, sie zu gelehrten Menschen zu machen; man gibt sie in die Schulen, wo sie viel lernen können. Nachher strengen sie sich heute viel an! Ja, bis zum siebenundzwanzigsten, achtundzwanzigsten Jahr muß man lernen: Das, was durch *die* zustande kommt, muß die Wahrheit sein! – Das kann das große Publikum natürlich nicht beurteilen, läßt sich dann durch «Gelehrte» dieses Zeug vorsagen, weiß nichts davon, daß das ja überhaupt nichts mehr mit der Natur zu tun hat. Das redet von der Natur wie von einer Pensionistin. Und so versumpft unser ganzes Geistesleben. Und in dieser Versumpfung des geistigen Lebens sollen wir jetzt vorwärtskommen! Wir kommen eben einfach nicht vorwärts, weil das große Publikum zu bequem ist, darauf zu hören, was man ihm sagt. Es sagt die Wahrheit ja heute nur die Anthroposophie! Das, was ich Ihnen hier sage, können Sie ja sonst nirgends hören. Es sagt die Wahrheit ja niemand; das große Publikum kümmert sich ja nicht mehr darum. Wenn man sie sagt, so heißt es, man sei verrückt. Es ist ja verrückt, daß das so ist! Aber es wird ja nicht derjenige als verrückt genommen, der wirklich verrückt ist, sondern der, welcher sagt, wie es ist, der wird als verrückt genommen. Es ist wirklich schon so, daß man das vollständig verwechselt.

Dazu will ich Ihnen noch eine kleine Anekdote erzählen. Da ist einmal eine ärztliche Kommission, die studieren wollte, in ein Irrenhaus an das Tor gekommen, und als sie hineinkamen, stand ein Herr da, der sie empfing, so daß sie sich sagten: Nun ja, das ist der Herr Direktor, der dirigierende Arzt. Sie sagten zu ihm: Lieber Kollege, können Sie uns jetzt nicht in den Irrenzellen herumführen und uns alles erklären? – Und da führte sie dieser Mann, der am Tore stand, herum, erklärte ihnen alles, was in den einzelnen Zellen war, sagte ihnen: Da ist ein Irrsinniger, der hat merkwürdige Erscheinungen, Halluzinationen, gemischt mit epileptischen Krämpfen. Bei der nächsten Zelle erklärte er: Der hat Willensemotionen über das normale Maß hinaus. Das erklärte er sehr genau. Dann kamen sie zu den eigentlich Wahnsinnigen, die sich allerlei fixe Ideen in den Kopf setzten. Sehen Sie, sagte er, das ist einer, den immer Gespenster verfolgen, ein anderer, den immer wiederum Leute verfolgen, nicht Gespenster, aber Menschen. Nun werde ich Sie zu dem Allerverrücktesten führen, den wir haben, sagte er – und da führte er sie zu der Zelle des Allerverrücktesten, und sagte: Der Mann leidet an einer fixen Idee; er meint, er sei der Kaiser von China. Das ist natürlich eine Konsolidierung der Ideen vom Kopf: statt daß diese Ideen bloß in Gedanken bleiben, hat er sie konsolidiert. – Er erklärte das sehr genau und sagte: Aber Sie müssen wissen, meine Herren, daß das ein Unsinn ist, daß der der Kaiser von China ist, denn der bin ich nämlich selber! – Ja, er hatte ihnen alles erklärt, er hatte sie herumgeführt, aber nicht an der Wissenschaft, sondern an der Nase. Aber der war wirklich verrückt. Der andere, sagte er, sei deshalb verrückt, weil er meine, daß er der Kaiser von China sei; er aber, sagte er, er sei der Kaiser von China selber. Es war ein ganz Verrückter, der da die Kommission führte.

Man kann nicht immer unterscheiden, wenn einer verrückt in der Wissenschaft ist. Sie werden staunen, was für Gescheitheiten Ihnen die Verrückten erzählen, wenn Sie mit ihnen in Berührung kommen. Deshalb hat der *Lombroso,* der italienische Naturforscher, gesagt, daß ein eigentlicher Unterschied zwischen Genie und Verrücktheit gar nicht vorhanden ist: Genies sind immer ein bißchen verrückt und Verrückte immer ein bißchen Genies. – Sie können das nachlesen in einem Bändchen in der Reclam-Bibliothek, das Büchelchen heißt: «Genie und Irrsinn.»

Natürlich, wenn man nicht verrückt ist, kann man schon unterscheiden zwischen Genie und Irrsinn. Aber wir sind heute geradezu schon so weit gekommen, daß ganze Bücher existieren können, wie das von Lombroso – in deutscher Sprache erschienen in Reclams Universal-Bibliothek –, wo die Wissenschaft selber konstatieren will: Man kann nicht unterscheiden zwischen Genie und Irrsinn. So kann die Geschichte natürlich nicht länger fortgehen, sonst kommt man in eine vollständige Versumpfung des geistigen Lebens hinein. Man muß wiederum die pensionierte Natur anstellen, dann kommt man eben zu dem, wie wirklich das Ei zur Raupe, zur Puppe sich entwickelt, und wie das Licht darinnen gefangen ist, wie in uns das Licht darinnen gefangen ist, der farbige Schmetterling, der herausfliegt.

Das ist das, was ich im Anschluß an das, was wir schon besprochen haben, Ihnen habe sagen wollen, damit Sie sehen, daß das Licht schaffenden Geist in sich enthält. Denn der Wurm, die Raupe mußte erst verschwinden, dann konnte der Schmetterling entstehen. Der Schmetterling ist da drinnen, wo die Raupe untergegangen ist. Der Geist schafft. So geht überall zuerst der Stoff unter, verschwindet – dann schafft das Geistige das neue Wesen heraus. So ist es auch bei der Befruchtung des Menschen. Die Befruchtung bedeutet, daß der Stoff zunächst vernichtet wird. Da ist ein bißchen vernichteter Stoff, und da schafft nun der Geist und das Licht im Ich den Menschen. Wenn Sie das ein bißchen durchdenken, werden Sie sich das zusammenfassen können, was ich Ihnen gesagt habe: Man geht nicht blind vor, schaut sich die Kaulquappe an, den Frosch, und weiß, warum der Herz und Lunge hat und Füße, und warum die Kaulquappe noch schwimmen kann im Wasser! Alle diese Dinge schließen sich zusammen. Sie werden schon sehen an den Dingen, die wir immer mehr und mehr hinzunehmen, daß eine wirkliche Wissenschaft, die das versteht, eben nur innerhalb der Anthroposophie entstehen kann.

ZWEITER VORTRAG

Dornach, 10. Oktober 1923

Guten Morgen, meine Herren! Ist Ihnen etwas eingefallen?

Fragesteller: Herr Doktor sagte einmal, daß die Gestirne, zum Beispiel der Mond, viel größer sind, als man sie sieht. Könnte man darüber vielleicht noch etwas hören?

Dr. Steiner: Ich will Ihnen heute etwas sagen, was möglich macht, daß wir in der nächsten Stunde noch genauer auf diese Himmelskörper eingehen. Natürlich ist es ja so, daß man erstens einmal einsehen muß, was diese Gestirne sind und wie das mit der Erde zusammenhängt; und auf der anderen Seite muß man einsehen, daß überall in diesen Gestirnen etwas Geistiges ist. Die Größe, Lage und so weiter, das macht ja natürlich nicht viel aus. Ich will Ihnen daher heute eine gewisse Grundlage von der Erde aus noch sagen, die Ihnen zeigen wird, wie man von der Erde aus die Sonne begreifen kann und wie man den Mond begreifen kann. Es ist natürlich so, daß die Sonne viel größer ist als die Erde und der Mond kleiner ist als die Erde. Der Mond ist ja natürlich größer als man ihn sieht, aber er ist kleiner als die Erde. Und die Sonne ist, so wie sie draußen ausgebreitet ist, größer als die Erde.

Aber nun müssen wir vor allen Dingen einmal einsehen können, aus welchen Bestandteilen diese Himmelskörper bestehen, was sie eigentlich sind. Wir müssen uns fragen, was man da antreffen würde, wenn man hinauffahren würde mit einem Luftschiff. Bei alledem muß man nun wiederum vom Menschen ausgehen. Wir haben ja immer wieder besprochen, wie der Mensch von seiner ganzen Umgebung abhängig ist: Sie atmen die Luft ein, Sie atmen die Luft wieder aus. Wenn Sie die Luft einatmen, dann kriegen Sie das in Ihren Körper hinein, was draußen in Ihrer Umgebung ist. Die Luft, die draußen ist, besteht aus Sauerstoff und Stickstoff. Das ist selber ein luftförmiger, ein gasförmiger Körper. Und dieser Sauerstoff, der ist zu unserem Leben unbedingt notwendig. Wir brauchen den Sauerstoff. Und zwar brauchen wir ihn so, daß wir ihn in der Nacht finster einatmen, bei Tag ihn so einatmen, daß die Sonnenstrahlen durchgehen. All das brauchen wir. So daß wir sagen können: Wir würden nicht leben, wenn wir den Sauerstoff der Luft nicht hätten. – Aber dieser Sauerstoff der Luft ist mit einem anderen Gas gemischt: mit dem Stickstoff. So daß man also in der Luft Sauerstoff und Stickstoff hat. Nun könnten Sie sagen: Braucht man auch den Stickstoff?

Wenn der Stickstoff allein nur da ist, muß man ersticken. Denken Sie sich einmal, wir brächten Sie alle, statt in dieses Zimmer, wo Sauerstoff mit Stickstoff gemischt ist, in ein Zimmer, wo bloß Stickstoff wäre: Sie würden alle miteinander ersticken! Wir könnten also sagen: Vielleicht könnte es uns höchst gleichgültig sein, ob der Stickstoff da ist oder nicht, wir könnten ja vielleicht den Sauerstoff allein haben. – Dann ist es aber so: Wenn bloß Sauerstoff da wäre, dann würde höchstens der Jüngste, der dort sitzt, noch leben – wir andern alle wären längst gestorben. Der Jüngste würde noch leben, würde aber einen langen Greisenbart haben und weiße Haare und Runzeln, er wäre schon ein Greis! Also wir würden alle, wenn bloß Sauerstoff da wäre, zu schnell leben. Nur dadurch, daß der Sauerstoff mit viel mehr Stickstoff gemischt ist – nur 21 Prozent sind Sauerstoff, das andere fast alles Stickstoff –, dadurch leben wir so lange, wie wir als Menschen leben können. Wenn wir also keinen Stickstoff hätten, so würden wir zu schnell leben. Wir würden nur so lange leben, daß wir etwa sechzehn, siebzehn, achtzehn Jahre alt würden, und dann wären wir schon Greise.

Der Stickstoff, wie er da in der Luft ist, hat aber noch eine ganz besondere Eigentümlichkeit. Sie könnten ja sagen: Wie wäre es denn, wenn nun ein bißchen mehr oder weniger Stickstoff in der Luft wäre? – Nehmen Sie einmal an, es wäre weniger Stickstoff in der Luft als diese Prozente, die eben da drinnen sind. Meine Herren, das wäre eine ganz kuriose Geschichte: Da würden Sie nämlich alle anfangen, in der Luft, die Sie ausatmen, mehr Stickstoff auszuatmen, als Sie sonst ausatmen, wo in der Luft gerade so viel drinnen ist, als eben jetzt drinnen ist. Also wenn zuwenig Stickstoff drinnen wäre, so würden Sie selbst aus Ihrem Körper den Stickstoff herauspumpen, um so viel aus Ihrem eigenen Körper in die Luft hineinzupumpen, als jetzt drinnen ist. Wenn mehr drinnen wäre, als jetzt drinnen ist in der Luft, dann würden Sie anfangen, den Stickstoff, den Sie einatmen, zurückzuhalten und weniger auszuatmen, als Sie jetzt ausatmen, damit in der Luft wieder weniger Stickstoff drinnen ist. Das ist sehr merkwürdig: Der Mensch braucht nicht nur den Stickstoff beigemischt dem Sauerstoff, damit er das Richtige einatmen kann, sondern er braucht in der Umgebung eine ganz bestimmte Menge von Stickstoff. Der muß da sein. Es kommt also nicht darauf an, daß wir in uns genügend Stickstoff und Sauerstoff haben, sondern daß in unserer Umgebung die richtige Menge drinnen ist. Und wenn sie nicht genügend drinnen ist, tun wir sie selber hinein.

Das ist etwas, was die heutige Wissenschaft gar nicht weiß. Die heutige Wissenschaft schaltet den Menschen ganz aus aus der Welt, weiß nicht, daß der Mensch in Wirklichkeit der Herr der Welt sein kann, wenn er sich dessen nur bewußt ist. Wenn also irgendwo, sagen wir, es darauf ankäme, eine Kolonie zu gründen, wo zu wenig Stickstoff ist, ja, dann könnte man genügend Stickstoff dadurch herstellen, daß man einfach den Menschen solche Nahrungsmittel empfiehlt, durch die sie selber viel Stickstoff ausatmen können. Also Sie sehen, wie eine wirkliche Wissenschaft sogleich praktisch wird.

Nun aber kommt ja noch etwas anderes in Betracht. Betrachten wir zunächst diesen Stickstoff, nicht den, den wir draußen lassen, sondern den, den wir auch fortwährend ein- und ausatmen. Wenn wir ihn allein hätten, würden wir ersticken. In unseren Lungen ersticken wir durch den Stickstoff. Aber unsere Nieren, unsere Verdauungsorgane, unsere Hände und Füße, die brauchen den Stickstoff; da wird er durch das Blut hineingeleitet, da ist er notwendig. So daß wir sagen können: Wenn der Mensch da steht (siehe Zeichnung S. 36), so geht fortwährend der Stickstoff, den ich hier rot anzeichnen will, in seine Arme und Hände, in seinen Unterleib hinein, in seine Beine und Füße hinein. Da muß der Stickstoff drinnen sein. In den Lungen darf sich der Stickstoff nicht aufhalten, da darf er nur durchgehen und den Sauerstoff für die Lungen haben. Die Lungen können nur, wenn sie Sauerstoff haben, leben; aber der Stickstoff geht weiter, geht in Arme und Hände. Also überall da, wo ich rot angestrichen habe, muß der Stickstoff hinein. Und auch im Herzen muß er noch abgelagert werden, der Stickstoff. Da muß überall Stickstoff drinnen sein.

Dieser Stickstoff, der da drinnen ist, der geht, ich möchte sagen, immerfort in Brüderlichkeit zusammen mit dem Kohlenstoff. Kohlenstoff ist in der Kohle, im Diamant, ist im Graphit. Der Kohlenstoff ist aber auch in uns. Nur ist er in uns flüssig, schwimmt herum. Da drinnen (siehe Zeichnung) ist also der Stickstoff, den ich rot gezeichnet habe; jetzt will ich den Kohlenstoff blau einzeichnen. Der ist auch überall drinnen, so daß das Rote überall mit dem Blauen, dem Kohlenstoff, zusammen ist. Das ist

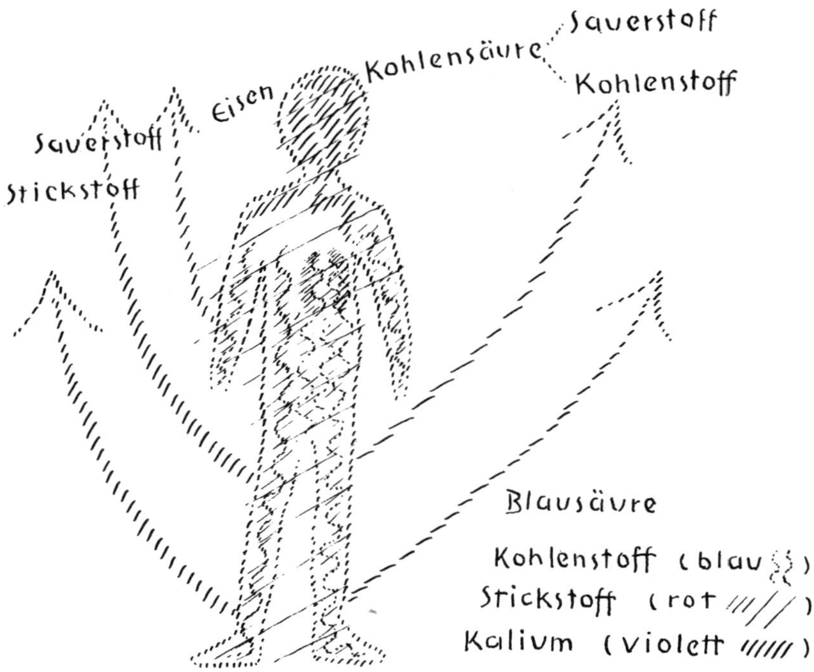

etwas sehr Merkwürdiges: Sie tragen in Ihrem Inneren, in Ihren Beinen, Ihren Füßen, Ihren Armen und Händen, in Ihrem Magen, in Ihrer Leber, in Ihren Nieren, in Ihrer Milz, in Ihrem Herzen zusammen Kohlenstoff und Stickstoff – Stickstoff, wie er in der Luft ist, und ganz flüssigen Kohlenstoff, wie wenn Sie Kohle auflösen würden und dieses Schwarze im Wasser schwimmen würde. Das haben Sie in sich.

Aber das ist eigentlich eine gefährliche Geschichte, wenn irgendwo Kohlenstoff und Stickstoff nebeneinander sind. Wenn irgendwo Kohlenstoff und Stickstoff nebeneinander vorhanden sind, so ist immer die Gefahr vorhanden, wenn die richtigen Bedingungen dazu da sind, daß sie Blausäure, Zyansäure bilden; denn Blausäure besteht aus dem, was ich hier rot und blau angezeichnet habe im Schema. So daß Sie also herumgehen und während Sie herumgehen, ist immer die Gefahr vorhanden, daß sich Blausäure in Ihnen bildet. Also überall da, wo ich blau angezeichnet habe, ist immer die Gefahr vorhanden, daß sich durch den ganzen Menschen hindurch Blausäure bildet. Und weil die Knochen Kalk haben, kann sich die Blausäure auch mit dem Kalk verbinden; dann entsteht eine Zyan-Kalziumverbindung. Und dann entsteht Zyankali. Sie wissen, daß man sich mit Zyankali am technisch vollkommensten vergiften kann. Es gibt natürlich kein besseres Mittel als Zyankali dazu; da ist es sofort richtig. Nun ist aber im Menschen fortwährend die Gefahr vorhanden, daß er Blausäure und Zyankali bildet. Dieses muß sein. Denn, wenn Sie diese Anlage nicht in sich hätten, Zyankali zu bilden, dann könnten Sie nicht gehen und Ihre Arme nicht bewegen. Die Kraft, sich zu bewegen, das Bewegen der Arme und Beine, kommt von dem, daß Sie fortwährend der Gefahr ausgesetzt sind, daß Sie Zyankali bilden.

Nun ist da etwas sehr Feines: Dieses Zyankali will sich in uns fortwährend bilden und wir verhindern es fortwährend! Darin besteht unser Leben als bewegter Mensch. Sogar die Blutbewegung hängt davon ab, daß wir dieses verhindern, daß sich Zyankali bildet. Von dieser Widerstandskraft gegen die Zyankalibildung rühren unsere Bewegungen her. Und unser Wille rührt eigentlich davon her, daß er fortwährend genötigt ist, die Zyankalibildung und die Blausäurebildung in uns zu verhindern.

Nun, meine Herren, es bildet sich eben nicht Zyankali; denn wenn es sich bilden würde, würden wir vergiftet werden. Aber in jedem Augenblick haben wir in uns die Möglichkeit, daß sich Zyankali bildet und wir es verhindern müssen. Das ist natürlich nicht viel Zyankali, das sich da bilden will, aber es würde im Leben schon etwas zusammenkommen, wenn es sich bilden würde. Und diese Kraft, die da lebt in dem Zyankali, das sich bilden will, diese Kraft, die da lebt, die verbindet den Menschen auf der Erde mit der Sonne. So daß fortwährend das, was in der Blausäure lebt, vom Menschen in die Sonne hinaufströmt. Sie können also sagen, wenn Sie zur Sonne hinaufschauen: Ich habe eine Verbindung mit der Sonne; und die Kraft, die in mir lebt zur Rückbildung des Zyankalis, das sich fortwährend bilden will in meinem Leibe, diese Kraft, die geht von der Erde bis zur Sonne hinauf. Wenn Sie hier die Erde haben und hier die Sonne – ich muß sie jetzt groß zeichnen –, so gehen also von dem Men-

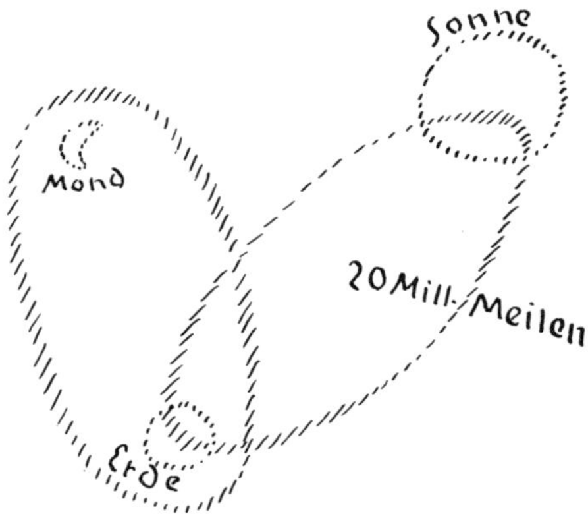

schen zur Sonne fortwährend solche Zyankaliströme, und von der Sonne gehen Ströme wieder zurück. Es strömt von dem Menschen zur Sonne dieses aufgelöste Zyankali, und von der Sonne strömt wiederum zurück dasjenige, was die Sonne macht aus diesem aufgelösten Zyankali. Und diese Entfernung, die ist zwanzig Millionen Meilen – eine Meile wird als sieben und ein halber Kilometer gerechnet. Wenn jetzt ein Licht angezündet wird auf der Sonne, so sehen wir es erst, weil das Licht so lange braucht, um herzukommen, sehr viel später. Also mit einem Weltenkörper, der so weit von uns entfernt ist, stehen wir einfach dadurch in Verbindung, daß wir diese Kraft ausströmen, die fortwährend bestrebt ist, Zyankali zu bilden. Namentlich in unseren Knochen ist fortwährend etwas wie ein Zyankaliherd, wie ein Quell von Zyankali.

Wäre das nicht der Fall, dann wären wir auf der Erde ganz eigentümliche Menschen. Würden wir nicht diese Verbindung mit der Sonne haben, dann würden wir auch hinaufstieren zur Sonne und würden sagen: Ja, das ist ein Weltenkörper, der uns gar nichts angeht. – Wir würden sehen, daß zwar Pflanzen wachsen; aber diese Pflanzen könnten auch nicht wachsen, wenn nicht dieses Zyankali hin- und hergehen würde. So würden wir also die Sonne anstieren und wir wüßten nicht, was für einen Bezug sie zum Menschen hat. Diesen Bezug, den ich Ihnen jetzt erzählt habe, den wissen die Menschen heute natürlich auch nicht, aber sie fühlen, daß sie zur Sonne gehören. Und sie fühlen das sehr stark. Denn wenn die Sonne untergeht – namentlich in alten Zeiten, wo die Menschen noch gesünder gelebt haben, bei Nacht geschlafen und bei Tag gewacht haben, da war es noch so –, dann spürt der Mensch, daß er die Sonne nicht so in sich aufnimmt. Da ist das Zyankali nur in ihm, allerdings nur in kleinen Mengen; dann schläft er ein. Es ist in der Tat die Sonne, die den Menschen immer aufweckt und einschläfert. Nur weil sich der Mensch etwas zurückbehält, kann er den Unfug begehen, daß er in der Nacht weiterschafft oder auch nicht schafft, sondern sich weitervergnügt. Aber es kommt auch das, was wir in der Nacht an Kräften aufbringen, durch den Zusammenhang dieser Kräfte mit der Sonne. Und ich möchte sagen: Wenn auf der Erde selber irgendwo Blausäure gebildet wird – zum Beispiel in gewissen Pflanzen wird Blausäure gebildet –, wenn also auf der Erde selber Blausäure gebildet wird, dann kriegt diese Sonnenkraft gewissermaßen die Pflanze dran, daß sie das bewirkt, was eigentlich im Menschen immerfort bewirkt werden will.

Sehen Sie, meine Herren, dazu, daß sich das bilden kann – und es muß sich bilden, denn in der Blausäure ist der Stickstoff drinnen –, dazu braucht man den Stickstoff in der Umgebung. Und die Sonne braucht den Stickstoff, damit sie in der richtigen Weise auf uns wirken kann. Wir könnten eben auf Erden als Menschen nicht stehen, wenn die Sonne nicht den Stickstoff hätte, durch den sie auf unsere Gliedmaßen, auf unsere Verdauungsorgane und so weiter wirken kann. Aber beim Kopfe ist das ganz anders, beim menschlichen Kopf, ganz anders. Sehen Sie, in der Lunge, da taugt der Stickstoff nichts; er muß durchgehen durch die Lunge. In der Lunge taugt nur der Sauerstoff etwas. Und wenn der Sauerstoff durch die Lunge durchgeht, dann darf der Teil, der dann zum Kopf geht, nicht so brüderlich zum Stickstoff hingehen. Der Sauerstoff, der zum Kopf hingeht, der muß vielmehr zum Kohlenstoff gehen. Und statt daß Blausäure gebildet wird gegen die Füße zu, wird jetzt gegen den Kopf zu – das will ich violett anstreichen – fortwährend Kohlensäure gebildet. Also gegen die Füße zu bildet der Mensch Blausäure, gegen den Kopf zu bildet er Kohlensäure. In der Kohlensäure würden wir, wenn wir darin atmen müßten, auch ersticken müssen; aber wir brauchen sie in unserem Kopf. Sehen Sie, meine Herren, das ist eine sehr interessante Sache: unser Kopf braucht die Kohlensäure.

Nun kennen Sie ja gewiß alle die Kohlensäure. Sie haben sicher alle schon solch eine Brauselimonade gehabt oder solch ein Wasser, das moussiert: da sind die Perlen drinnen, diese Gasperlen. Das ist oftmals Kohlensäure, denn in kohlensauren Wassern, da ist die Kohlensäure drinnen und steigt in kleinen Perlen auf. Meine Herren, Sie könnten nicht denken, Sie hätten überhaupt Ihren Kopf zu nichts, wenn nicht in Ihrem eigenen Körper fortwährend durch das Blut solche kleine Perlen aufschössen. So wie in der Brauselimonade in der Flasche die Perlen aufschießen, so gehen fortwährend kleinwinzige Perlen in Ihnen nach Ihrem Kopfe hin. Sie könnten Ihren Kopf zu nichts verwenden, wenn Sie nicht selber eine solche Flasche wären. Ein Dreizehntel bis ein Vierzehntel vom Gewicht Ihres eigenen Körpers nimmt das Blut ein. Also Sie können sich vorstellen: Sie sind eigentlich eine solche Flasche, in die statt dem Brausewasser Blut gefüllt ist, und da schwimmen, nach aufwärts strebend, ganz genau so wie beim Brausewasser, nur viel kleiner, diese Perlen, wie in der Limonadeflasche. Der Kopf könnte nicht denken, wenn nicht diese Perlen in Ihnen fortwährend aufsteigen würden.

Nun aber darf diese Kohlensäure nicht untätig sein in Ihrem Kopfe. Sie können sich ganz gut denken, Sie wären in bezug auf Ihr Blut solch eine Flasche, und da stiegen die Perlen auf nach Ihrem Kopfe hin. Nun haben Sie geradeso da drinnen die Kohlensäure in Ihrem Kopfe, diese Blasen, wie bei der Brauselimonadenflasche. Wenn Sie zu wenig im Kopfe haben, schlafen Sie ein; also die brauchen Sie in Ihrem Kopfe. Aber diese Kohlensäure, die kommt in Ihrem Kopfe in Berührung – nirgendwo anders –, aber in Ihrem Kopfe kommt sie in Berührung, in Zusammenhang mit dem Eisen in Ihrem Blut. Das Eisen ist überall im Blut. Aber jenes Eisen, das da in den Händen im Blute ist, das kann mit der Kohlensäure nichts machen; nur im Kopfe kommt die Kohlensäure mit dem Eisen zusammen. Und ich möchte sagen: die küssen sich im Kopfe, werden miteinander sehr intim, das Eisen und die Kohlensäure; und von da aus geht durch die Adern dann das Eisen in das ganze Blut über. Die Kohlensäure, die trägt dann das Eisen ins ganze Blut, wenn es mit ihm in Berührung gekommen ist im Kopfe. Ein Rendez-vous können sich Eisen und Kohlensäure nur im Kopfe geben; aber nachher, wenn sie sich das Rendez-vous gegeben haben, können sie im ganzen Blute herumspazieren. Wenn daher ein junges Mädchen bleichsüchtig wird, zu wenig Eisen im Blut hat, so bedeutet das, daß in ihrem Kopf zu wenig Rendez-vous stattfinden, zu wenig Stelldichein zwischen Eisen und Kohlensäure. Das Mädchen hat nicht die Kraft, genügend Eisen und Kohlensäure im Kopf zusammenkommen zu lassen.

Nun haben Sie aber wahrscheinlich schon gehört von solchen kohlensauren Wassern und selbst schon welche getrunken. Solche kohlensauren Wasser – Eisensäuerlinge nennt man sie –, die sind besonders gesund. Sehen Sie, da wo Eisensäuerlinge sind – es gibt eben sehr viel kohlensäurehaltiges Wasser in der Erde –, da übt die Natur das in der Erde aus, daß sich in der Erde fortwährend das ausbildet, was der Mensch in seinem Kopfe ausbildet. Große eisenhaltige Quellen sind in der Erde da und dort. Da schickt man dann die Menschen hin, wenn ihr eigener Kopf zu schwach geworden ist. Denn jeder Menschenkopf ist eine solche eisenhaltige Quelle, es bildet sich da drinnen noch fortwährend sogar ein Eisensäuerling, kohlensaures Eisen. So viele Sie hier sitzen, so viele Quellen sind Sie. Nur wenn einer den Winter hindurch ganz schwer lumpt, dann wird sein Kopf schwach, und dann wird der Kohlensäure-Eisengehalt in seinem Kopfe schwach. Er fühlt so etwas, was viele Menschen dann im Frühling fühlen, er fühlt so etwas, wie wenn es in seinem Blut nicht mehr richtig ginge – natürlich, wenn er gelumpt hat! –, er fühlt sich im Kopfe schwach, muß in ein kohlensaures Bad geschickt werden, damit er durch den Magen und von da durch den Kopf bekommt, was er eigentlich selber bilden müßte durch ein solideres Leben. – Die eisenhaltigen Quellen sind gar nicht so selten: es sind so viele, als Menschen sind auf der Erde! Also wir haben das, was wir brauchen an Eisen, in unserem Blute durch dieses kohlensäurehaltige Eisen.

Das müssen wir allerdings fortwährend selber bilden in unserem Kopfe. Aber ebenso müssen wir es im Moment, wo es entstehen will, gleich wieder verhindern, so wie wir die Blausäure verhindern müssen. Das darf nur anfangen, sich zu bilden. Wissen Sie, heute reden die Chemiker nur davon: Nun ja, wir können also Eisen und Kohlenstoff und Sauerstoff zusammenbringen, kriegen da kohlensaures Eisen. Das muß dann da sein, dieses kohlensaure Eisen. – Aber so geschieht das nicht im Leben! Geradeso wie ein Unterschied ist zwischen einem Stein und einem Stück Leber von Ihnen, geradeso ist ein Unterschied zwischen dem, was der Chemiker im Laboratorium als kohlensaures Eisen macht und dem, was in Ihrem Kopf als Eisen, als kohlensaures Eisen existiert. Das lebt! Das ist eben der Unterschied, daß das lebt. Und sehen Sie, von diesem kohlensauren Eisen, das in Ihrem Kopfe ist, gehen fortwährend Strömungen hinauf zum Mond. Geradeso wie zur Sonne die Zyankaliströme gehen, so gehen zum Mond hinauf und wieder zurück diese Strömungen, die der Mensch dadurch entwickelt, daß er die Kraft in sich hat, das kohlensaure Eisen zu beherrschen.

Denken Sie, meine Herren, daß Sie zum Mond hinaufschauen. Da können Sie sich sagen: Er hat viel mit meinem Kopfe zu tun. Und so ist es auch, wenn Sie in irgendeine Gegend kommen – ich will zum Beispiel sagen, Sauerbrunn in Ungarn oder Götsch in der Steiermark, Gießhübl und so weiter; in der Schweiz sind, glaube ich, auch welche –, wenn Sie da hinkommen, so ist das eine Stätte, wo durch das Erdreich der Mond am besten auf die Erde wirken kann, denn nur dort entstehen solche Wasser. So daß wir also da sehen, wie die Erde und der Mensch auf der Erde mit Sonne und Mond zusammenhängen dadurch, daß man darauf kommt: Nach der Sonne gehen die vom Menschen beherrschten Zyankaliströmungen, nach dem Monde gehen die vom Menschen beherrschten Eisen-Kohlensäureströmungen.

Wenn man vernünftig wäre, so würde man alle solche Sachen ordentlich untersuchen. Das tut man heute nicht. Sie müssen eben nur bedenken, daß die Pflanzen, die auf der Erde sind, fortwährend Kohlensäure brauchen. Kohlensäure ist da. Wir Menschen und die Tiere atmen Kohlensäure aus. Kohlensäure ist da! Die Pflanzen, die auf der Erde sind, die atmen nicht Sauerstoff, sondern Kohlensäure ein. Den Sauerstoff werfen sie weg, den Kohlenstoff behalten sie in sich. Daher ist die Pflanze auf der Kohlensäure aufgebaut. Aber dieser ganze Vorgang, der entwickelt sich am besten bei der Pflanze so, daß die Pflanze sich herausentwickeln kann aus der Kohlensäure, wenn der Vollmond scheint, weil das mit der Kraft des Mondes zusammenhängt. Dagegen, wenn Neumond ist, entwickelt sich das weniger. Und so ist es für die Pflanze eben immer eine Grundbedingung, daß sie vom Vollmond beschienen werde. Das Wachstum schläft bei Neumond und entwickelt sich besonders stark bei Vollmond.

Da haben Sie ja auch im «alten Aberglauben» den Einfluß des Mondes erklärt! Solche Sachen hat man natürlich früher, als die Menschen noch keine Wissenschaft hatten, schon beobachtet. Daher finden Sie natürlich überall in den alten Bauernregeln Andeutungen darauf, wie wichtig der Vollmond für das Pflanzenwachstum ist. Und sehen Sie, meine Herren, man sollte eigentlich nicht nur so reden über die Beziehungen der einzelnen Himmelskörper untereinander, sondern man sollte ausgehen von dem, wie das eigentlich auf der Erde unter den Menschen sich äußert. Der Mensch hat, wie Sie jetzt gesehen haben, vom Mond und von der Sonne außerordentlich viel. Dem Mond verdankt der Mensch das, daß er seinen Kopf gebrauchen kann. Der Sonne verdankt der Mensch, daß er sein Herz und seine Beine und Hände gebrauchen kann. Geradeso wie wir den Boden unter unseren Füßen haben müssen, damit wir darauf herumgehen können, damit wir nicht immer hinunterfallen, müssen wir Sonne und Mond haben, denn zum Denken brauchen wir den Mond, zum Gehen brauchen wir die Sonne, die Sonnenkraft. Wenn wir in der Nacht gehen, so gehen wir durch die aufgespeicherte Sonnenkraft, die wir bei Tag bekommen haben. Wir brauchen eben diese Himmelskörper!

Nun aber, wenn Sie das wissen, was ich jetzt gesagt habe, dann werden Sie auch sich sagen können: Ja, in früheren Zeiten, wie war es denn da? – Von den früheren Zeiten habe ich Ihnen gesagt, da waren die Sonne und der Mond und die Erde überhaupt ein einziger Körper; die haben sich erst im Laufe der Zeit getrennt. Wir haben das also heute so, daß wir Sonne, Erde und Mond, das heißt drei Körper haben, im Weltenraum verteilt. Früher hatten wir die Sonne, riesig groß; darinnen war die Erde und darinnen in der Erde war wiederum der Mond selber. Die steckten ineinander (Zeichnung S. 44). Wenn wir also in der Entwickelung zurückgehen, so kommen wir zu einem Zeitpunkt, wo die Sache so war, wie wenn Sie, meine Herren, sehr mächtig wären, wir alle sehr mächtig wären und würden jetzt hier in der Versammlung beginnen, die ganze Erde zusammenzupacken, sie auf einen Weltenwagen zu laden, schnell zum Mond

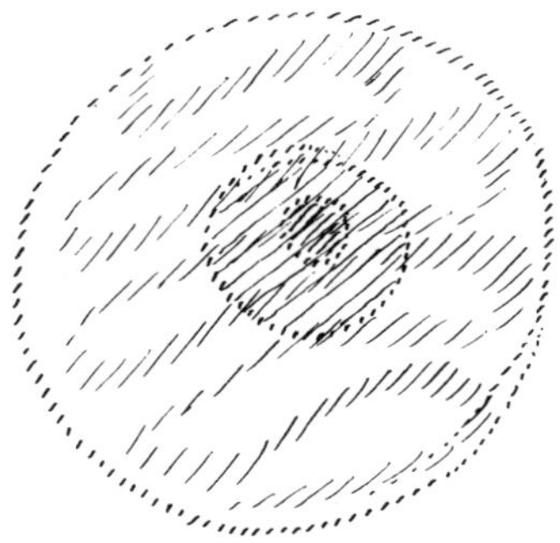

hinfahren würden – den Mond, den stecken wir hinein in die Erde, in den Stillen Ozean, und nachher fahren wir mit der Erde und dem Mond, den wir aufgepackt haben in den Stillen Ozean, hinauf und fahren flugs in die Sonne hinein: dann hätten wir wiederum den Zustand herbeigeführt, der einmal war. Nur würden sofort alle Stoffe der Erde und alle Stoffe des Mondes eine andere Gestalt annehmen, als sie jetzt haben. Aber das war einmal so! Und als das noch so war, da gab es nicht eine solche Luft, wie sie jetzt ist, sondern da gab es auf der Erde Blausäure. Da war also überall in der Sonne Blausäure und Kohlensäure darinnen. Da werden Sie sagen: Aber da war ja kein richtiger Sauerstoff; in Blausäure und Kohlensäure, da kann der Mensch nicht leben! – Ja, meine Herren, so wie der Mensch heute ist, könnte er dabei auch nicht leben; aber dazumal hatte der Mensch noch keinen physischen Körper. Da lebte er als Seele in diesem Gebilde, in diesem Himmelskörper, der Sonne und Erde und Mond zugleich war. Und wir kommen einfach, wenn wir die Sache richtig betrachten, darauf zurück, daß die ganze Weltenkörperbeschaffenheit anders war seinerzeit, daß, als wir noch in der Sonne lebten, wir natürlich nicht von Sauerstoff lebten, sondern von Blausäure und Kohlensäure lebten. Blausäure gab uns die Sonne, in der wir ja drinnen lebten; Kohlensäure gab uns der Mond, der in der Erde drinnen war.

Heute ist von all dem nur zurückgeblieben, daß in der Luft der Stickstoff ist, von dem wir ja auch nicht leben können. Der ist von der Blausäure zurückgeblieben. Die riesige Blausäureluft der Sonne hat uns, als sich die Sonne und die Erde getrennt haben, zurückgelassen den Stickstoff. Der Stickstoff ist also zurückgeblieben von der Blausäure. Und der Sauerstoff, der ist zurückgeblieben von der Kohlensäure, nachdem der Mond herausgekommen ist. So daß wir sagen können: Unsere Luft, unsere gewöhnliche Luft, die aus Stickstoff und Sauerstoff besteht, die ist ja nicht ewig dagewesen, die ist ja erst seit der Zeit vorhanden, seit sich die Sonne von der Erde getrennt hat; da ist der Stickstoff gekommen. Und seit sich der Mond von der Erde getrennt hat, da ist der Sauerstoff gekommen.

Nun geht das aber weiter! Ich habe Ihnen gesagt, es ist eigentlich nur ein bißchen Sauerstoff in der Luft, 21 Prozent etwa, und recht viel Stickstoff, rund 78 Prozent. Nun, ich habe Ihnen aber auch gesagt: Die Sonne ist groß, der Mond ist klein; den Sauerstoff haben wir vom Mond, daher ist weniger davon in der Luft; den Stickstoff haben wir von der Sonne, daher ist sehr viel davon in der Luft, weil die Sonne viel größer ist als der Mond. Man sieht es also sozusagen der Luft an ihrem Stickstoff an, daß die Sonne größer ist als der Mond, weil wir den Stickstoff von der Sonne, den Sauerstoff vom Monde haben.

Weiter aber habe ich Ihnen gesagt: Die Kohlensäure, die besteht aus Sauerstoff und Kohlenstoff. Der Kohlenstoff, der in der schwarzen Steinkohle ist, der ist da; der Sauerstoff ist in der Luft. Nun habe ich Ihnen gesagt, als der Mond herausgegangen ist von der Erde, da ist der Sauerstoff entstanden. Aber aus der Kohlensäure ist ja dann der Kohlenstoff, der in der Erde bleibt, das ist die Steinkohle in der Erde, entstanden. Also denken Sie, wir graben heute die Steinkohle aus der Erde heraus. Was müssen wir uns denn sagen, wenn wir nicht bloß wie die Regenwürmer in der Erde bohren, sondern uns aufklären darüber, wie diese Steinkohle entstanden ist? – Einmal ist der Mond aus der Erde herausgegangen, hat der Luft den Sauerstoff geschenkt und dem Erdboden die Kohle. Wir müssen eigentlich wirklich sagen: Du, Mond, du hast uns reichlich beschenkt, als du die Erde verlassen hast; du hast dich nicht bloß gedrückt, als du die Erde verlassen hast; du hast uns zurückgelassen in der Luft den Sauerstoff und in der Erde die Steinkohle! – Also der Mond, der ist eigentlich ein ganz feiner Kerl im Weltenall draußen; denn als er noch bei uns war, da hat er unsere Seelen unterhalten dadurch, daß er selber immer Kohlensäure entwickelte; das hat er uns zurückgelassen. Und draußen hat er uns den Kohlenstoff zurückgelassen und in der Erde die Steinkohle. Er drückte sich nicht so wie ein Dieb, daß er nichts zurückließ oder gar noch mitnimmt, sondern er hat den physischen Menschen erst möglich gemacht. Vorher gab es keinen physischen Menschen, sondern nur einen geistigen Menschen in der Sonne mit Mond und Erde.

Und noch früher haben sich Erde und Sonne getrennt. Die Sonne hat die Erde versorgt mit Blausäure, eigentlich mit Zyankali. Das braucht man, um seelisch-geistig zu leben, also wenn man nicht den physischen Körper hat. Man muß die Blausäure in der Umgebung haben, da wo man sie gerade nicht brauchen kann, wenn man als physischer Mensch leben soll. Den physischen Menschen löst die Blausäure gleich auf. Aber die Sonne ist auch solch eine feine Person: die hat uns zurückgelassen in der Luft den Stickstoff, als sie damals weg ist, sich getrennt hat; und in der Erde hat sie uns zurückgelassen das Zyankali und andere Zyanverbindungen. Diese bestehen aus Kohlenstoff, Stickstoff und Kalium – Kalium ist ein Stoff, der so fein glänzt wie das Silber – oder auch Kalzium. Diese Sonne also, die hat in der Luft uns den Stickstoff zurückgelassen, auch etwas Kohlenstoff noch, aber der ist nicht zur Steinkohle geworden, sondern der lebt in den Pflanzen, dieser Kohlenstoff; aber Kalzium hat sie abgesondert und davon kommen die Kalkberge, der Jura und so weiter. Daß wir also überhaupt einen festen Erdboden haben, das rührt ja davon her, daß die Sonne einmal bei uns war und hinausgegangen ist in den Weltenraum und uns den Kalk zurückgelassen hat. Der Mond hat uns die Steinkohle zurückgelassen, die Sonne hat uns den Kalk zurückgelassen in der Erde. Der Mond hat uns in der Luft den Sauerstoff gelassen, die Sonne hat uns in der Luft den Stickstoff gelassen.

Und so ist die Erde aus Sonne und Mond heraus gebildet. Und nachdem sie herausgebildet ist, schauen wir hinauf und sehen Sonne und Mond. Aber als eben das alles noch beieinander war, als Sonne, Mond und Erde ineinander waren, da konnte der Mensch nur als seelisch-geistiges Wesen leben, konnte nicht anders leben! Ja, meine Herren, damals war der Mensch fähig, trotzdem zu leben als seelisch-geistiges Wesen, trotzdem er niemals einen physischen Körper bekommen hat, weil Sauerstoff und Stickstoff und das alles nicht da war. Aber nun, wenn wir heute, so wie wir nun einmal sind auf der Erde, Zyankali in uns hineinbringen, dann vernichtet das in unserem Körper alle unsere Bewegungen und Lebenskräfte. Und das Schlimme ist, daß immer Gefahr vorhanden ist, wenn einer sich mit Zyankali vergiftet, daß das die Seele mitnimmt und der Mensch, statt daß er in der Seele weiterleben könnte, überhaupt in der ganzen Welt verteilt wird und namentlich im Sonnenlicht verteilt wird.

Wenn anthroposophische Erkenntnisse sich verbreiten würden, so würde sich kein Mensch mehr mit Zyankali vergiften. Es würde ihm gar nicht einfallen! Daß Vergiftungen mit Zyankali eintreten, das ist nur die Folge der materialistischen Weltanschauung, weil die Menschen glauben: tot ist tot, ganz gleichgültig, ob man durch Zyankali den Tod erleidet oder durch die innere Auflösung. Das ist aber nicht gleichgültig! Wenn man durch die innere Auflösung den Tod erleidet, dann haben Seele und Geist den gewöhnlichen Weg zu gehen in die geistige Welt hinein; sie leben eben weiter. Wenn Sie aber durch Zyankali sich vergiften, dann hat die Seele die Absicht, überall mit jedem Körperteilchen mitzugehen, und namentlich sich auszubreiten im Stickstoff und sich aufzulösen im Weltenall. Das ist der wirkliche Tod von Seele und Geist. Wenn nun die Menschen wissen würden, daß Seele und Geist der eigentliche Mensch ist, dann würden sie sagen: Wir können unmöglich diese furchtbare Explosion hervorrufen, die dann hervorgerufen wird in feiner Weise im ganzen Weltenall, wenn ein Mensch sich vergiftet mit Zyankali. – Denn jeder Mensch, der sich mit Zyankali vergiftet, der schaltet sich ein auf eine unrichtige Weise in den Strom, der von der Erde zur Sonne geht. Und man müßte, wenn man die richtigen Instrumente hätte, jedesmal, wenn sich ein Mensch durch Zyankali vergiftet, in der Sonne eine kleine Explosion sehen. Und die Sonne wird schlechter dadurch. Der Mensch verdirbt das Weltenall und auch die Kraft, die von der Sonne zur Erde strömt, wenn er sich vergiftet mit Zyankali. Der Mensch hat wirklich Einfluß auf das Weltenall. Wenn sich der Mensch mit Zyankali vergiftet, dann ist das so, daß er eigentlich die Sonne ruiniert! Und so ist es bei jeder Zyankalivergiftung.

Und das ist schon etwas, was nicht eine solche künstlich erzeugte religiöse Stimmung hervorruft, sondern was die wirklich religiöse Stimmung hervorruft, daß der Mensch weiß: Ich gehöre dem Weltenall an, und was ich tue, ruft fortwährend Einflüsse im Weltenall hervor. – Das ist es eben, daß das von den Menschen ganz vergessen worden ist, daß das so ist und daß die Menschen gar nicht wissen: Der Stickstoff, der da in meiner

Umgebung ist, den hat die Sonne geschaffen; der Sauerstoff, der da in meiner Umgebung ist, den hat mir der Mond geschaffen. – Und daher ist eine wirkliche Wissenschaft im Grunde genommen heute gar nicht mehr da. Es ist ja gar keine wirkliche Wissenschaft mehr da! Die wirkliche Wissenschaft nimmt die anderen Weltenkörper zu Hilfe. Und so sehen die Menschen durch ihre Fernrohre auf die Sterne hinauf, rechnen bloß, wissen aber nicht, daß zum Beispiel zwischen jedem Eisenteilchen, wovon Millionen in unserem Blute herumschwimmen, zwischen jedem Eisenteilchen in unserem Blute und all dem, was im Mond vorgeht, ein inniger Zusammenhang ist. Und so ist es schon, daß zum Beispiel ein bleichsüchtiges junges Mädchen ja keine richtige Beziehung zum Mond entwickeln kann und dadurch ganz herauskommt aus dem Weltenzusammenhang. So daß ein solches bleichsüchtiges junges Mädchen zum Beispiel das Gedächtnis verliert, alles, was sich auf den Kopf bezieht, und daß dadurch nicht jene lebendige Beziehung entsteht, alles das, was, wie ich Ihnen gesagt habe, zwischen Eisen und Kohlensäure entstehen soll – das alles ist nicht vorhanden beim bleichsüchtigen jungen Mädchen: der Kopf wird von Gedanken leer.

Aber wiederum, wenn der Mensch nicht imstande ist, das richtig zu bekämpfen, was da an Zyankali in seinem Körper entstehen will, dann wird zu viel Kalk abgelagert in den Knochen; die Knochen werden brüchig und nach und nach schiebt sich sogar der Kalk in die Blutadern hinein: alles im Menschen wird brüchig. Der Mensch kann nicht mehr das richtige Verhältnis zur Sonne entwickeln. Das muß aber sein. Der Mensch muß durch dasjenige, was in seinen Bewegungen lebt, woran ja die Knochen ihren wichtigen Anteil haben, seine richtige Beziehung zur Sonne entwickeln. Und der Mensch muß durch dasjenige, was in seinem Kopfe lebt, die richtige Beziehung zum Mond entwickeln. Ja, meine Herren, es ist schon so, daß wenn der Mensch nichts denkt, zu faul ist zum Denken, dann kümmert sich der Mond nach und nach nicht um den Menschen! Dann wird der Mensch dumpf, dumm. Und wenn der Mensch gar nicht geht, sich fortwährend ins Bett legt, dann kümmert sich die Sonne nicht um den Menschen. Dann wird der Mensch in bezug auf seine Gliedmaßen dumpf und stumpf und träge und lässig. Ob einer recht faul ist in Bewegungen oder ob einer recht faul ist in Gedanken, das hängt von seiner

Beziehung zu Sonne und Mond ab. Ist man mit Sonne und Mond gut Freund, dann denkt man gern und geht gern herum und arbeitet gern. Ist man mit Sonne und Mond schlecht zu sprechen, dann hört man auf zu denken, und dann hat man auch keine Freude am Herumgehen und am Arbeiten. Aber der Mensch hängt schon ganz innig zusammen mit Sonne und Mond. Wenn Sie den einen oder anderen heute fragen nach dem, was er gelernt hat von all dem, was man heute lernen kann – der eine sagt einem, wie man mit dem Mikroskop arbeitet, der andere erzählt einem, wie man mit dem Teleskop, dem Fernrohr zu Sonne und Mond schaut, wie man die Winkel berechnet, wie viel da an Entfernungen sind, daß die Sonne Sonnenflecken hat, daß sie eine Korona um sich hat, wie die Nebel aufsteigen –, das alles erzählt er einem.

Wenn Sie mich fragen, was der Zusammenhang zwischen den Himmelskörpern ist, dann kann ich Ihnen dasselbe sagen, weil ich zwar auch das gelernt habe, was die anderen gelernt haben. Aber wenn eine lebendige Wissenschaft daraus werden soll, so muß ich es Ihnen so erzählen, daß es zuletzt darauf hinauskommt, daß das menschliche Gehen und Stehen mit der Sonne zusammenhängt; das ist eben lebendige Wissenschaft und das andere ist tote Wissenschaft, lebendige Wissenschaft und tote Wissenschaft! Diese lebendige Wissenschaft und diese tote Wissenschaft, das ist eben der Unterschied zwischen dem Goetheanum und, sagen wir, einer heutigen Universität. Wenn Sie an eine heutige Universität kommen, so erzählt man dem jungen Mediziner, wenn sich irgendein Körper mit dem Sauerstoff verbindet, so verbrennt er. Sie haben also eine Kerze; da ist allerlei Brennstoff, Fette, da haben Sie die Flamme und da verbinden sich diese Stoffe mit dem Sauerstoff der Luft. Und das ist die Verbrennung, Verbindung von Stoffen mit dem Sauerstoff der Luft, also Verbrennung. Und dann geht der Professor über dazu, daß er sagt: Im Menschen ist auch eine Verbrennung drinnen, denn da ist der Kohlenstoff drinnen, der Sauerstoff wird eingeatmet, verbindet sich mit dem Kohlenstoff; im Menschen ist auch eine Verbrennung drinnen. – Und so erzählt Ihnen der Herr Professor von der Verbrennung im Menschen. Aber das ist geradeso ein Unsinn, wie wenn einer sagt: Kerl, deine Leber ist furchtbar schlecht geworden, ich schneide dir eine aus Holz und setze sie dir ein. – Ja, das ist eine tote Leber! Der Mensch braucht aber eine lebendige Leber. Wenn Sie eine Kerze anzünden, haben Sie eine tote Verbrennung; die Verbrennung, die im Menschen drinnen ist, ist aber eine lebendige Verbrennung! Gerade derselbe Unterschied wie zwischen Kerze und der lebendigen Verbrennung im Menschen, ist auch zwischen einer lebendigen Leber und einer Leber aus Holz. Wenn also der Professor erzählt, im Menschen findet eine Verbrennung statt, so erzählt er überhaupt nicht vom wirklichen Menschen, sondern von einem, den er aus Holz geschnitzt hat. Das ist ja alles Unsinn! Die Verbrennung selber ist lebendig im Menschen. Und das ist der große Unterschied zwischen der Verbrennung, die draußen ist, der toten Verbrennung, und der lebendigen, die im Menschen drinnen ist. Aber die betrachten die Verbrennung ganz gleich, die sagen: draußen verbrennt das Fett, der Talg oder so irgend etwas in der Kerze, und drinnen verbrennt der Kohlenstoff zu Kohlensäure. – Es ist ein ganz kompletter Unsinn! Es ist derselbe Unsinn, wie wenn man sagt, man könnte ebensogut eine Leber aus Holz oder Stein machen. Das wäre eine tote Leber! Man kann eben im Körper nicht eine solche Verbrennung bloß haben wie bei einer Kerze, sondern eine lebendige Verbrennung ist da im Menschen und sie unterscheidet sich von dem, was man sonst Verbrennung nennt, eben geradeso wie sich die Leber von einem Stück Holz unterscheidet. Daher unterscheide ich diese Ausdrücke, die die gewöhnliche Naturwissenschaft gebraucht von Verbrennung und so weiter; ich sage es nur, indem ich zugleich erkläre, daß das eine lebendige Verbrennung ist. Schon in dem Wort, wenn man sagt, in dem Körper findet eine Verbrennung statt, in dem Wort liegt ein Unsinn, weil jeder denkt: Dasselbe wie bei der Kerze geht im Menschen vor sich. – Schon wenn man die Worte ausspricht, redet man einen Unsinn.

Am nächsten Samstag, wenn ich da bin, halte ich einen Vortrag; sonst am Montag.

DRITTER VORTRAG

Dornach, 13. Oktober 1923

Guten Morgen, meine Herren! Vielleicht ist Ihnen etwas am letzten Vortrag besonders aufgefallen, so daß Sie noch eine Frage daranschließen wollen?

Fragesteller: Gestern hat mir Herr Seefeld eine Photographie gezeigt von Schneeflocken. Die Formen kommen aus dem Weltenall. Es hat mich sehr interessiert; da ist ein Zusammenhang. Das hat mir schon weiter zu denken gegeben.

Dr. Steiner: Ich werde Ihnen einmal auch dieses im Zusammenhang darzustellen versuchen, namentlich weil sich ja der Anschluß dann leicht ergeben wird an das, was wir am letzten Montag besprochen haben. Ich habe Sie ja öfter darauf aufmerksam gemacht, der Mensch ist ein sehr kompliziertes Wesen. Das sieht man nicht so stark an dem Äußeren des Menschen, sondern man sieht es an dem Inneren des Menschen, auch an dem Körperlich-Inneren des Menschen. Da kann ich Sie zum Beispiel darauf aufmerksam machen, daß in den Gegenden, in denen die sogenannte heiße Zone ist, wo der größte Teil des Jahres warm ist und eigentlich nur abwechselnd mit der Wärme ein ganz kurzer regnerischer Winter – sagen wir im südlichen Ägypten, oder sagen wir in Indien –, daß da die Menschen eigentlich in ihrem Inneren ganz anders ausschauen als da, wo es beständig kalt ist, in den Gegenden zum Beispiel, die dem Nordpol naheliegen. Gegenden, die dem Nordpol naheliegen, haben ja sehr viel von dem, worüber Sie jetzt gerade gefragt haben; sie haben sehr viel von den Kräften, die sich dann ausdrücken in den schönen Formen der Schneeflocken. So daß wir also sagen können: Wir haben auf der Erde solche Gegenden, welche stark sonnendurchwärmt und sonnendurchleuchtet sind, wo die Sonne einen großen Einfluß hat, und wir haben Gegenden, wo die Sonne eigentlich wenig Einfluß hat, wo also Schnee, Eis herrscht. – Sie wissen ja, daß nicht nur die Schneeflocken schöne, allerlei wunderschöne Formen haben – die Schneeflocken haben erstens solche Formen, die auf das Sechseck hingehen, aber auch allerlei solche Formen (Zeichnung S. 52) –, sondern Sie haben doch ganz gewiß auch schon ans

Fenster gesehen im Winter, wenn dort das Eis ist, das Wasser gefriert, das sonst als Dunst die ganze Fensterfläche bedeckt; da haben Sie gesehen, was da für wunderschöne Blumen sich bilden, wunderschöne Figuren, in

die sich das Wasser hineinbildet. So daß wir sagen können: Das Wasser, das ja dem Schnee ebenso wie dem Eis zugrunde liegt – denn wenn es wieder warm wird, so zerfließt sowohl der Schnee wie das Eis zu Wasser –, das bildet, wenn die Sonne nicht recht Kraft hat, die schönsten Figuren. Die können natürlich nicht im Wasser drinnen sein. Denn etwas, was seine eigene Figur aus sich selber bildet, das behält ja seine Figur. Sie haben ja auch alle eine Figur. Von der menschlichen Figur aber kann man nicht sagen, daß Sie alle nur in Bildern die menschliche Figur haben, die, wenn die Sonne kommt, zerfließt. Das wäre auch schlimm, das tut sie nicht. Das Wasser hat diese Figur nicht in sich selber, die kommt von auswärts.

Nun wollen wir einmal untersuchen, woher das Wasser diese Figur bekommen hat, die da sowohl beim Schneekristall wie bei den Eisblumen diese schönen Bilder hervorruft. Das ist dann die Antwort auf Ihre Frage.

Wenn man eine solche Frage sich stellt, muß man immer eingehen können auf den ganzen Menschen. Nun sind im Menschen zwei Organe; die sind anders bei einem Menschen, wo die Sonne das ganze Jahr hindurch eine große Kraft hat, wie in den heißen Gegenden Südägyptens und Indiens. Die innere Gestalt dieser Organe unterscheidet sich bei diesen Menschen von denjenigen Menschen, wo es sozusagen das ganze Jahr kalt ist, wo immer so ein Hang ist in der Natur, Schneekristalle und Eisblumen zu bilden, wie bei den Eskimos. Die leben da oben, wo immer eigentlich Schnee und Eis sein will, wo das Wasser wenig zerfließt. Nun schauen wir aber einmal das Äußere an. Da werden die Leute sagen: Nun ja, die Leute in den heißen Gegenden sind äußerlich vielleicht etwas größer; aber die Eskimos, das sind kleine Leute. – Aber das ist nicht dasjenige, was die Sache ausmacht, sondern der große Unterschied zwischen Menschen der heißen Zone und den Eskimos, den Menschen der kalten Zone, der liegt in dem Unterschied ihrer Leberbildung und ihrer Lungenbildung. Die Eskimos haben verhältnismäßig zu ihrem Körper große Lungen und kleine Lebern, und die Menschen in der heißen Zone haben verhältnismäßig eine kleinere Lunge und eine große Leber. Also Sie sehen, da unterscheiden sich die Menschen in Gegenden, in denen Eisblumen entstehen, Eiskristalle entstehen, von den anderen dadurch, daß sie verhältnismäßig zu ihrem Körper eine kleine Leber und eine große Lunge haben. Und bei den Menschen, bei denen die Natur nicht die Neigung hat, solche Figuren zu bilden, sondern wo die Sonne alles immer schmilzt, alles wegschafft, da besteht die Eigentümlichkeit, daß sie eine verhältnismäßig kleine Lunge und eine große Leber haben. Wir müssen immer, wenn wir um etwas in der Natur fragen, also auch um die Eisblumen, auf den Menschen schauen. Wenn man nicht vom Menschen ausgeht, versteht man nichts in der Natur, gar nichts.

Also die Sache ist so: Die Leber im Menschen ist ein sehr wichtiges Organ. Wenn der Mensch keine Leber hätte, hätte er keine Galle, denn die Leber, die sondert fortwährend Galle ab. Die Galle kommt aus der Leber, geht in die Gallenblase über, von da in die Verdauungssäfte, von da in das Blut und geht dann in den ganzen Körper über. So daß wir sagen können: Der Mensch hat in der rechten Seite die Leber; aus der Leber rinnt die Galle heraus in die Gallenblase hinein, von da in das Blut, geht in den ganzen Körper über. – So daß also der Mensch seine Leber eigentlich hat zum Absondern der Galle.

Sie können nun fragen: Ja, warum kommt denn aus der Leber fortwährend diese Galle? – Meine Herren, wenn Sie keine Galle hätten, wären Sie sonderbare Leute. Sie verteilt sich natürlich in ganz kleine Mengen, aber sie muß im ganzen Körper sein. Wenn Sie keine Galle hätten, wären Sie fürchterliche Phlegmatiker; die Hände, die Arme, den Kopf ließen Sie hängen, und es wäre Ihnen zuwider, wenn Sie jemand ein Wort als Antwort geben sollten und so weiter. Also Sie wären ganz latschete, phlegmatische Leute, wenn Sie keine Galle hätten. Galle muß der Mensch haben; die Galle muß aus der Leber kommen. Und wenn die Leber verhältnismäßig klein ist, so wird eben der Mensch phlegmatisch; wenn die Leber verhältnismäßig groß ist, so hat der Mensch viel Feuer in sich, denn die Galle macht Feuer. Und sehen Sie, es kann auch in einem Menschen zuviel Galle sein, er kann zuviel Galle erzeugen; dann hat er eigentlich die Lust, wenn man nur ein bißchen was zu ihm sagt, einem ein paar herunterzuhauen. Namentlich bei den jähzornigen Leuten fließt aus der Leber fleißig Galle heraus; da fließt viel Galle in den Nahrungssaft und in das Blut über. So daß, wenn Sie innerlich den Menschen beobachten, zu dem Sie etwas sagen oder dem irgend etwas nicht gefällt, das auf ihn einen besonderen Eindruck macht – flugs rinnt viel Galle aus der Leber heraus und verbreitet sich sehr schnell in dem ganzen Körper, und er haut Ihnen ein paar herunter, oder er schimpft wie ein Rohrspatz. Das ist es, was man innerlich beobachtet, wenn ein Mensch zuviel Neigung hat, Galle abzusondern. Aber wie gesagt, wenn er gar keine Galle absondern würde, würde er gar kein Feuer haben, sondern so daherschlapfen, wie ich es Ihnen gesagt habe. Also Sie sehen, die Gallenabsonderung ist ja etwas, was unbedingt zur Absonderung des Menschen gehört. Ich weiß nicht, ob schon irgend jemand von Ihnen die Galle gekostet hat: sie schmeckt furchtbar bitter, richtig giftig, und eine größere Menge von der Galle richtig durch den Mund aufgenommen, ist auch ein Gift. Das hängt zusammen mit dem, was ich Ihnen am letzten Mittwoch gesagt habe. Ich hatte Ihnen gesagt: Wenn der Mensch lebendig wird, sich bewegt, geht, auch wenn er schimpft und Ihnen ein paar herunterhaut, ja, da gibt es so viel Gift, daß er die Neigung hat, viel von dem Zyankali, von dem ich Ihnen da gesprochen habe, zu erzeugen. Das muß er mit dem Blut vermischen. Ich habe viele Fälle schon kennengelernt, wo Leute einfach durch ihren Zorn eine innere Blutvergiftung bekommen haben. Man kann so zornig werden, besonders wenn man schnell zornig wird, daß man durch diesen Zorn überflüssig viel Galle absondert – eigentlich zunächst viel Zyan, dann Galle. Dann kriegt man eine furchtbare Giftmischung ins Blut, und da ruiniert man dann das Blut. Es kommt eine furchtbare Blutvergiftung durch den Zorn. Daraus sehen Sie, wie notwendig und wie schädlich wiederum beim Menschen dasjenige sein kann, was irgendein Organ seines Leibes tut. Denn alles, was geschieht, hängt mit dem Seelischen wiederum zusammen. Der Zorn ist etwas Seelisches, die Gallenabsonderung ist etwas Physisches; aber es gibt nichts im Menschen, das nicht zugleich seelisch ist und alles Seelische hat irgendwie eine physische Form.

Gehen wir weiter. Nehmen wir jetzt an, ein Mensch ist dem, was man oftmals Erkältungen nennt, namentlich Baucherkältungen, sehr häufig ausgesetzt. Also ein Mensch kriegt sehr häufig Baucherkältungen; dann sagt sein Bauch: Ja, ich bin wie ein Eskimo, ich bin wie in der kalten Gegend der Erde. – Und dann kommt es, daß der Bauch fortwährend die Leber zusammenzieht, so daß sie wie bei dem Eskimo klein ist. Wenn also der Mensch viel Baucherkältungen hat, dann zieht sich seine Leber zusammen, und dann preßt sie die Galle aus. Fortwährend träufelt Galle in die Gallenblase herein und von da in den Körper.

Nun, meine Herren, Sie haben alle schon dasjenige erlebt, was man zum Beispiel Sich-Überheben nennt. Man hebt etwas, was einem zu schwer ist; da reißt man sich die Muskeln auseinander, da zerstört man sich die Muskeln. Wenn man zuviel Kraft anwendet für irgendein Organ, so zerstört man sich das Organ. So ist es aber bei der Leber. Wenn sie immer fort und fort zuviel Galle absondert, dann schrumpft die Leber allmählich zusammen, sie wird untauglich. So daß also die meisten Leberkrankheiten, die der Mensch bekommt, dadurch entstehen, daß der Mensch durch Baucherkältungen die Neigung bekommen hat, zuviel Galle abzusondern und daß dadurch seine Leber verkümmert. Lebererkrankungen kommen aus Baucherkältungen durch Zusammenschrumpfen der Leber. Natürlich kommen ja alle möglichen anderen Zustände dazu. Wenn der Mensch Baucherkältungen hat, geht das Herz nicht ordentlich. Da sagen dann die Ärzte, die Leberkrankheiten kommen vom Herzen. Aber in Wahrheit kommen sie von dem, daß der Bauch sich erkältete.

Alles das aber – das können Sie schon aus dem entnehmen, was ich Ihnen gesagt habe – hat zu tun mit der Sonne. Daher ist es auch immer sehr gut, wenn einer gerade an Baucherkältungen leidet, daß man ihm seinen Unterleib dem Lichte aussetzt. Da ist zum Beispiel die Sonnenkur außerordentlich gut. So also müssen wir sagen: Alles das, was mit der Leber zusammenhängt, hängt auch mit der Sonne zusammen. Sonnentätigkeit fördert Lebertätigkeit. Mangel an Sonnentätigkeit bringt die Lebertätigkeit in Unordnung. Es ist ein sehr interessanter Zusammenhang zwischen der Sonne und der Leber.

Ich habe immer bewundert, daß in der deutschen Sprache das Wort Leber existiert. Alle anderen Sprachen haben für dieses Organ in der rechten Seite des Unterleibes gar kein so schönes Wort. Denn nach dem, was ich Ihnen jetzt erklärt habe, müssen wir ja sagen, das Feuer, sogar das, was dem Menschen von der Sonne kommt, diese belebende Feuerkraft, die muß in der Leber erst für den Menschen zurechtgekocht werden; da muß ihm die Galle bereitet werden, die dann in seinen Körper übergeht. Die Sonne bereitet in dem Menschen die Galle. Dasjenige, was der Mensch da tut, das nennen wir leben, und den, der dieses Leben anfeuert, den kann man einen Leber nennen. So wie man sagt: Wagen, Wagner, Zeichnen, Zeichner, so ist leben das Zeitwort, und Leber, der Leber – das hat man nur vergessen, daß das so ist, man sagt «die Leber» statt «der Leber»; eigentlich heißt es der Leber –, der ist das, was da belebt! Die Sprache ist manchmal wunderbar lehrreich, weil in den alten Volksinstinkten immer ein Wissen von dem vorhanden war, und da sind die Dinge richtig benannt worden. Leber ist das, was anfeuert, was den Menschen belebt. Das ist in bezug auf die Leber zu sagen. Nun, wenn man die Leber in ihrer Gallenabsonderung hat, dann muß man sagen: Die Absonderung der Leber ist dasjenige, was mit der Sonne zusammenhängt.

Jetzt gehen wir zu der Lunge über. Das haben wir ja oft besprochen und Sie wissen es auch: die Lunge atmet. Aber daß die Lunge da den Sauerstoff einzieht, atmet, das ist bei der Lunge nur ein Teil ihrer Tätigkeit. Die Lunge hat noch etwas anderes zu tun. Geradeso wie die Leber die Galle absondert, so sondert die Lunge dasjenige ab, was man den Schleim nennt. Die Lunge also sondert den Schleim ab. Die Lunge kann ebensowenig wie die Leber dasjenige, was sie in sich hat, in sich behalten. Die

Leber könnte nicht sich ganz anfüllen mit Galle, die Leber muß die Galle an den Körper abgeben. Aber die Lunge, die muß fortwährend Schleim aussondern, immerfort Schleim aussondern. Und nun ist es so, daß wenn die Lunge Schleim aussondert, so geht der Schleim dann über in alle anderen Teile des Körpers. Er geht mit dem Schweiß fort, er geht sogar in die Ausatmungsluft hinein, er geht mit dem Urin ab, er geht überallhin, der Schleim. Aber das Organ, das den Schleim absondert, das ist die Lunge.

Wenn Sie nun die Luft, die der Mensch ausatmet, untersuchen, dann kriegen Sie etwas Wunderschönes heraus. Man muß nur hauptsächlich nicht die vom Munde ausgeatmete Luft untersuchen, die ist zu unregelmäßig; man muß die von den Nasenlöchern ausgeatmete Luft untersuchen.

Sehr interessant ist es, wenn jemand recht langsam ausatmet. Da muß man sehr achtgeben: Atmet man auf eine Glastafel, dann entsteht im Atem, der ausgeatmet wird, etwas Ähnliches wie beim Schnee. Man muß es sehr sorgsam machen, und zwar so, daß man, wenn man zum Beispiel das linke Nasenloch beim Ausatmen zuhält, nur mit dem rechten Nasenloch langsam ausatmet auf die Glastafel, die man vor sich liegen hat, und dann mit dem linken. Man muß sehr langsam atmen, weil, wenn man schnell atmet, man das Ganze verwischt durch den Atemstoß. Es muß ganz sanft und milde geatmet werden. Das muß man eigentlich erst lernen. Aber da ist es dann interessant: Wenn man da durch ein Nasenloch atmet, dann entstehen auf der Glasplatte durch die ausgeatmete Luft gerade solche Figuren wie beim Schnee! Da ist die Ausatmungsluft nicht einfach solch ein Bröckelchen darauf, sondern solch eine Figur. Und das, ich möchte sagen, verteufelt Interessante dabei ist, daß wenn Sie das linke Nasenloch zuhalten und ausatmen, kriegen Sie eine Figur; wenn Sie das rechte Nasenloch zuhalten und ausatmen, kriegen Sie eine andere Figur. Nicht einmal die gleichen Figuren sind es! So daß wir also sagen können: Die Luft aus Ihnen heraus, aus Ihrem eigenen Menschen heraus, diese Luft geht in Figuren heraus. Sie geht gar nicht bloß als Tropfen heraus, sie geht in Figuren heraus, und sogar so merkwürdig, daß das linke Nasenloch noch eine andere Figur als das rechte Nasenloch gibt.

Nun, meine Herren, dasjenige, was da in der ausgeatmeten Luft drinnen ist, die ja, weil sie Wasserdunst enthält, diese Figuren gibt, die gleich wieder verdunsten, aber diese Figuren bildet, das ist der Schleim, der aus der Lunge in die ausgeatmete Luft übergeht. Der bildet sich zu diesen Figuren. Der Schleim klebt gewissermaßen die einzelnen, ganz winzigen Wassertröpfelchen zusammen zu solchen Figuren. So daß Sie in Ihrer Lunge nicht eben einfach die Neigung haben, Schleim in einer beliebigen Gestalt auszustoßen, sondern Sie haben die Neigung, aus Ihrer Lunge den Schleim eigentlich in Kristallen auszuatmen oder auszustoßen – in Kristallen! Nur verdunsten diese Kristalle gleich, lösen sich gleich auf, weil sie an die Sonne kommen.

Gerade so nun, wie die Galle mit der Leber zur Sonne in Beziehung steht, so steht die Lunge mit ihrer Schleimabsonderung zum Mond in Beziehung. Wir wissen ja, daß da in den Kopf hinauf, wie ich Ihnen gesagt habe, die Kohlensäure steigt, und ich habe Ihnen gezeigt, daß wenn der Mensch keine Kohlensäure in seinen Kopf hinaufschicken würde, er dann dumm werden würde. Diese prickelnde Kohlensäure, die sich in ganz kleinen Mengen fortwährend in den Kopf hinaufbringt, die macht, daß wir gescheite Menschen sind. Wir sind ja alle so furchtbar gescheite Menschen, nicht wahr! Sie wissen, wenn man Brausen trinkt, dann prickelt das; das ist dann sehr stark wahrzunehmen. Aber der Mensch erzeugt immer sehr schwach Kohlensäure. Die schickt er in den Kopf hinauf. Und dieses Prickeln im Kopf, das macht den Kopf regsam; dadurch ist er gescheit und nicht dumm. Diejenigen Menschen, die wirklich dumm sind – ich weiß nicht, ob es solche auch gibt –, die haben zuwenig Kraft, um den Kohlenstoff mit dem Sauerstoff zu verbinden und schicken keinen Kohlenstoff hinauf, sondern die verbinden den Kohlenstoff mit einem ganz anderen Gas. Also der Mensch, der gescheit ist, der verbindet den Kohlenstoff mit dem Sauerstoff: da entsteht die prickelnde Kohlensäure. Aber wie gesagt, diejenigen Menschen, die nun wirklich dumm sind, die verbinden den Kohlenstoff nicht mit dem Sauerstoff, sondern mit dem Wasserstoff. Die verbinden also Kohlenstoff mit Wasserstoff, und da entsteht dieses Gas, das man manchmal in Gruben findet: Grubengas, Sumpfgas. Wir alle senden auch etwas von diesem Grubengas in den Kopf; das brauchen wir auch, sonst würden wir nämlich zu gescheit. Damit wir immer auch ein bißchen dumpf bleiben können, auch so ein bißchen nicht ewig gescheit sind, entwickeln wir auch Sumpfgas. Aber diejenigen, die zu dumm werden, entwickeln zuviel Sumpfgas. Bei denjenigen Menschen, die halbwegs gescheit sind, geht die Kohlensäure in den Kopf. Das prikkelt. Und wenn dann sich nach und nach viel Sumpfgas angesammelt hat, dann werden sie schläfrig, dann kommt die Schlafmüdigkeit. Das tritt ein des Nachts, da entwickelt sich viel Sumpfgas. Nur bei denjenigen, die dumm sind, entwickelt sich das Sumpfgas auch wenn sie wachen. Also da muß immerfort die Kohlensäure hinauf. Aber die Kohlensäure allein tut es nicht: es muß von der Lunge aus der Schleim in den Kopf gehen. Er geht ja sogar durch die Nasenlöcher in Form von Kristallen heraus, geradeso wie in Leber und Galle. Nun, das wird Ihnen klar sein durch die Beschreibung, die ich am Mittwoch gegeben habe.

So wie die Leber mit der Sonne zusammenhängt, so hängt nun die Lunge mit dem Mond zusammen. Sehen Sie sich einmal den Mond an. Der Mond ist nur ganz anders als die Sonne. Wenn Sie auf die Sonne schauen, dann ist die Sonne ja rund, aber sie breitet eigentlich ihre Strahlen nach allen Seiten aus. Die Sonne, die scheint nach allen Seiten; sie zerfließt nach allen Seiten, so wie die Galle in dem menschlichen Leib nach allen Seiten hin geht. Man kann dann die Sonne in ihrem Zerfließen, im Auseinanderfließen vergleichen mit dem Zerfließen der Galle. Aber der Mond – ja, meine Herren, wenn Sie den Mond anschauen, der hat immer eine ganz bestimmte Gestalt. Der Mond ist ganz fest. Und er ist in seinem Inneren auch so, daß das, was die Substanz, den Stoff des Mondes ausmacht, kristallisiert, geradeso wie unsere Ausatmungsluftformen, die aus der Nase kommen, kristallisiert sind. Da wirken drinnen die Mondwirkungen, so wie in der Leber und Galle die Sonnenwirkungen. In der Lunge wirken die Mondkräfte, und der Mond bewirkt diese Absonderung von Schleim.

Jetzt können wir sagen: Gehen wir in die heißen Gegenden, ja, dann wirkt die Sonne. Die läßt alles zerfließen; die Leute bekommen viel Feuer. Das Feuer, es braucht ja nicht bloß im Jähzorn zu leben, sondern es lebt auch in den schönen Dingen und in der schönen Weisheit der Eifer. Die Leute bekommen viel Feuer. Gehen wir in die kalten Gegenden, dann muß sich in diesen kalten Gegenden, wo die Sonne nicht die Kraft hat zu wirken, wo namentlich der Mond in den kalten Nächten hineinscheint in die Eiseskälte, die Lunge, die sich verhältnismäßig vergrößert, sehr stark anstrengen: da wird viel Schleim abgesondert. Und derjenige, der das nicht gewöhnt ist, der erkältet sich, der sondert zuviel Schleim ab.

Sehen Sie, meine Herren, jetzt haben Sie auch die Ursache der Lungenkrankheiten. Die Lunge muß ein gewisses Quantum von Schleim absondern, so wie die Leber ein gewisses Quantum von Galle absondern muß. Aber geradeso wie die Leber, wenn sie zuviel Galle absondert, sich ruiniert, so ruiniert sich die Lunge, wenn sie zuviel Schleim absondert. Das ist bei den Lungenkrankheiten der Fall. Da wird die Lunge durch dasjenige, was sie erlebt, aufgerüttelt, zuviel Schleim abzusondern. Denken Sie sich also, Sie leben statt in einer mäßig feuchten Luft, statt in einer ein bißchen feuchten Luft in einer stark feuchten Luft: dann muß sich die Lunge sehr stark anstrengen. Aber wenn sich die Lunge anstrengt, so sondert sie Schleim ab. Und da fängt die Lunge dann an, dadurch, daß sie zuviel feuchte Luft atmet, sich zu stark anstrengen muß, krank zu werden. Und der Mensch spuckt, wenn er lungenkrank wird; nach und nach spuckt er seine ganze Lunge aus, wenn er zuviel krank ist.

Man kann der Lunge dann zu Hilfe kommen, indem man eine bestimmte Arznei bereitet. Man darf dazu keine Wurzeln verwenden, sondern man muß die Blätter verwenden von Pflanzen, eine bestimmte Arznei daraus bereiten. Es ist das also zum Beispiel der Fall bei ganz bestimmten Pflanzenarten. Wenn man da richtig den Saft nimmt und bestimmte Arzneien bereitet, kann man der Lunge zu Hilfe kommen, wenn sie zuviel tätig ist. Denn solche Arzneien haben die Eigentümlichkeit, daß sie die Lungentätigkeit übernehmen; dann strengt sich die Lunge etwas weniger an. Das Heilende besteht also meistens darinnen, daß man sich frägt: Die Lunge, die sondert also zuviel Schleim ab; das ist ein Zeichen, daß sie sich zu stark anstrengt. Schön, was tue ich? Ich suche mir eine Pflanze, die einen Saft hat, der die Lungentätigkeit übernehmen kann.

Oder ich bemerke, daß die Leber zuviel Galle absondert: ich suche mir eine Pflanze, welche die Lebertätigkeit übernehmen kann. Da gibt es zum Beispiel eine Pflanze, die heißt Cichorium intybus, Wegwarte. Wenn man den Saft aus der Wurzel dieser Pflanze zu einer Arznei bereitet und ihn dem Menschen eingibt, dann übernimmt der die Lebertätigkeit, und man kann dann finden, daß der Mensch zwar zunächst nicht weniger Galle absondert, daß auch zunächst seine seelischen Zornzeiten nicht zurückgehen, daß aber seine Leber sich nach und nach wieder kräftigt und allmählich die Besserung eintritt.

So hilft man einem Menschen also dadurch, daß man weiß, daß zum Beispiel die Säfte der Blätter – nicht die Wurzeln – gewisser Kohlarten bestimmte Lungentätigkeiten übernehmen können, und daß der Saft aus der Wurzel von Cichorium intybus – sie wächst auch da draußen, Sie werden sie alle kennen, sie hat so blaue Blüten – besonders heilsam ist für die Leber.

So können wir sagen: In heißen Gegenden, da zerfließt das Wasser; Wärme, Sonnenwärme löst alles auf. – Wenn die Sonne weniger tätig ist, wenn die Sonnenkraft nachläßt oder das ganze Jahr hindurch schwach ist, wie in nördlichen Gegenden, dann wird der Mond um so mächtiger. Wenn die direkten Sonnenstrahlen nicht wirken, so wirken diese merkwürdigen Sonnenstrahlen, die vom Mond zurückgeworfen werden. Die aber erzeugen die Kristallformen und Eisblumenformen. Das ist sehr

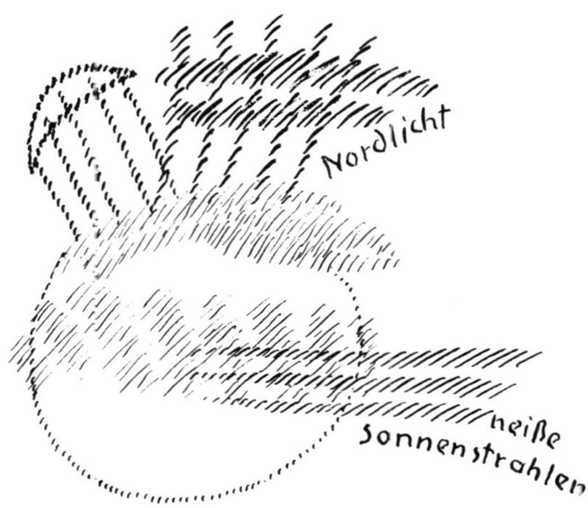

schön. Wir können also sagen: Wenn wir hier die Erde haben (siehe Zeichnung), dann haben wir hier die heiße Zone. Auf die heiße Zone wirken besonders die Sonnenstrahlen. – Oh, das ist sehr schön, wie da die Sonnenstrahlen wirken! Diese Sonnenstrahlen, die regen die Lebertätigkeit an. Die Leber schickt überall die Galle hinein, und die Galle breitet sich im ganzen Körper aus. Und wenn sich die Galle zum Beispiel in die Federn der Vögel oder in die Flügel der Kolibri hinein ausbreitet, da wird sie zu den schönen Farben. Daher glitzern die Kolibris in der heißen Zone, weil ihre Galle sehr schnell abgesondert wird und sehr schnell in die Federn geht.

In kalten Gegenden, da ist das nicht so, da hat die Sonne wenig Kraft. Da ist dafür das zurückgeworfene Sonnenlicht, das Licht des Mondes besonders tätig, und dieses Licht bewirkt, daß der Schnee sich zu Kristallen bildet, daß das Eis die Eisblumen gibt. Bei uns entsteht das nur, wenn eben im Winter die Sonne an Kraft verliert. Aber in den Gegenden des ewigen Eises, am Nordpol oder auf den hohen Bergen, da bilden sich, weil die Sonne auch keine Kraft hat, weil die Sonne die Kraft erst entwickeln kann in der dichten Luft, diese schönen Formen des Eises.

Wir bekommen schon, wenn wir so in die Natur hineinschauen, einen wunderbaren Eindruck! Wir bekommen den Eindruck, daß überall, wo die Sonne hineinscheint, Leben wird, Leben, das zerfließt und verdunstet, das sich ausbreitet. Überall wo der Mond hineinwirkt, entstehen Gestalten, Bildnisse. Das ist schon ein mächtiger Eindruck, den man da bekommt. Und diese Dinge durchschaut man nur, wenn man eben aufs Geistige eingehen kann. Es ist ja wirklich so, daß man sagen muß: In der Lunge, wo der Mensch also eigentlich den Schleim erzeugt, da wirken auch die Mondenkräfte. Und sie wirken so, daß sie nicht das direkte Sonnenlicht brauchen, sondern daß sie das zurückgeworfene Sonnenlicht verwenden. Wenn daher hier im Norden die Mondenkräfte vorzugsweise tätig sind, die Sonne sich ausschaltet, dann kommt noch etwas anderes; dann wird die Luft da drüber so, daß etwas, was hier immer in der Erde drinnen ist, herausgeht. In der Erde nämlich ist überall Magnetismus und Elektrizität drinnen. Die Erde ist ganz voll von Magnetismus und Elektrizität. Daß in der Erde überall Magnetismus und Elektrizität ist, das können Sie daraus sehen: Nicht wahr, wenn Sie auf einer Station einen Telegraphenapparat haben (es wird gezeichnet), wenn das also zum Beispiel in Dornach ist, dann haben Sie hier einen, sagen wir in Basel; da können Sie hinein telegraphieren; aber man kann nur telegraphieren, wenn ein Draht geht. Drähte müssen ja durch die Luft gehen; nur dann kann man telegraphieren. Aber das genügt nicht, wenn Sie hier einen Telegraphenapparat aufstellen würden und einen in Basel, und einen Draht ziehen! Da könnten Sie noch so lange mit dem Taster hintelegraphieren: Sie würden hinkommen nach Basel, aber Sie müssen wiederum zurück verbinden, es muß ein geschlossener Strom sein. Und wenn Sie das machen, dann können Sie hier telegraphieren, es kommen dann dort die Zeichen an. Sie wissen ja – das sage ich nur der Vollständigkeit wegen –: da ist hier so umgewickelt ein Papierstreifen, und wenn eine Spitze auf diesen Papierstreifen drückt, entsteht entweder ein Punkt oder ein Strich, wenn es lange drückt, und aus Punkten und Strichen ist dann das telegraphische Alphabet zusammengesetzt, a · -, b - · · · , c - · - · . Aber das Merkwürdige ist: Man braucht diesen zweiten Draht doch nicht, wenn man von dem Apparat in die Erde einen Draht hineinleitet und da eine Kupferplatte hineinlegt, und dort auch wiederum eine Platte hineinlegt; den Draht können Sie dann wegtun, denn dann ist eine Verbindung da. Warum? Weil die Erde selber Elektrizität hat und von der einen Platte zu der anderen die Elektrizität geleitet wird. Die Erde ersetzt sich selber den Draht durch ihren eigenen Stoff. Die Erde ist nämlich ganz voll von Elektrizität. Aber wenn die Sonne auf die Erde scheint, wie am Äquator, in der heißen Gegend, da wird diese Elektrizität, wenn sie in die Luft herauskommen will, sogleich vernichtet. Das Sonnenlicht ist eine Kraft, die die Elektrizität auslöscht. Aber da, wo die Sonnenwirkung schwach ist, da geht die Elektrizität hinauf, in die Luft hinein, und man sieht sie, wie sie oberhalb der Erde ist. Sehen Sie, meine Herren, das Nordlicht ist die elektrische Kraft der Erde, die unter dem Einfluß der Mondenkräfte ausströmt. Daher ist das Nordlicht in unseren Gegenden sehr selten; aber es ist häufig, fast immer da in nördlichen Gegenden.

Da ist wiederum so ein Punkt, wo die Wissenschaft an einer bestimmten Stelle nicht weiter kann. Natürlich weiß diese Wissenschaft heute, daß die Erde voll von Elektrizität ist. Diese Wissenschaft schaut auch immer das Nordlicht an. Aber wenn Sie in den Büchern nachlesen, was eigentlich dieses Nordlicht ist, so glauben die Leute immer, das ist etwas, was von der Welt hereinströmt auf die Erde. Das ist aber ein Unsinn, es strömt nicht herein, sondern es strömt gerade heraus! Was da die Wissenschaft mit dem Nordlicht macht, ist deshalb so interessant, weil es gleich dem ist, wenn irgendeiner seine Schulden mit seinem Kapital verwechselt. Das ist schon so. Nicht wahr, im Menschenleben macht das etwas aus, wenn man seine Schulden mit seinem Vermögen verwechselt. Aber die Wissenschaft, die kann das ungestraft tun, die kann das Nordlicht ansehen als etwas, was aus der Welt hereinströmt, während das Nordlicht in Wirklichkeit etwas ist, was von der Erde herausströmt. Aber in den heißen Gegenden, da wird es gleich in Empfang genommen vom Sonnenlicht, und da wird es ausgelöscht. In den nördlichen Gegenden, da ist das Mondenlicht vorzugsweise tätig, wenn es scheint; und wenn es nicht scheint, so bleibt es tätig in der Nachwirkung, und da wird das Nordlicht, die ausströmende Elektrizität, sichtbar. Nun, dieses Nordlicht ist dort besonders stark, weil die Mondenkräfte besonders stark sind. Es ist eigentlich überall etwas Nordlicht, nur sieht man es nicht, weil es schwach ist. In unseren Gegenden ist das Nordlicht, das heißt eben die ausströmende Elektrizität, auch schwach. Aber in der drahtlosen Telegraphie ist es so stark, daß es wirkt. Dasjenige, was in der drahtlosen Telegraphie wirkt, ist dasselbe, was man im Nordlicht leuchten sieht. Da haben Sie den Grund. Die Elektrizität im Verein mit dem Mondenlicht, die macht die Eisblumen und die Schneekristalle. Sie müssen Nordlicht und Mondschein studieren, wenn Sie die Eiskristalle, die Eisblumen und Schneekristalle studieren wollen. Weil im Winter die Sonnenkraft geringer ist, die Mondenkraft dadurch die Oberhand bekommt und die Elektrizität weniger bei uns ausgelöscht wird, wird der Schnee in so schöne Kristalle hineingestaltet. Das ist Mond und Elektrizität zusammen, was die schönen Kristalle bildet, was die Eisblumen verursacht.

Nun habe ich Ihnen ja gesagt, erinnern Sie sich nur: Wenn einer zuwenig Mondtätigkeit hat, wenn einer zuviel Sumpfgas entwickelt in seinem Kopf, so wird er, wie der Volksmund sagt, ein «Sumser», das heißt ein Dummkopf. Und da entwickelt er also zuwenig Mondenkraft in sich. Nun, was muß man denn also haben in seinem Kopf? Man muß alles das, was vom Mond kommt, die Kohlensäure von der Atmung, den Schleim von der Lunge, die muß man in den Kopf hineinkriegen, also eine Kraft, die da im Kopf fortwährend Kristalle bilden will. Schnee, meine Herren, möchte sich fortwährend in unserem Kopf bilden; wir lösen ihn nur immer wieder auf. Aber der will sich bilden. Denken Sie, meine Herren, Sie haben eigentlich alle in Ihren Gehirnen ein ganz merkwürdiges Organ.

Nämlich, wie Herr Seefeld dem Herrn Burle diese schönen Schneekristallfiguren gezeigt hat, da hat ihn das interessiert, und da hat er sich gedacht: Das muß interessant sein, was da eigentlich für ein Zusammenhang ist. – Ja, da hat der Herr Burle diese Schneekristalle in sich photographiert! Es ist so, wie wenn man eine ganz geschwinde Photographie machte, und das, was flugs entsteht, wieder verschwindet, wenn man durch die Nasenlöcher ausatmet. Wenn man rasch photographieren könnte, was da drinnen im Kopfe von Herrn Burle vorgeht, oder in Ihren Köpfen allen, so würde man dieselben Photographien finden. Es würden sich solche Stückchen bilden von Schneekristallen, von Eisblumen, Fensterblumen; die könnten photographiert werden von Ihren Ätherköpfen, und die wären gleich! Ihr Kopf ist ein ganz merkwürdiges Ding. Wenn Sie einen solchen Photographenapparat hätten, wie es ihn ja noch nicht gibt – man müßte es furchtbar schnell machen, weil es sich immer sogleich auflöst –, so würden Sie finden: Da schauen wir ja aus in unserem Gehirn wie ein recht schönes Stückchen Schnee oder wie ein recht schönes Eisblumenfenster! – Es muß gleich wieder verschwinden, sonst würden sie uns stechen, diese spitzen Kristalle, wir würden nicht mit ihnen denken. So daß also, wenn wir hinausschauen auf den Schnee, oder wenn wir hinausschauen auf unsere Fensterblumen, Eisblumen, wir uns da sagen können: Donnerwetter, das ist ja dasselbe, was in unserem eigenen Kopf vor sich geht! – nur daß dieses da sich immer wieder schnell auflöst. Es denkt ja die ganze Natur! Und im Winter, wenn es kalt wird, fängt sie erst recht an zu denken. Im Sommer ist es ihr nur zu warm zum Denken. Da läßt sie die Sonne auseinanderstieben und macht sie zu Nahrungsmitteln und so weiter. Aber im Winter, wenn es kalt ist, bilden sich die Gedanken im Schnee, im Eis. Wenn da draußen keine Gedanken wären, hätten wir in unserem Kopfe auch keine. Also Sie sehen, es ist eigentlich wunderschön, dieses Entsprechen von der Natur draußen im Winter, wo die Natur so gescheit wird, daß sie das sichtbar, äußerlich macht, was in unserem Kopfe immer als unsere Gescheitheit vor sich geht. Wir können überall in der Natur sehen, was in uns selber vor sicht geht. Wir müssen es nur in der richtigen Weise auffassen.

Nun, aber das alles hat eine große, auch praktische Bedeutung. Denken Sie also, meine Herren, einer bekommt, sagen wir, eine ganz bestimmte Art von Kopfkrankheit dadurch, daß er zuwenig Schleim absondert. Man kann dadurch eine Kopfkrankheit bekommen. Wenn man dann, wenn einer zuwenig Schleim absondert, ihm etwas kieselsaures Eisen gibt als Heilmittel, dann übernimmt auch wiederum dieses kieselsaure Eisen die Schleimabsonderungstätigkeit und stößt ihm den Schleim in den Kopf hinauf, und man kann damit wiederum Heilung hervorrufen. Sehen Sie, das ist ja der Unterschied der anthroposophischen Medizin von der anderen Medizin, die nur immer probiert. In der Anthroposophie lernt man, daß ein Mensch, der eine bestimmte Kopfkrankheit hat, zu schwach ist, um in seinem Gehirn Kristalle zu bilden, dieses immerwährende Entstehen und Vergehen von Eisblumen. Nun muß man ihm helfen. Das kann man durch bloße Kieselsäure. Wenn Sie hinaufgehen auf die hohen Berge und dort den schönen Quarz sehen, der ist Kieselsäure. Er ist ein wunderschöner Kristall. Der hat die Tendenz, diese Kristalle zu bilden. Wenn Sie diesen Quarz entsprechend behandeln, so kriegen Sie ja das auch unter unseren Heilmitteln so wirksame Kieselsäurepräparat. Und dieses Kieselsäurepräparat ist so wirksam für alle Krankheiten, die vom menschlichen Kopf ausgehen. Bildet er vom Inneren nicht Kristalle, so muß man ihm von außen durch solche schönen Kristalle, die solche schöngebildete Kristallbildungen in sich haben, zu Hilfe kommen. Aber wenn er vor seinem schönen Schneefenster mit den Eisblumen in seiner Stube steht wie der Ochse am Sonntag, wenn er die ganze Woche Gras gefressen hat, wie es unsere Wissenschaft tut, ja, dann steht er auch mit der Wissenschaft so vor dem Menschenkopf; dann kann er ja nichts machen, weil er nichts darüber weiß. Alle diese Dinge zeigen Ihnen, wie man durch eine wirkliche Erkenntnis des Menschen die Wissenschaft vertiefen muß.

Das geht dann natürlich bis in die Erziehungskunst hinein, weil man erst wissen muß: Wenn man dem Menschen meinetwillen selbst die Buchstaben beibringt, so ist das eine so starke Mondentätigkeit, daß es, wenn es zu stark gemacht wird, wenn es unrichtig gemacht wird, ganz austilgt die Kristallisationskraft des Ätherkopfes. Der Mensch kann, es ist wirklich so, durch vieles Lernen noch dümmer werden, wenn er nämlich nicht in der richtigen Weise lernt. Es ist schon so. Aber damit man das einsieht, werden wir das nächste Mal noch etwas zu besprechen haben. Es ist nötig, dies alles zu wissen.

VIERTER VORTRAG

Dornach, 20. Oktober 1923

Ist vielleicht noch etwas auf Ihrer Seele, was gefragt sein wollte?

Fragesteller: Wir haben nur vom Sauerstoff und Stickstoff gehört. Es existiert aber noch der Wasserstoff. Könnte man darüber etwas hören?

Dr. Steiner: Nun, ich habe den Wasserstoff schon etwas erwähnt. Wollen wir also von Ihrer Frage ausgehen. Der Mensch jedes Lebensalters trägt in sich als den Hauptstoff, die Hauptsubstanz, das Eiweiß. Er ging ja hervor aus Eiweiß. Aus Eiweiß ist hauptsächlich die Muttermilch gebildet. Der Mensch trägt in sich das Eiweiß. Dieses Eiweiß hat in sich verarbeitet im wesentlichen fünf Stoffe: Kohlenstoff, Stickstoff, Wasserstoff, Sauerstoff und Schwefel. Diese Stoffe haben Sie außer den anderen, die sonst noch im Körper vorhanden sind, und das sind ziemlich viele, in sich, und diese Stoffe sind schon im ursprünglichen Eiweiß, aus dem heraus der Mensch sich bildet.

Nun habe ich Ihnen gesagt: Der Kohlenstoff wirkt ja fortwährend in uns; zu Kohlenstoff werden die Speisen, die wir essen. – Wir atmen nun den Sauerstoff ein und auch etwas Stickstoff. Der Kohlenstoff verbindet sich mit Sauerstoff zu der Kohlensäure. Kohlensäure, sagte ich Ihnen, ist in diesen Perlen vorhanden, die im Selterswasser sind, auch in dem natürlichen säurehaltigen Wasser. Diese Kohlensäure ist aber auch in uns, und sie ist dadurch wichtig, daß sie fortwährend durch die Atmung nach dem Kopf kommt. Und hätten wir nicht diese Kohlensäure in dem Kopf, so würden wir nicht helle Köpfe sein – und das sind wir ja alle. Das würden wir nicht sein, wenn wir nicht die Kohlensäure in den Kopf hinein kriegten; nicht in einer so großen Menge wie zum Beispiel im kohlensauren Wasser, aber in einer ganz geringen Menge müssen wir fortwährend unseren Kopf durch die Kohlensäure auffrischen. Nun sagte ich Ihnen aber schon neulich: Wenn wir dumm sind, dann rührt das davon her, daß der Kohlenstoff nicht genug Sauerstoff in unseren Kopf hineinträgt, daß also da nicht genügend Sauerstoff hineinkommt, sondern daß der Kohlenstoff sich mit dem Wasserstoff verbindet. Kohlensäure hat etwas Erfrischendes; aber wenn der Kohlenstoff sich mit dem Wasserstoff verbindet, ja dann, meine Herren, dann ist das so, daß das Sumpfgas entsteht, das Gas, das man namentlich findet in Höhlen, in Kellern und so weiter, wo Dinge verwesen; da bildet sich das Sumpfgas. Das ist kein erfrischendes Gas; das ist ein Gas, das tötet, das lähmt. Und wenn in unserem Körper solch eine Unregelmäßigkeit ist, daß der Kohlenstoff sich mit dem Wasserstoff verbindet, dann entsteht das Sumpfgas, und das geht in den Kopf hinein. Wenn wir also einen solchen «Kellerkopf» kriegen, dann werden wir dumm. So daß es schon sehr wichtig ist, ob wir genügend Kohlensäure oder zuviel Sumpfgas hinaufkriegen, also Wasserstoff; denn etwas Sumpfgas brauchen wir ja immer, sonst würden wir zu gescheit als Menschen, und wenn wir zu gescheit würden, dann würden wir schlechte Verdauung kriegen. Gerade durch solche Mischungsverhältnisse stellt sich das Leben in der richtigen Weise ein. Aber der Wasserstoff, der im Kopf eigentlich unrichtig ist, wenn er zuviel vorhanden ist, der da im Sumpfgas eine recht unangenehme Rolle spielt, dieser Wasserstoff ist überall im Weltenall verbreitet – überall. Man kann ja heute durch die sogenannte Spektralanalyse feststellen, welche Stoffe im Weltenall wirken. Wo immer man ins Weltenall hinaus das Spektroskop hinlenkt, überall bekommt man eine solche Färbung drinnen, daß man daraus schließen kann: da wirkt überall der Wasserstoff. Überall ist der Wasserstoff.

Dieser Wasserstoff nun, der ist wiederum für ganz gewisse Dinge außerordentlich wichtig. Ich sagte Ihnen, er wirkt im Kopfe schädlich, wenn er zuviel vorhanden ist. Also in den Kopf hineingebracht, verhindert der Wasserstoff, daß der Mensch sein Denken entwickelt. Der Mensch kann dadurch denken, daß er nicht zuviel Wasserstoff im Kopfe hat.

Betrachten wir jetzt aber einmal das andere Ende vom Denken. Das andere Ende – was ist denn das? Ja, das andere Ende vom Denken, das ist die Fortpflanzung, die Erzeugung von neuen Lebewesen. Das ist das andere Ende. Sozusagen wie sich der Nordpol zum Südpol verhält, so verhält sich zum Denken die Fortpflanzung.

Nun können wir bei Lebewesen etwas ganz Interessantes betrachten. Bei Lebewesen kommt es vor, daß sie die ganze Art ihrer Fortpflanzung ändern, wenn bei ihnen der Wasserstoff eine andere Rolle spielt als sonst, als im gewöhnlichen. Es gibt gewisse Schlangen; diese Schlangen legen Eier und aus den Eiern schlüpfen wieder neue Schlangen aus. Was geschieht denn da eigentlich, wenn da eine Schlange ein Ei legt und aus dem Ei wiederum eine andere Schlange ausschlüpft? Da muß das Ei irgendwohin gelegt werden – das tut auch die Schlange, der Instinkt des Tieres wirkt da sehr richtig –, wo es die nötige Wärme haben kann. Daß das Ei dazu, daß ein Tier aus ihm ausschlüpfen kann, Wärme braucht, das sehen Sie ja beim Vogelei. Das Vogelei wird gelegt; aber es würde nicht zum Ausschlüpfen eines neuen Vogels kommen, wenn nicht der alte Vogel sich daraufsetzen und es bebrüten würde. Diese Wärme, die aus dem alten Vogel ausströmt, die ist notwendig, damit aus dem Ei ein neuer Vogel auskriecht. Also braucht das Ei nicht bloß das, was es in sich hat, sondern braucht auch die aus dem ganzen Weltenall kommende Wärme. Es genügt eben nicht, daß einfach ein Ei abgelegt wird, sondern es braucht die aus dem ganzen Weltenall kommende Wärme, in dieser Wärme, da ist die Kraft enthalten, die das neue Wesen aus dem Ei heraustreibt. So auch bei den Schlangen. Die Eier werden abgelegt. Durch die Wirkung der Sonnenwärme wird das Lebendige der neuen Schlange herausgeholt aus dem Ei.

Die Geschichte, die ich Ihnen jetzt erzählt habe, die geschieht bei gewissen Schlangen, aber nur, wenn sie ganz regelmäßig leben. Es ist nicht bei allen Schlangen, sondern nur bei einer gewissen Gattung Schlangen der Fall, was ich Ihnen erzähle. Wenn solch eine Schlange eine ganz anständige Schlange ist, dann legt sie ihre Eier, und aus diesen kriechen, wenn sie bebrütet werden, eben neue Schlangen heraus. Was heißt denn das, die Schlange ist eine anständige Schlange? Nun, beim Menschen heißt das ja sehr viel, wenn man sagt, er ist ein anständiger Mensch; aber bei der Schlange ist das etwas weniger. Die Schlange braucht vor allem zu ihrer Anständigkeit recht vieles, was für den Menschen manchmal schon recht schwierig ist: ein neues Kleid, das heißt, eine neue Haut. Also eine Schlange ist wirklich nur eine anständige Schlange, wenn sie jedes Jahr sich häutet, die alte Haut abwirft und eine neue Haut an ihrer Körperoberfläche erwächst. Also die Schlange darf nicht in den alten Lumpen herumgehen wie im letzten Jahr, sondern muß in jedem Jahr eine neue Haut haben. Wir können also unterscheiden zwischen anständigen und unanständigen Schlangen. Solche unanständigen Schlangen sind diejenigen, die in den alten Kleiderlumpen vom vorigen Jahr herumgehen.

Nun werden Sie sagen: Gibt es denn das eigentlich? Das macht die Natur, daß die Schlange ein neues Kleid kriegt? Uns wäre es ja sehr angenehm, wenn die Natur uns auch ein neues Kleid geben würde. – Aber der Mensch ist ein viel wertvolleres Wesen als die Schlange. Daher hat man ihm die Freiheit gelassen, sich ein neues Kleid zu geben. ... (Lücke.) Man kann solche Schlangen einsperren, und wenn man sie nun einsperrt und ihnen das Wasser in der gehörigen Menge entzieht, ihnen nicht genug Feuchtigkeit zukommen läßt, da tritt das Eigentümliche ein, daß die Schlange plötzlich unanständig wird: sie behält ihr altes Kleid! Und so kann man das auf künstliche Weise erzeugen – die Natur tut uns nicht den Gefallen –, daß gewisse Schlangen unanständige Schlangen werden, die die alten Kleider vom vorigen Jahr behalten.

Ja, aber, meine Herren, das ist nicht das einzige, daß die Schlange dann ihr altes, verschossenes Kleid anhat; sondern wenn man solche Schlangen dann dazu bringt, sich zu begatten, wenn man sie zur Fortpflanzung bringt, dann legen sie keine Eier, sondern bringen lebendige kleine Schlangen zur Welt! Also solche Schlangen, denen man die Möglichkeit entzieht, so viel Wasser zu haben, daß sie sich häuten können, die man also zwingt, unanständige Schlangen zu werden, ihre alten verschossenen Kleider zu tragen – das ist die Ursache davon –, diese Schlangen fangen jetzt an, lebende Junge zu gebären, also richtige kleine Schlangen, statt daß sie Eier ablegen.

Sehen Sie, das ist doch eine höchst auffällige Geschichte; denn was ist da eigentlich geschehen? Wir haben der Schlange das Wasser entzogen. Das Wasser enthält vorzugsweise Wasserstoff; es enthält Sauerstoff, aber vorzugsweise Wasserstoff, denn das Wasser besteht aus Sauerstoff und Wasserstoff. Ja, meine Herren, wenn wir der Schlange das Wasser entziehen, entziehen wir ihr für die Fortpflanzung gleichzeitig dadurch, daß wir ihr die Möglichkeit entziehen, sich eine neue Haut zu bilden, die Möglichkeit, drinnen eine Eischale zu bilden. Das Tier kann das Harte nicht mehr bilden, wenn es nicht den Wasserstoff hat. Es kann nicht das Harte in sich bilden, es kann keine Eischale nach innen bilden und nach außen keine Haut. Und die Folge davon ist, daß das Kleine der Schlange ohne

Schale auskriechen muß. Die Schlange muß ihre eigene Wärme dazu verwenden, die kleine Schlange zunächst zu pflegen.

Das ist außerordentlich wichtig, daß man das von einem solchen Schlangengetier weiß. Denn jetzt weiß man: So schädlich es am einen Ende beim Lebewesen ist, beim Kopf, wenn man ihm den Sauerstoff entzieht, so schädlich ist es für die Fortpflanzung, wenn man ihr den Wasserstoff entzieht. Und jetzt sehen wir, warum in der ganzen Welt, überall wo wir hinschauen – wir können nach jeder Richtung schauen –, Wasserstoff vorhanden ist. Warum ist in der ganzen Welt Wasserstoff da? Ja, meine Herren, in der ganzen Welt ist Wasserstoff vorhanden aus dem Grunde, weil die Welt sofort vernichtet werden müßte, wenn es keinen Wasserstoff gäbe. In allem, wo Fortpflanzung ist, muß auch der Wasserstoff wirken. Nun wird die Welt fortwährend zerstört. Sie sehen, die Welt geht überall fortwährend ins Tote über. Die Gesteine werden abgerieben, alles wird überall zerstäubt. Die lebenden Wesen verfaulen, alle möglichen Gärungsprozesse, die auch Verfaulungsprozesse sind, entstehen in der Welt. Wir leben ja eigentlich dadurch, daß fortwährend in uns etwas gärt. Und nur dadurch, daß etwas gärt, dadurch kann dann das Höhere entstehen. So ist es ja sogar beim Wein der Fall; wenn der Traubensaft nicht gären würde, also das Verwesende nach außen entsenden würde, könnte sich nicht aus dem Traubensaft der Wein erheben, der für viele etwas so Begehrenswertes ist, Belebendes hat. So ist es überhaupt in der ganzen Welt. Dasjenige, was macht, daß sich aus dem Verwesenden dasjenige erhebt, was Leben macht, ja, das ist eben der Wasserstoff.

Aber nun können Sie da eine Einwendung machen. Sie können sagen: Aber du sagst uns jetzt, der Wasserstoff, der ist dasjenige, was belebt. Im Sumpfgas aber ist gerade der Wasserstoff drinnen, und da belebt er nicht, da ertötet er. – Ja, warum? Sehen Sie, meine Herren, wenn sich der Wasserstoff in der Finsternis bildet, und das ist beim Grubengas oder Sumpfgas der Fall, da wirkt er schädlich, wenn er vom Licht abgesperrt sich entwikkelt, wie ja auch in unseren Gehirnen. Wenn aber der Wasserstoff am Licht sich entwickelt, so wie er in der ganzen Welt im Licht ausgebreitet ist, da ist er das Belebende; da ruft er aus dem Verwesenden, aus dem Gärenden eben das neue Leben hervor. Denn der Wasserstoff, wie er allüberall ist, der ist im Grunde genommen dasselbe, was wir an unseren

Streichhölzern haben, wenn wir sie anzünden: Phosphor. Gewiß, in der Chemie ist der Wasserstoff ein ganz anderer Stoff als der Phosphor; aber nur weil die Chemie nicht so weit gehen kann, den Phosphor umzuwandeln in den Wasserstoff! Aber eben, wenn die Chemie weitergehen könnte, als sie heute ist, würde sie den Phosphor in Wasserstoff umwandeln können. So daß wir sagen können: Was ist denn der Wasserstoff, der überall in der Welt ausgebreitet ist? – Der Wasserstoff, der im Umkreis der Welt ausgebreitet ist, das ist der Weltenphosphor. Wo wir hinblicken, überall, überall, da ist Phosphor. Und damit habe ich Ihnen beschrieben, was da überall im Weltenumkreise ist: Phosphor. So daß wir jetzt wirklich etwas ungeheuer Bedeutungsvolles kennengelernt haben: Wir haben den Wasserstoff kennengelernt in seiner großartig bedeutungsvollen Wirkung im Weltenall.

Jetzt wollen wir einmal die Sache von der anderen Seite ansehen. Ich habe Ihnen gesagt: Die Kohlensäure steht am anderen Ende. – Nun, meine Herren, wollen wir uns das einmal ganz genau anschauen, was ich Ihnen gesagt habe. Denken Sie sich, da wäre die Erde (es wird gezeichnet), rings herum wäre überall Wasserstoff, das heißt eigentlich Phosphor. Also überall im Weltenall um die Erde herum haben wir Wasserstoff, das heißt also eigentlich Phosphor – eigentlich überall kleine brennende Feuer. Nun schauen wir uns aber die Erde selber an. Gehen wir vom Weltenall zur Erde. Da finden Sie überall dasjenige, was man Kalk nennt. Aber es ist nicht nur der Kalk vorhanden, sondern es ist auch überall im Boden etwas von einem Stoff vorhanden, den Sie sehr gut kennen. Geradeso wie ich Ihnen jetzt gezeigt habe, daß da überall der Wasserstoff, das heißt der Phosphor, um unsere Erde ausgebreitet ist – denn es ist da überall der Phosphor ausgebreitet –, so ist dasjenige da, was wir uns jetzt einmal ganz gut anschauen können.

Sie wissen ja, wenn Ihre Frauen oder sonst jemand waschen will, da tut man ins Waschwasser dasjenige hinein, was man Soda nennt. Sie kennen das. Sie wissen vielleicht auch, daß man denselben Stoff, die Soda – er schaut eben salzartig aus, ist auch ein Salz –, in der verschiedensten Weise sonst noch verwendet. Wenn Sie zum Beispiel in eine Seifenfabrik gehen, so wissen Sie, daß als wichtigster Rohstoff Soda verwendet wird; zum Beispiel bei der Glasfabrikation, zu der Verarbeitung bei den Glasfenstern ist sie einer der wichtigsten Rohstoffe; wenn man Wäsche hat, so wissen Sie, daß man in das Wasser Soda hineingibt. Ebenso bleicht man die Wäsche, wenn man sie mit Soda behandelt; sie wird heller, sie wird mehr dem Licht verwandt durch die Soda. Nun gibt es noch viele andere Sachen, wo man die Soda verwendet. Sie würden zum Beispiel, wenn Sie in Fabriken kommen, wo man Farben herstellt, überall finden, daß man da Soda braucht. Namentlich zu den blauen Farben braucht man, wenn man sie herstellen will, Soda. Berliner Blau kann nur hergestellt werden dadurch, daß man Soda verwendet. Dann gibt es einen Stoff, den man ja auch dem menschlichen Körper zuführt, und der so, wie er in der Natur gedeiht, dem menschlichen Körper viel schädlicher wäre, wenn man ihn, ohne daß man ihn erst in irgendeiner Weise behandelt, dem menschlichen Körper beibringen würde: das ist der Tabak. Der Tabak muß zuerst gebeizt werden. Da müssen ihm gewisse Dinge genommen werden, die sonst den menschlichen Körper zu stark angreifen würden. Tabak wird wiederum mit Soda gebeizt. Sie sehen also, diese Soda, die Sie kennen als Zusatz zum Waschwasser, hat eigentlich in der Industrie in der ganzen Welt eine große Bedeutung. Sie hat aber auch in der ganzen Weltindustrie, in der sogenannten kosmetischen Industrie, eine große Bedeutung. Die Soda ist eigentlich überall vorhanden, nur in geringen Mengen.

Nun, meine Herren, was ist denn dieses merkwürdige Wesen, die Soda, eigentlich? Da gibt es ein weißes, silberglänzendes Metall, das nennt man das Natrium, und wenn sich dieses Natrium verbindet mit Kohlensäure – jetzt haben wir wieder Kohlensäure, die wir in unserem Kopf haben –, dann entsteht daraus die Soda. Also Natrium und Kohlensäure, die bilden zusammen die Soda. Das Natrium, dieses Metall – es ist ein Eigentümliches: man sagt *das* Natrium, es ist also sächlich, nicht ein Herr oder eine Dame –, das ist ein merkwürdiges Kind in der Natur; das bewahrt die Kohlensäure auf, trägt sie an sich. Überall, wo Soda ist in der Natur, da wird die Kohlensäure aufbewahrt und ist so salzartig, wie es eben in der Soda ist. Da ist die Kohlensäure drinnen verborgen, aufbewahrt.

Nun habe ich Ihnen da in diesem gelben Umkreis (Zeichnung S. 74) den Weltenphosphor dargestellt im Wasserstoff; die Soda muß ich Ihnen nun als einen weißlichen Umkreis in der Erde selber darstellen. Natürlich

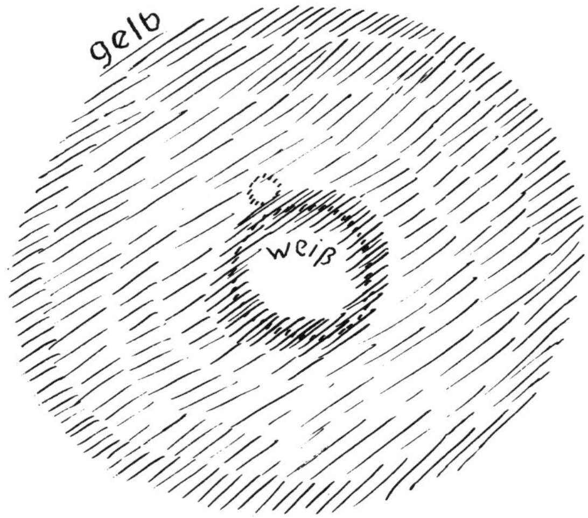

ist sie nicht überall, aber sie ist in kleinen Quantitäten fast über die ganze Erde verbreitet, diese Soda. Geradeso wie wir sie verwenden können in der Industrie zu allem möglichen, zum Bleichen der Wäsche, zu der Glasfabrikation und so weiter, so verwendet die Natur diese Soda in einem hochgradigen Maß. Wollen wir aber einmal darauf kommen, was dann die Natur mit dieser Soda anfangen kann. Die Natur ist wirklich noch gescheiter als der Mensch. Der Mensch kommt sich furchtbar gescheit vor, wenn er sagen kann: Ich gewinne die Soda, mache mir daraus Glas, Seife, Farben. Ich beize mir meinen Tabak, ich bleiche, wasche mir meine Wäsche mit der Soda – all das habe ich erfunden, sagt sich der Mensch, ich bin furchtbar gescheit. – Ja, aber die Natur ist noch viel gescheiter! Das ist eben dasjenige, was man sich immer sagen muß: Die Natur ist noch viel, viel gescheiter. Denken Sie einmal nach, was da eigentlich überall ist, wenn wir die Soda verwenden. Fangen wir einmal bei der Seifenfabrikation an. Mit der Seife machen wir uns rein, sonst würden wir fortwährend wie Kohlenbrenner ausschauen. Also die Seife befördert die Reinlichkeit; aber sie befördert sie nur dadurch, daß Soda drinnen ist. Für die Glasfabrikation braucht man Soda. Das Glas ist durchsichtig rein. Damit man das Glas durchsichtig rein kriegt, braucht man die Soda. Weiter: Wir waschen Wäsche mit Soda. Wir waschen sie, wir machen sie rein, daß sie glänzt wie das Licht. Wir verwenden die Soda zum Bleichen. Bleichen heißt hell machen. Überall verwenden wir die Soda, wo irgendwie Licht entstehen soll, Licht wirksam werden soll aus der Dunkelheit heraus. Nun, Sie wissen ja, daß am Licht die Farben entstehen. Das habe ich Ihnen in der verschiedensten Weise gesagt. Die Soda nun brauchen wir in Farbenfabriken. Und es ist kurios, überall, wo die Soda verwendet wird, muß etwas Licht entstehen. Beim Beizen des Tabaks: Der Mensch braucht Licht zum Leben; wenn er bloß den dunklen Tabak bekäme, so hätte er keine Anregung, sondern etwas Zerstörendes. Die Soda ist überall da, wo sie das Natrium, die Kohlensäure aufbewahrt hat und die Kohlensäure losgibt, damit wir irgend etwas von Licht hineinbringen können in die Welt. Das tut die Natur noch in einem viel, viel größeren Maße; sie ist eben viel gescheiter als der Mensch. Der Mensch tapst nur so herum und ist nach und nach darauf gekommen, daß man die Soda in der Welt verwenden kann. Aber die Natur nun ist so, daß sie die Soda in einer höchst merkwürdigen Weise verwendet. Sie hat sie überall da, wo ich Ihnen das Weiße gezeichnet habe. Und da ist es nun so, daß überall, wo die Soda, das heißt kohlensaures Natrium mit dem umliegenden Phosphor der Welt in Berührung kommt, wiederum neues Lebendiges entsteht. Sonst würde alles immer tot werden. So daß aus der Zusammenwirkung von Soda der Erde und Wasserstoff, das heißt Phosphor des Weltenalls, eigentlich alles sich fortwährend neu bildet.

Jetzt haben Sie aber eine großartige Bedeutung vom Wasserstoff. Daß der Wasserstoff überall ist, das ist höchst nützlich im Weltenall; aber es ist nur nützlich, wenn zu gleicher Zeit in der Erde Soda vorhanden ist. Denn durch dieses Zusammenwirken wird der Tod von allem verhindert. Der Wasserstoff, das heißt Phosphor, wirkt immer zusammen mit der Soda, und der Tod wird dadurch verhindert. Es entsteht immerfort neues Leben. Sonst würden wir nur Totenluft atmen können und alle auch sterben. Ja, gibt es denn etwas, was uns das noch mehr beweisen könnte? Wir sagen, alles Leben entsteht eigentlich aus dem Zusammenfinden, aus dem richtigen Zusammenwirken von Wasserstoff, das heißt Phosphor und von Soda, also kohlensaurem Natrium. Da kommt man nun auf etwas ganz Bedeutsames. Sie wissen ja, der Mensch selbst entsteht als physischer Mensch durch das Zusammenkommen des weiblichen Eikeimes, der im wesentlichen aus Eiweiß besteht, und der männlichen Samenflüssigkeit. Wir wollen uns einmal fragen, woraus denn hauptsächlich diese männliche Samenflüssigkeit besteht. Sehen Sie, diese männliche Samenflüssigkeit besteht nun wiederum aus Soda, die drinnen ist, und aus Weltenphosphor, Wasserstoff. Wenn man also in die Welt hinausschaut, dann entsteht alles Leben durch den Wasserstoff und durch die Soda. Wenn man auf die kleine Erzeugung schaut, dann entsteht das neue Leben auf Erden durch das, was im männlichen Samen an Soda und Phosphor drinnen ist. Beide Stoffe können Sie im männlichen Samen drinnen finden. Ein bißchen gewissermaßen von dem, was da in der Welt wirkt, nimmt der Mensch heraus, etwas Soda von der Erde, etwas Phosphor, Wasserstoff, aus dem Weltenall, und bildet daraus den männlichen Samen, der die Zeugung bewirkt. So daß man im Kleinsten, nämlich bei der Zeugung, und im Größten draußen überall sehen kann, was der Wasserstoff auf der einen Seite und die Kohlensäure mit dem Natrium, die Soda, zusammen auf der andern Seite für eine Rolle spielen. Sie sehen, meine Herren, die Natur verwendet die Soda in einer noch viel weisheitsvolleren Weise als der Mensch. Denn wir haben ja gesehen, die Soda muß überall da sein, wo Licht wirkt, wo Licht entsteht, wo Licht gebildet wird. Wenn man den Wasserstoff im Dunklen verwendet, entsteht Sumpfgas; da tötet er. Wenn man aber den Wasserstoff mit Licht behandelt, dann tötet er nicht, dann erzeugt er. Nun, die Natur behandelt den Wasserstoff, den Phosphor, mit Soda. Sie tut also im großen Maße das, was wir beim Bleichen, beim Waschen tun: sie bringt dem Wasserstoff Licht, und es entsteht dadurch das Lebendige. Es ist ja wirklich erstaunlich, wenn man da hinausschaut in die Welt und sieht, wie überall durch den durchleuchteten Wasserstoff die neue Wesenheit entsteht aus der alten, die sonst ersterben würde; und wenn man dann hineinschaut in das kleinste Entstehende, und findet dasselbe – da entsteht eigentlich erst durch eine solche Betrachtung eine wirkliche Wissenschaft!

Nun kommen wir zurück zu unserem Schlangenbeispiel. Wenn wir die Schlangen einfach ihrer Natur überlassen – diese Gattung Schlangen, von der ich gesprochen habe –, ja, dann ist in dem Wasser, das die Schlange aufnimmt, um sich ein neues Hautkleid zu bilden, diese Soda drinnen. Und das Junge bekommt durch das aufgenommene Wasser seine Haut, so wie die alte Schlange ihre Haut bekommen hat, die harte Haut, die ja nicht allein aus Soda gebildet ist, aber zu der die Sodakraft notwendig ist. Also nicht so sehr die Aufnahme des Wassers ist wichtig, sondern die Aufnahme der überall im Wasser enthaltenen Soda. So daß diese Soda, die die Schlange mit dem Wasser aufnimmt, erst der Schlange ein neues Kleid anzieht. Die Schlange kann gewissermaßen Substanzen nach außen bilden, sie bekommt ein neues Kleid, und außerdem kann sie bei der Fortpflanzung nach innen die härtere Eischale bilden – sie ist nicht ganz hart, sie ist noch etwas weich. ... (Lücke.) Der Mensch kann, wenn er Wein trinkt, unanständig werden. Wenn man der Schlange Wasser entzieht, kann sie unanständig werden. Es ist also verschieden in der Natur. Wenn die Schlange keine Soda bekommt, dann bildet sie keine Eischale, dann muß das Junge entstehen ohne Eischale, muß in der Schlange selbst bebrütet werden, geht als lebendiges Junges heraus. Das ist etwas höchst Merkwürdiges. Nehmen Sie an, eine lebendige Schlange kriecht aus der alten Schlange aus; dann ist in der Schlange das vor sich gegangen, was die Wirkung des Wasserstoffs oder Phosphors auf die Soda ist. Das ist in der Schlange geschehen. Da mußte die Schlange ihre alte Soda verwenden, die sie noch im Leibe hatte; die mußte sie opfern, um das Junge entstehen zu lassen. Daher kann man, wenn man die Geschichte längere Zeit fortsetzt, die Schlangen veranlassen, unanständig zu werden; und wenn sie einmal oder zweimal lebendige Junge geboren haben, dann werden sie unfruchtbar, dann gebären sie nicht mehr, weil sie all die Soda aus ihrem Leibe nehmen müssen. Die erschöpft sich dann, wenn man ihnen nicht im Wasser die darin aufgelöste neue Soda zufließen läßt.

Wie ist es aber, wenn die Schlangen anständig bleiben, ihr altes Kleid ablegen? Nun, da wird das Ei abgelegt, und das, was sonst die kleine lebendige Schlange aus der im Leibe aufgespeicherten alten Soda entnimmt, aus dem Phosphor, dem Wasserstoff, das nimmt sie jetzt aus dem Weltenall. Und Sie können sehen: entsteht in einer solchen Schlange ein lebendiges Tier, so wird innerlich Soda und Wasserstoff, Phosphor, zusammengefügt; entsteht ein Ei, so wird äußerlich aus dem Weltenall Wasserstoff oder Phosphor mit Soda zusammengefügt. Da haben Sie es an diesem Getier fortwährend vor Augen, daß in der großen Welt dasselbe geschieht, was im Inneren des Menschen geschieht bei der Fortpflanzung.

Die ganze Welt ist Fortpflanzung. Denn bei dieser Schlange, die, wenn man ihr das Wasser entzieht zum Häuten, dann lebendige Junge gebiert, sehen wir, daß, wenn sie einmal gebiert, sie dasjenige benützt, was im Inneren des Leibes ist – den inneren Wasserstoff, Phosphor und die innere Soda. Und wenn sie Eier legt, benützt sie den äußeren Wasserstoff, Phosphor, und die äußere Soda. Das ist der stärkste Beweis, wenn man so etwas betrachtet, daß die Natur um uns herum nicht etwas Totes ist, sondern etwas geradeso Lebendiges wie wir selbst. Auf solche Beweise muß man eben hinschauen. Man muß nicht bloß gedankenlos anschauen, was da höchst Merkwürdiges entsteht, wenn solch eine Schlange, die sich nicht häuten kann durch den Wasserentzug, also hauptsächlich durch den Sodaentzug, wenn die anfängt plötzlich lebendige Junge zu gebären, man muß nicht bloß gedankenlos auf so etwas hinschauen, sondern es in Zusammenhang bringen mit den Kräften des ganzen Weltenalls. Es ist schon etwas höchst Bedeutendes.

Nun, nicht wahr, der Mensch legt keine Eier, aus denen neue Menschen entstehen, sondern der Mensch muß als lebendiges Junges geboren werden; schon die höheren Tiere müssen als lebendige Junge geboren werden. Worauf beruht denn also eigentlich diese höhere Entwickelung? Sehen Sie, diese höhere Entwickelung beruht darauf, daß das, was draußen in der Welt enthalten ist, in die Wesen, in die höheren Tiere und in den Menschen innerlich hineingeht, daß der Mensch die Kräfte der Welt in sich aufnimmt. Was draußen ist, ist bei den höheren Wesen auch drinnen.

Aber bei dem ganz niederen Getier, wie ist es denn da? Ja, sehen Sie, meine Herren, das ist ja der ewige Streit in der Wissenschaft, wie die allerersten Lebewesen entstanden sind. Da reden die Menschen von Generatio aequivoca; durch Urzeugung, sagt man. Ja, aber dann sagen sich die Gelehrten wiederum: Es müssen einmal erste Lebewesen entstanden sein. – Aber wenn die Gelehrten jetzt nachdenken, aus welchen Stoffen diese ersten Lebewesen entstanden sind, dann sind gar keine Stoffe da. Aber das liegt nicht an der Natur, das liegt nur daran, daß diese Gelehrten die Stoffe nicht kennen. Nämlich sie wissen nicht, was der Wasserstoff wirklich ist, den man überall findet: daß das ein Phosphor ist, dasselbe, was im männlichen Samen noch enthalten ist und gerade dem männlichen Samen den eigentümlichen Geruch, der phosphorhaltig ist, gibt. Wenn man den männlichen Samen mit gewissen Pflanzen zusammenbringt, wirkt es gerade so, wie wenn man Soda mit gewissen Pflanzen in Zusammenhang bringt, bleichend und dergleichen. Das alles ist in alten alchimistischen Lehren enthalten, die heute natürlich nicht wieder heraufkommen sollen; denn wir wollen nicht das Alte. Das alles ist untersucht worden. Und heute kann man es durch wirkliche anthroposophische Wissenschaft wieder kennenlernen. Und dasjenige, was beim männlichen Samen Soda, Phosphor oder Wasserstoff voraussetzt, das kann sich in der großen Natur draußen entwickeln. So daß man sich jetzt nicht zu fragen braucht: Wie sind die ersten Lebewesen vorher entstanden? – Als die Erde noch nicht die höheren Lebewesen hatte, da entstanden eben die niederen Lebewesen durch das Zusammenwirken von Phosphor mit Soda der Erde. Und dann haben wir die Urzeugung, die Generatio aequivoca.

Sie sehen also, man braucht die Dinge nur bis zu ihrem Ende zu studieren, dann lösen sich gewisse sogenannte Welträtsel, die sich sonst nicht lösen. Natürlich, wenn einer frägt: Wie kommen Kohlenstoff, Sauerstoff, Wasserstoff, Stickstoff so zusammen, daß ein lebendes Wesen entsteht? – so kann er nicht mit der heutigen Chemie kommen, denn die zeigt ihm nicht, daß, wenn auf der einen Seite Phosphor wirkt, auf der andern Seite Soda, Kohlensäure mit Natrium, dann sich dieses lebendige Lebewesen bildet. Das ist eben das, daß man natürlich nicht auf diese feine Geschichte mit den groben Instrumenten, die unsere Laboratorien haben, eingehen kann. Aber man muß solche Erscheinungen richtig ansehen. Wenn man also eine Schlange hat, die einfach ihre Eier legt und aus dem Ei erst die lebendigen Schlangen hervorgehen, dann wirkt darinnen noch die große Natur, der Phosphor und die Soda aus der großen Natur. Wenn man die Schlange abschließt von der großen Natur, wenn man sie so in eine Umgebung bringt, daß sie zuwenig Wasser hat, um sich zu häuten und um Eischalen zu erzeugen in dem Inneren, dann wirkt sie als kleine Natur, als dasjenige, was sie noch aus der großen Natur herausgenommen hat und als Erbschaft in sich trägt; dann wirkt sie in einer gewissen Beziehung als ein höheres Wesen.

Sehen Sie, darin besteht zum Beispiel die Fortentwickelung des Menschen in der Welt, daß er sich in einer gewissen Weise von der Natur abschließt. Die Menschheit schließt sich ab; vor allem durch die Kultur schließt sie sich ab. Und der Fortschritt würde nicht entstehen, wenn nicht in einer gewissen Weise der Mensch sich abschließen würde. Denn in gewisser Beziehung wird die Schlange ein höheres Wesen, wenn sie durch Wasserentziehen lernt, lebendige Junge hervorzubringen. Die ganze Entwickelung der Menschheit beruht darauf, daß die Menschen sich immer mehr und mehr von der Natur abgeschlossen haben und jetzt nicht bloß lebendige Nachkommen gebären, sondern daß sie auch alle anderen Kräfte im Abschluß von der Natur entwickeln und dadurch alles das aus dem Menschen herauskommt, was früher aus der Natur heraus gekommen ist.

Ja, meine Herren, es kommt nach und nach aus dem Menschen heraus, was früher aus der Natur heraus gekommen ist. Dafür kann ich Ihnen verschiedene Beispiele geben. Ich will Ihnen nur eines erwähnen: Wir schreiben heute auf Papier. Dieses Papier ist noch gar nicht so alt. Sie wissen, daß man früher auf ganz andere Dinge hat schreiben müssen. Und das heutige Papier ist ja im wesentlichen aus den Lumpen von Leinen gemacht. Daher hat man es, wie es aufgekommen ist, in derselben Zeit wie das Schießpulver, Leinenlumpenpapier genannt. Der Mensch ist also verhältnismäßig recht spät dazu gekommen, aus seiner Weisheit heraus die Papiermasse zu erzeugen. Aber in der Natur gibt es etwas, was als Papiermasse seit langer, langer Zeit vorhanden ist: das ist nämlich das, woraus die Wespe ihr Nest macht! Das ist richtige Papiermasse. Man brauchte das Wespennest nur ein klein wenig weiterzubehandeln und zu bleichen, so würde man Papiermasse daraus haben. Die Wespen sind tatsächlich die feinsten Papiererzeuger der Natur. So daß man sagen kann: Vor Jahrtausenden und Jahrtausenden haben die kleinen, winzigen Wespen die Papierfabrikation entdeckt! – Da ist die Papierfabrikation draußen in der großen Natur vor sich gegangen. Später hat es der Mensch aus sich heraus getan. Da haben Sie mit der Papierfabrikation ungefähr denselben Vorgang, den Sie bei den Schlangen haben mit lebenden Jungen; schließen Sie die Schlange dadurch ab von der Außenwelt, daß Sie ihr das Wasser entziehen, dann gebiert sie lebende Junge, erscheint auf einer etwas höheren Stufe der Generation. Schließen Sie den Menschen immer mehr und mehr ab, indem Sie seine Kultur erzeugen, dann erzeugt er Papier, das früher die Natur erzeugte, so wie die Schlange lebendige Junge aus sich heraus erzeugt. Aus der Natur heraus erzeugten die Wespen vor Jahrtausenden und Jahrtausenden Papier; aus seinem Inneren heraus erzeugt der Mensch mit seinem Verstand Papier. Ja, der Verstand ist geradeso ins Innere gegangen, wie bei der Schlange die Kraft, lebendige Junge zu erzeugen, ins Innere gegangen ist.

Und so ist es nun auch im menschlichen Samen. Da findet man Soda, wie wir gesagt haben, und diesen Wasserstoff, Phosphor. Wenn wir die Nerven untersuchten, die vom Gehirn ausgehen, dann sind wiederum die wichtigsten Stoffe in diesen Nerven Soda und Phosphor. Nur daß sie anders miteinander verbunden sind, als dieser Same es ist, daß sie gewissermaßen miteinander verhärtet sind. Es ist ja gar nicht wunderbar, daß aus dem Menschen heraus auch so etwas entsteht, was also Gedanken sind. Indem der Mensch aufgenommen hat, was sonst nur im Samen liegt, verarbeitet er im Nervensystem Soda und Phosphor. So wie draußen in der Welt überall Phosphor und Wasserstoff enthalten ist, so ist Soda und Phosphor in dieser menschlichen Hirnkugel drinnen. Aber jetzt können Sie auch sehen, warum wir die Kohlensäure im Kopf drinnen brauchen. Die Soda wird nämlich fortwährend umgesetzt. Die Kohlensäure trennt sich vom Natrium, und wir würden zuletzt einen harten Schädel kriegen vom Natrium – das ist ein silberglänzendes Metall –, wenn nicht fortwährend die Kohlensäure hineinprickelte und die Soda in uns erzeugen würde. Also in das Natrium nehmen wir die Kohlensäure auf, damit in unserem Kopf die Soda richtig verteilt ist. Und aus dem, was überall um uns herum ist, nehmen wir durch die Haare, durch die Haut Phosphor auf, Wasserstoff. Man muß nur nicht den Wasserstoff im Sumpfgas zuviel von innen heraufkommen lassen, sondern von außen. Dieser menschliche Kopf ist wirklich eine Art Ei; geradeso wie das Ei, das gelegt ist, also aus der Erde die Soda aufnimmt und aus der Luft den Wasserstoff, so nimmt der menschliche Kopf von unten herauf aus seiner Erde die Soda, und von außen herein kriegt er den Wasserstoff, den Phosphor, wenn er ihn nicht auch von innen kriegen kann. Dann wirken die zusammen und erzeugen im Inneren einen Stoff, der Vermittler der Gedanken sein kann, das heißt, der Gedanken erzeugt.

So bekommt man das heraus, wie der Mensch in den Naturerscheinungen drinnensteht. Nur muß man die Naturerscheinungen am richtigen

Ort betrachten. Wenn der Gelehrte seinen Schlangen das Wasser entzieht und nun anglotzt, wie die lebende Junge kriegen, statt Eier zu legen, dann bekommt er gar nichts heraus. Aber wenn er weiß, was er da eigentlich hereingetragen hat in sein Laboratorium, dann kriegt er die Geheimnisse der Welt heraus.

Davon dann am nächsten Mittwoch weiter.

FÜNFTER VORTRAG

Dornach, 24. Oktober 1923

Guten Morgen, meine Herren! Hat jemand eine Frage zu stellen?

Fragesteller: Vor einigen Vorträgen war gesprochen worden vom großen Weltenkosmos; ich möchte fragen wegen Kometen mit einem großen Schwanz. Was hat das für eine Bedeutung?

Dr. Steiner: Nun, sehen Sie, meine Herren, da müssen wir uns an das erinnern, was ich gerade in der letzten Zeit gesagt habe. Ich will einiges von dem wiederholen, was wir vor einigen Vorträgen gesagt haben.

Wenn wir den Menschen betrachten, so müssen wir sagen: Es ist für sein ganzes Leben, namentlich auch für seine geistige Entwickelung zweierlei notwendig. Erstens, daß Kohlensäure nach dem Kopfe hinauf geht. Der Mensch sondert ja fortwährend Kohlenstoff in sich aus. Eigentlich kann man sagen: Der Mensch, insofern er ein fester Körper ist, ist aus Kohlenstoff aufgebaut. Also der Mensch sondert fortwährend Kohlenstoff aus sich aus. Nun, dieser Kohlenstoff, der würde ja zuletzt so werden in uns, daß wir alle schwarze Säulen würden. Wir würden schwarze Säulen werden, wenn dieser Kohlenstoff sich erhalten würde. Wir brauchen ihn zum Leben, aber wir müssen ihn fortwährend wieder umwandeln, daß er etwas anderes wird. Das geschieht durch den Sauerstoff. Nun, zuletzt atmen wir den Sauerstoff mit dem Kohlenstoff als Kohlensäure aus. In unserer Ausatmungsluft ist Kohlensäure. Aber diese Kohlensäure brauchen Sie. Man findet sie auch, wenn man zum Beispiel Selterswasser hat, und innen in den Perlen ist Kohlensäure darinnen. Diese Kohlensäure, die nicht ausgeatmet wird, die geht fortwährend nach dem menschlichen Kopf hinauf, und die brauchen wir, damit wir nicht dumm sind, damit wir denken können; sonst würde Sumpfgas, das aus Kohlenstoff und Wasserstoff besteht, nach dem menschlichen Kopf hinaufgehen. Zum Denken also brauchen wir Kohlensäure.

Nun habe ich ja auch schon angedeutet, was wir zum Willen, zum Wollen brauchen. Also fangen wir beim Gehen an, beim Händebewegen, beim Armbewegen – da beginnt ja eigentlich dieses Wollen: da müssen wir eine Verbindung von Kohlenstoff und Stickstoff immer bilden und immer wieder auflösen. Aber dieses Zyan oder die Zyansäure, die muß fortwährend sozusagen in unsere Glieder fahren. Sie verbindet sich in den Gliedern dann mit Kalium. Es entsteht Zyankalium, das aber auch gleich wieder aufgelöst wird. Damit wir überhaupt leben können, muß fortwährend Vergiftung in uns sein und wiederum Entgiftung, Auflösung. Das ist das Geheimnis des menschlichen Lebens: Kohlensäure auf der einen Seite, Zyankali, das mit dem Kalium verbunden wird, auf der anderen Seite. Mit jeder Bewegung, mit jedem Finger bildet sich etwas Zyansäure, und die Sache ist dann so, daß wir die Sache gleich wieder auflösen, indem wir die Finger bewegen. Also das muß im Menschen auch da sein.

Alles aber, was beim Menschen da sein muß, das muß auch im Weltenall draußen da sein, muß im Weltenall draußen irgendwie vorhanden sein. Es ist nun so, daß die Kometen immer wiederum untersucht worden sind. Und gerade mit den Kometen hat sich eine Art, möchte ich sagen, kleine Geschichte abgespielt in der anthroposophischen Bewegung. Ich habe einmal in Paris Vorträge gehalten und rein aus der inneren Erkenntnis heraus gesagt, daß in den Kometen etwas Zyansäure vorhanden sein muß, daß also Zyansäure in den Kometen vorhanden ist. Bis dahin hatte man in der Wissenschaft noch nicht darauf aufmerksam gemacht, daß in den Kometen Zyansäure vorhanden ist. Dann aber ist kurz darauf ein Komet gekommen. Es war eben der, von dem Sie reden. Und gerade an diesem Kometen hat man mit den vollkommeneren Instrumenten, die man ja früher nicht hatte, entdeckt, daß nun wirklich in dem Kometen, dem Kometenstoff Zyansäure drinnen ist! So daß man also darauf hinweisen kann, wenn die Leute immer fragen: Hat denn Anthroposophie irgend etwas vorausgesagt? – Ja, diese Entdeckung des Zyan in den Kometen, die ist zum Beispiel ganz offenbar vorausgesagt gewesen. Es ist bei vielem auch noch so gegangen; aber da, beim Kometen, war es eben ganz offenbar. Nun, es ist eben heute eigentlich kein Zweifel selbst bei der äußeren Wissenschaft, daß in der Kometenatmosphäre, in der Kometenluft – der Komet ist ja eigentlich aus sehr feinem Stoff gebildet, ist ja eigentlich nur Äther, nur Luft – Zyansäure drinnen ist.

Ja, was heißt das, meine Herren? Das heißt, dasselbe, was wir fortwährend in unseren Gliedern bilden müssen, das ist draußen in der Kometenatmosphäre auch drinnen. Jetzt denken Sie sich, wie oft ich gesagt habe hier, daß das Ei gebildet wird aus dem ganzen Weltenall herein – also auch Menschen, Tier und Pflanze, indem sie aus dem Ei gebildet werden, werden sie aus dem ganzen Weltenall heraus gebildet. Ich möchte Ihnen das am Menschen selber erklären, damit Sie ganz genau einsehen, was diese Kometen eigentlich für eine Bedeutung im ganzen Weltenall haben.

Gehen wir da – manchem kann es sonderbar erscheinen, aber Sie werden sehen, daß das, was Sie haben wollen, am besten dadurch erklärt wird –, gehen wir einmal von etwas Geschichtlichem aus. Da gab es ja, Jahrhunderte bevor das Christentum begründet wurde, ein altes Volk im heutigen Griechenland, die Griechen. Die alten Griechen haben so viel für das geistige Leben geleistet, daß heute noch immer unsere Gymnasiasten Griechisch lernen müssen, weil man der Ansicht ist, daß man dadurch ein ganz besonders gescheiter Mensch wird, wenn man heute noch Griechisch lernt. Nun, die Griechen haben wirklich außerordentlich viel für das geistige Leben geleistet. Man lernt heute nicht Indisch, nicht Ägyptisch, sondern Griechisch. Damit wollen die Leute zum Ausdruck bringen, daß die Griechen für das geistige Leben besonders viel geleistet haben. In der einfachen Tatsache, daß wir mit unseren Gymnasiasten das Griechische pflegen, zeigt sich das. Die Griechen selbst haben nur Griechisch mit ihren Kindern getrieben, trotzdem sie für das geistige Leben so viel geleistet haben.

Nun gab es hauptsächlich zwei Volksstämme in Griechenland, die von besonderer Bedeutung waren, die aber sehr verschieden voneinander waren: der eine, das waren die Bewohner von Sparta, der andere die von Athen. Sparta und Athen, das waren die zwei bedeutendsten Städte in Griechenland. Dazu kamen noch ein paar andere, die auch bedeutend waren, aber nicht so bedeutend wie Sparta und Athen. Die Bewohner dieser zwei Städte waren also sehr verschieden voneinander. Ich will heute von den anderen Verschiedenheiten absehen, aber verschieden waren sie schon dadurch, daß sie sich im Reden ganz anders verhielten. Die Spartaner saßen immer ruhig beieinander und redeten wenig. Sie liebten das Reden nicht. Aber wenn sie etwas redeten, da wollten sie, daß das, was sie redeten, eine gewisse Bedeutung habe; das sollte Macht haben über den Menschen. Weil aber der Mensch schließlich nicht immer, wenn er plappert, etwas Bedeutendes sagen kann, so schwiegen sie, wenn sie nichts Bedeutendes zu reden hatten, und redeten immer in kurzen Sätzen. Diese kurzen Sätze waren im ganzen Altertum berühmt. Man redete von den kurzen Sätzen des spartanischen Volkes, und es waren diejenigen, die berühmt wurden, oftmals ungeheure Weisheitssprüche.

Bei den Athenern war es schon nicht so. Die Athener liebten eine schöne Rede; sie liebten es, wenn man schön redete. Die Spartaner: kurz, gemessen, ruhig in ihrer Rede. Die Athener, die wollten recht schön reden. Redekunst lernten sie, indem sie schön redeten. Die plapperten eben schon mehr; nicht so viel wie wir heute, aber sie plapperten doch schon mehr als die Spartaner.

Worauf beruhte denn der Unterschied zwischen dem vielredenden Athener und dem weniger, aber bedeutsam und mächtig redenden Spartaner? Der beruhte auf der Erziehung. Die Erziehungskunst wird heute natürlich wenig studiert. Aber es beruhte das, was ich sage, auf der Erziehung. Die spartanischen Knaben namentlich wurden ganz anders erzogen als die athenischen. Die spartanischen Knaben mußten viel mehr Gymnastik treiben: Tanz, Ringspiele, alle möglichen gymnastischen Künste. Und die Redekunst, die eigentliche Zungengymnastik, die wurde bei den Spartanern gar nicht geübt. Das Reden ließen sie ganz von selber kommen.

Alles dasjenige, was in der Sprache liegt, das bildet sich nämlich aus durch die übrige Bewegung des menschlichen Körpers. Sie können es richtig beobachten: Wenn ein Mensch langsame, gemessene Bewegungen hat, die richtig gymnastisch sind, dann redet er auch ordentlich. Namentlich wenn ein Mensch mit Schritten geht, die ordentlich sind, dann redet er auch ordentlich. Es kommt natürlich auf das kindliche Alter an. Wenn ein Mensch im Alter das Podagra kriegt, so macht es nichts mehr; da hat er schon das Reden gelernt. Es kommt auf die Zeit an, wo man reden lernt. Aber die Spartaner legten allen Wert darauf, daß viel, viel Gymnastik geübt wurde, und sie unterstützten diese Gymnastik noch dadurch, daß sie die Körper der Kinder mit Öl einrieben und mit Sand bestrichen; dann ließen sie sie Gymnastik machen. Die Athener trieben zwar auch Gymnastik – in ganz Griechenland trieb man Gymnastik, aber eben schon viel weniger –, und sie ließen die älteren Knaben Zungengymnastik, Redekunst treiben. Das taten die Spartaner nicht.

Nun, das hat aber eine ganz bestimmte Folge. Wissen Sie, wenn so diese kleinen spartanischen Buben mit ihrem geölten und mit Sand geriebenen Körper ihre Gymnastik trieben, dann mußten sie sehr viel innere Wärme entwickeln – viel, viel innere Wärme entwickeln. Und wenn die Athener ihre Gymnastik trieben, dann war das etwas ganz besonderes bei den Athenern. Wenn solch ein Tag gewesen wäre wie heute und die Buben hätten bei den Spartanern nicht wollen draußen im Freien ihre Gymnastik treiben, nun, da wäre es zugegangen! Da hätten die Gymnasten, die Erzieher, diese Buben ordentlich behandelt! Wenn die Athener einen solchen Tag hatten wie heute, so stürmisch, da versammelten sie ihre Buben mehr im Inneren der Räume und ließen sie die Redekunst treiben. Sie riefen sie aber hinaus, wenn die Sonne ganz wunderbar schien, wenn alles funkelte. Da mußten die athenischen Buben draußen ihre gymnastischen Übungen machen. Denn bei den Athenern wurde etwas anders gedacht als bei den Spartanern. Bei den Spartanern war gedacht worden: Alles, was die Buben an Bewegungen ausführen, müssen sie vom innern Körper aus ausführen; da mag es draußen stürmen und hageln und wettern und winden, das ist ganz gleichgültig. Man sagte sich: Das muß vom Menschen selber kommen.

Der Athener sagte anders. Der sagte: Wir leben von der Sonne, und wenn die Sonne uns aufweckt zur Bewegung, dann wollen wir uns bewegen; wenn die Sonne nicht da ist, wollen wir uns nicht bewegen. – So sagte der Athener, und deshalb wurde bei den Athenern auf die äußere Sonnenwärme gesehen. Bei den Spartanern wurde auf die innere Sonnenwärme, auf die Sonnenwärme, die der Mensch schon verarbeitet hat, gesehen, und bei dem Athener auf die äußere Sonne, die schön auf die Haut scheint – die Haut nicht mit Sand eingerieben, wenigstens nicht so viel wie bei den Spartanern, sondern da sollte die Sonne die Haut bearbeiten. Das war der Unterschied. Und wenn heute in den Schulbüchern von dem Unterschied zwischen Athenern und Spartanern steht, dann kriegt man eigentlich nur die Vorstellung, daß da irgend etwas Wunderbares gewesen sein muß, warum just die Spartaner stille, nur gemessen redende, außerdem stark abgehärtete Menschen waren, und warum die Athener die Schönredekunst ausgeübt haben, die dann bei den Römern ihre weitere Ausbildung gefunden hat. Die Leute können heute nicht Geschichte und Naturwissenschaft zugleich treiben. Die Geschichte redet für sich, und die Naturwissenschaft redet für sich. Aber wenn ich Ihnen sage: Die Spartaner haben ihre Buben mit Öl und Sand eingerieben und sie dann bei jedem Wetter ihre spartanischen Künste machen lassen, und die Athener, die haben ihre Buben nicht so viel mit Sand und Öl eingerieben und sonst ihre Redekunst im Inneren der Palästren getrieben –, dann wissen Sie, wie von Naturtatsachen aus dieser Unterschied der ja einander benachbarten Spartaner und Athener eigentlich bewirkt worden ist.

Also sagen wir, wenn wir da (es wird gezeichnet) die Erde haben und hier die Sonne: Wenn auf die Sonne gesehen wird, wie sie scheint, und da der Athener ist, dann entsteht eben der Athener; und wenn nicht so sehr auf die Sonne gesehen wird, sondern auf dasjenige, was die Sonne schon im Menschen gemacht hat, und auf die mehr innere Wärme gesehen wird, dann entsteht daraus der Spartaner. Sehen Sie, da bildet man Geschichte und Naturgeschichte zusammen. So ist es.

Nun können wir also sagen: Wenn der Mensch darauf sieht, daß er in seinem Inneren viel Wärme entwickelt, dann wird seine Sprache kurz und gemessen. – Warum? Weil er sich mit seinem ganzen Verstand mehr an das Weltenall wendet. Wenn aber der Mensch sich von der Sonne bescheinen läßt wie der Athener, dann wendet er sich weniger an das Weltenall mit seinem Verstand; dann wendet er sich gerade mit dem Verstand mehr nach innen, mit der Wärme nach außen; der Spartaner: mit der Wärme nach innen, mit dem Verstand nach außen. Und vom Verstand hat der Spartaner die Sprache des Weltenalls gelernt; die ist weise, die ist in ihm ausgebildet worden. Der Athener hat nicht die Sprache des Weltenalls gelernt, sondern nur die Bewegung des Weltenalls, weil er sich in der Sonnenwärme der Gymnastik überlassen hat.

Wenn wir heute noch das, was von den Spartanern geblieben ist, anschauen, so sagen wir uns: Oh, diese Spartaner haben die Weisheit der Welt wiedergegeben in ihren kurzen Sätzen. – Die Athener haben angefangen, schon mehr das, was der Mensch innerlich an Verstand hat, in ihren schönen Satzwendungen von sich zu geben. Dasjenige, was die Spartaner in ihrer Sprache gehabt haben, das ist zum großen Teil der Menschheit verlorengegangen, das ist in Griechenland mit den Spartanern verschwunden. Mit der Sprache des Weltenalls kann der Mensch heute nicht mehr leben. Aber das, was die Athener angefangen haben zu treiben: schöngewundene Sätze – es ist besonders dann in Rom mit der Schönrednerei groß geworden. Und die Römer haben wenigstens noch schön geredet. Auch im Mittelalter hat man noch gelernt, schön zu reden. Heute reden die Menschen aber furchtbare Sätze. Man braucht nur einmal im einzelnen das anzuschauen – nun, man könnte jede andere Stadt nehmen, aber in Wien sind zum Beispiel schon seit Wochen die Wahlen: Ja, schön geredet wird da nicht, aber furchtbar, eine ganze Sintflut von Reden, aber nicht schön! Und das ist dasjenige, was nach und nach aus dem geworden ist, was bei den Athenern noch, allerdings in Schönheit, gepflegt worden ist. Das kommt aus dem Menschen heraus. Das Weltenall, wahrhaftig, das macht keine Wahlreden – aber der Mensch macht sie! Die Spartaner haben nicht Wahlreden gehalten; die Spartaner haben in ihren kurzen Sätzen ausgedrückt, wie das Weltenall redet. Sie haben nach den Sternen hinaufgesehen und haben gedacht: Der Mensch, der rennt so in der Welt herum und ist ein «Gschaftlhuber». Der Stern, der bewegt sich langsam, so daß er nicht bald langsam, bald schnell, sondern immer gleichmäßig dahingeht. Dann ist das Sprichwort entstanden, das geblieben ist für alle Zeiten: Eile mit Weile – und so weiter. Der Stern kommt doch an sein Ziel! Und so haben gerade die Spartaner sehr viel von dem gelernt, was draußen im Weltenall ist.

Und jetzt können wir übergehen zu etwas, was ich auch schon bei Ihnen hier bemerkt habe, wir können übergehen von der Wärme zum Licht. Über die Wärme möchte ich nur noch das Folgende sagen. Bedenken Sie, wenn ein Mensch notwendig hat, recht viel Wärme zu entwikkeln, dann müßte er ein starker Mensch werden. Und wenn ein Mensch Gelegenheit hat, recht viel an der Sonne zu sein, müßte er gerade dadurch ein recht viel redender Mensch werden. Nun brauchen Sie nur ein bißchen die Geographie anzuschauen: Gehen Sie nach Italien, wo die Menschen mehr der Sonne ausgesetzt sind, so werden Sie sehen, was das für ein geschwätziges Volk ist! Und gehen Sie nach dem Norden, wo die Menschen mehr der Kälte ausgesetzt sind: Ja, da können Sie manchmal in Verzweiflung kommen – die Leute reden nicht, weil, wenn man immer innere Wärme entwickeln muß, das den inneren Antrieb zu reden vertreibt. Schon bei uns hier wirkt es fast komisch, wenn manchmal ein Mensch aus dem Norden kommt; er stellt sich hin zum Reden – ja, dann steht er, redet aber noch nichts. Nicht wahr, wenn so ein italienischer Agitator auf die Tribüne tritt, der redet schon, bevor er drauf ist, der redet schon drunten. Dann geht es weiter, dann sprudelt das nur so! Wenn ein nordischer Mensch, der viel Wärme entwickeln muß, weil keine äußere Wärme da ist, sprechen soll: so ein nordischer Mensch, der stellt sich hin – man kommt zur Verzeiflung, denn er fängt gar nicht an; er will etwas sagen, aber er fängt gar nicht an. Das ist schon so: Innere Wärme vertreibt die Begierde zum Reden, äußere Wärme facht die Begierde zum Reden an. Natürlich kann man das alles dann durch Kunst umbilden. Die Spartaner haben das nicht getrieben durch das Äußere, sondern durch ihren eigenen Rassencharakter, haben eben – trotzdem sie Nachbarn mit den Athenern waren –, weil sie sich viel vermischt haben mit vom Norden kommenden Menschen, diese Rederuhe entwickelt. Unter den Athenern waren zum Beispiel sehr viele, die aus heißen Gegenden sich rassenhaft gemischt haben unter die Athener; dadurch haben sie den Redefluß entwickelt. Also da sehen wir es, wie selbst der rednerische Mensch zusammenhängt mit Sonne und mit Wärme. Jetzt gehen wir zum Licht.

Da brauchen wir uns nur an etwas zu erinnern, was ich Ihnen schon gesagt habe. Denken Sie einmal an ein Säugetier. Ein Säugetier entwickelt innerlich den Keim zum neuen Säugetier. Der Keim wird innerlich von dem Muttertier getragen; alles geht innerlich vor sich. Nehmen wir dagegen den Schmetterling. Ich habe Ihnen gesagt: Der Schmetterling legt das Ei, aus dem Ei kriecht die Raupe aus, die Raupe verpuppt sich zum Kokon, und aus dem Kokon treibt das Sonnenlicht den Schmetterling aus, der vielfarbig ist. Sehen Sie sich dagegen das Säugetier an (es wird gezeichnet), dieses Säugetier entwickelt in seinem Uterus ganz versteckt das neue Tier. Da haben wir wiederum zwei Gegensätze, wunderbare Gegensätze. Schauen Sie sich an: Da ist das Ei unbedeckt. Wenn die Raupe auskriecht, kommt schon das Licht. Die Raupe, sagte ich Ihnen, geht zum Licht, spinnt ihren Kokon, die Hülle, daß sie zur Puppe wird, nach dem Licht, und das Licht ruft wiederum den Schmetterling hervor. Und das Licht ruht nicht und rastet nicht, gibt dem Schmetterling seine Farben. Die Farben sind durch das Licht hervorgerufen; das Licht behandelt den Schmetterling.

Nehmen Sie dagegen die Kuh, den Hund. Ja, das kleine Junge, das da drinnen ist im mütterlichen Uterus, in der Gebärmutter, das kann nicht das äußere Licht haben, ist dem Äußeren gegenüber ganz in der Finsternis eingeschlossen. Also das muß sich da drinnen entwickeln, in der Finsternis.

Aber nichts, was lebt, kann sich in der Finsternis entwickeln. Das ist einfach Unsinn, wenn man glaubt, daß sich etwas in der Finsternis entwickeln kann. Doch wie ist denn das eigentlich hier mit der Geschichte? Ich will Ihnen einen Vergleich sagen. Man kann ja hoffen, daß man, wenn die Erde einmal sehr arm wird an Kohle, direkte Sonnenwärme durch irgendeine Umwandlung wird zum Heizen benützen können; aber heute geht das eben noch nicht, daß man die Sonnenwärme unmittelbar zum Heizen benützt. Es wird vielleicht gar nicht mehr lange dauern, so wird man darauf kommen, wie man es machen kann; aber heute benützen wir zum Beispiel die Kohle. Ja, meine Herren, die Kohlen sind auch nichts anderes als Sonnenwärme, nur Sonnenwärme, die vor vielen, vielen Tausenden von Jahren zur Erde hergeströmt ist, im Holz sich verfangen hat und aufbewahrt wurde als Kohle. Heizen wir, so bringen wir aus der Kohle die vor Jahrtausenden und Jahrtausenden in der Erde angesammelte Sonnenwärme wieder heraus.

Glauben Sie nicht, daß nur die Kohle sich gegenüber der Sonne so verhält, wie ich eben geschildert habe! So wie ich es eben beschrieben habe, verhalten sich auch andere Wesen zur Sonne, nämlich alle lebenden Wesen. Wenn Sie nun ein Säugetier anschauen, dann müssen Sie sagen: Jedes kleine junge Tier hat ein Muttertier, dieses wieder ein Muttertier und so weiter. Die haben immer Sonnenwärme aufgenommen; die ist noch drinnen im Tier selber, die wird vererbt. Und gerade so wie wir die Sonnenwärme aus der Kohle herausbringen, so nimmt das kleine Kind in der mütterlichen Gebärmutter das Sonnenlicht, das dort aufgespeichert ist, jetzt aus dem Inneren. – Jetzt haben Sie den Unterschied von dem, was im Hund oder in der Kuh entsteht, und dem, was im Schmetterling entsteht. Der Schmetterling geht gleich mit seinem Ei in das äußere Sonnenlicht, läßt es ganz von dem äußeren Sonnenlicht bearbeiten, bis es der bunte Schmetterling wird. Der Hund oder die Kuh sind innerlich ebenso bunt, aber man sieht es nicht. Wie man in der Kohle noch nicht die Sonnenwärme wahrnimmt – man muß sie erst herauslocken –, so muß man mit der höheren Anschauung aus Hund und Kuh erst herauslocken, was da drinnen an aufgespeichertem Licht ist. Da drinnen ist aufgespeichertes Licht! Der Schmetterling ist von außen bunt; da hat das Sonnenlicht von außen gearbeitet. Ja, beim Hund oder bei der Kuh ist innerlich, möchte ich sagen, unsichtbares Licht überall drinnen.

Was ich Ihnen da beschrieben habe, das könnten die Menschen heute schon mit unseren vollkommenen Apparaten einfach feststellen, in ihren Laboratorien nachweisen, wenn sie wollten. Es sollten die Menschen nur einmal ein Laboratorium machen, ganz finster, total finster, und dann sollten sie in diesem Laboratorium vergleichen ein eben gelegtes Ei und einen Kuh- oder Hundekeim in seinem frühen Zustande, dann würde man sehen, daß da durch die Abblendung, die im finstern Zimmer entstehen kann, sich dieser Unterschied, den ich beschreibe, durchaus zeigt. Und wenn man nun, was man auch nicht mit Augen sieht – die Augen sind dafür nicht empfindlich –, photographieren würde, würde man nämlich beweisen können, daß das Schmetterlingsei das Spektrum gelb und das Hunde- und Kuhei das Spektrum blau hat in der Photographie. Diese Dinge, die man geistig sehen kann – man braucht nicht, wenn man sie geistig sehen kann, das Äußere –, die werden schon mit den vollkommenen Instrumenten noch bewiesen werden.

Nun können wir also sagen: Der Schmetterling wird im äußeren Sonnenlicht gebildet, die Kuh oder der Hund wird an dem Sonnenlicht gebildet, das innerlich aufgespeichert ist. – So haben wir den Unterschied kennengelernt zwischen der Wärme, die äußerlich wirkt, die den Menschen geschwätzig macht, dem Licht, das äußerlich wirkt, das die vielen Farben beim Schmetterling hervorruft, und der Wärme im Inneren, die den Menschen stumm, gemessen macht – dem Licht im Inneren bei einem Wesen, welches lebende Junge zur Welt bringt, die innerlich das Licht empfangen müssen. Und nun können wir von da aus übergehen zu dem, was Gegenstand unserer Frage ist.

Es gibt nun eben auch Dinge, die der Mensch braucht in seinem Inneren, die er aber in seinem Inneren nicht im Übermaß entwickeln darf, weil er sonst daran sterben würde. Und zu dem gehört das Zyan, die Blausäure. Wenn der Mensch über das bißchen Zyankali hinaus, das da in ihm ist, fortwährend den ganzen Tag Zyankali bilden würde – nun, das würde nicht gehen, das wäre zuviel. Der Mensch bildet in sich zwar etwas Zyankali, aber sehr wenig. Aber er braucht auch von außen etwas; er nimmt es auf mit dem, was er einatmet. Es ist ja auch nicht viel, mehr aber braucht der Mensch nicht.

Nun, meine Herren, dieses Zyankali ist in der gewöhnlichen Luft nicht da. Würden nicht von Zeit zu Zeit Kometen erscheinen, so gäbe es das Zyankali nicht in der Luft. Kometen und dann diese Meteore, Sternschnuppen, die namentlich, wie Sie wissen, im Hochsommer so zahlreich die Luft durchsausen, die bringen dieses Zyankali herunter. Und der Mensch nimmt daraus eigentlich seine Kraft. Daher muß man schon die Menschen, welche kraftlos geworden sind in ihren Muskeln, in solche Luft schicken, die nicht nur frisch geworden ist von der Erde aus, sondern frisch geworden ist vom ganzen Weltenall aus, die meteorische Einflüsse erfahren hat. Und das ist so, daß man zum Beispiel Leute, die an dem leiden, was man früher die Auszehrung genannt hat, die kraftlos werden in ihren Muskeln und bei denen diese Kraftlosigkeit insbesondere gegen den Frühling zu ganz besonders auftritt, im Herbst in diese vom Weltenall frisch gewordene Luft schickt. Im Frühling kann man gar nichts machen; daher sterben solche Leute im Frühling am allerleichtesten. Man muß vorsorgen, denn man kann für solche Leute eigentlich erst im Herbst etwas machen. Wenn im Sommer die meteorischen Kräfte mit den kleinen Mengen Zyankali, die da hereinkommen aus dem Weltenall, ihr Zyankali ablagern, müßten diese Leute dann, wenn der August zu Ende geht und der Herbst kommt, mit ihren kraftlosen Gliedern nun in solche Gegenden kommen, wo der Sommer sein Bestes abgelagert hat, nämlich Zyankali. Dann werden die Glieder wieder kraftvoll. Bei Menschen also, bei denen man bemerkt, für die wird das nächste Jahr etwas sehr Schlimmes werden, denn sie werden kraftlos, da sollte man eigentlich, weil man im Frühling mit den äußeren Dingen nicht viel machen kann, vorsorgen. Man sollte sich sagen: Wenn der Frühling kommt, da gebe ich solchen Menschen, je nachdem sie kraftlos geworden sind, den Saft von gewissen Pflanzen, zum Beispiel den Saft von Schlehdorn. Wenn man den Schlehdornsaft aufbewahrt – Sie kennen die herbe, säuerliche Pflanze – und ihn einem solchen Menschen, der im Frühling kraftlos wird, in den Mund hineinbringt, dann kann man ihn halten über den Frühling und Sommer hindurch. Warum? Ja, sehen Sie, wenn man dem Menschen den Saft von Schlehdorn gibt, dann bildet dieser Schlehdornsaft allerlei Salze. Die gehen zum Kopf und nehmen die Kohlensäure mit. Da machen wir den Kopf dann geneigt, diesen Menschen durch Frühling und Sommer hindurchzubringen. Und im Herbst müssen wir ihn dann in eine Gegend bringen, wo er imstande ist, das andere zu nehmen, was mehr nach den Gliedern gehen muß. Kohlensäure geht nach dem Kopf; die fügen wir ein nach dem Kopf durch Beibringen von Schlehdorn. Haben wir das Glück, daß wir einen solchen Menschen durchgebracht haben durch den Sommer, können wir ihn im Herbst in eine geeignete Gegend hinbringen – nicht besonders lange, zwei, drei Wochen lang sollte er sich aufhalten in einer solchen Luft, von der man weiß, daß sie eben meteorische Einflüsse erhalten hat –, dann ist es so, daß der Mensch dort dadurch, daß man ihn gestärkt hat während des Frühlings und Sommers, dann wirklich die Stärke seiner Glieder wiederum holt.

Ja, meine Herren, da haben Sie die zwei Wirkungen unmittelbar nebeneinander. Da haben Sie die Erdenwirkung, die eigentlich eine Mondenwirkung ist, die Erdenwirkung im Schlehdornsaft, und da haben Sie die Weltwirkung in dem, was die Kometen, und wenn kein Komet da ist, die Sternschnuppen hinterlassen haben – bei denen ist es ebenso, nur klein; aber es sind eben viele –, was von dem Weltenall hereinwirkt. Wie Sie im Grunde kein Irdisches haben im Schmetterling mit seiner Verwandlung, sondern Licht vom Weltenall, wie Sie in den geschützten Eiern Wärme vom Weltenall haben, von der Sonne, so haben Sie auch in sich selbst innerlich menschliche Wärme, die Sie innerlich in Ihrer Substanz entwickeln müssen und die gerade das Entgegengesetzte anregt als die äußere Wärme.

So können wir überall sehen, wie im Menschen eine Abwechslung ist, wie aber auch im ganzen Weltenall eine Abwechslung ist: bald müssen die Dinge draußen vom Weltenall kommen, bald vom Inneren der Erde oder des Menschen. Nun werden Sie sagen: Ja, gewisse Dinge sind regelmäßig; sie können aber allein nicht dasjenige bewirken, was sie bewirken sollen. Tag und Nacht wechseln regelmäßig; die bewirken das eine, was von der Erde ausgeht. – Nun, die Kometen erscheinen mehr oder weniger unregelmäßig; die Sternschnuppen auch. Und das ist auch so. Bei den Sternschnuppen ist eine solche Regelmäßigkeit nicht vorhanden wie beim übrigen. Wenn ein Astronom eine Sonnenfinsternis beobachten will, dann kann er ganz genau den Zeitpunkt finden, wann sie anfängt – das läßt sich berechnen –; es gehört zu dem Regelmäßigen, wirkt aber nicht von der Sonne aus. Da kann er also vorher erst noch zu einem Souper gehen, und er kommt noch immer zur Sonnenfinsternis zurecht. Wenn er das meteoritische Schwärmen der Sternschnuppen zur rechten Zeit beobachten will, muß er die ganze Nacht passen, sonst kann er sie nicht finden. Das ist eben der Unterschied zwischen dem, was unregelmäßig vom Weltenall aus auf die Erde hereinkommt, und dem, was regelmäßig ist.

Nun können Sie eine interessante Frage aufwerfen. Sie können sagen: Die Kometen, die also mit dem Zyan zusammenhängen – was mit unserem Willen zusammenhängt in unserem Menschen –, diese Kometen, die erscheinen unregelmäßig; bald kommt einer, dann ist er lang wieder nicht da. – Es ruft bei den Menschen ja immer auch Anlässe zum Aberglauben hervor; gerade dasjenige, was nicht immer erscheint, das macht sie abergläubisch, wenn es kommt. Im Sonnenauf- und -untergang haben nur die ehemals bereiten Menschengemüter das Göttliche gesehen; spätere, abergläubische Gemüter haben dann über die Kometen allerlei Zeug zusammengeträumt. Sie können nun die Frage aufwerfen: Warum ist es mit den Kometen nicht auch so, daß, wie zu bestimmten Stunden im Jahr morgens die Sonne erscheint, auch ein Komet erscheint? – Nun, wenn das der Fall wäre, wenn gerade so regelmäßig wie Sonnen- und Mondauf- und -niedergang der Komet immer regelmäßig mit seinem Schwanz kommen und verschwinden könnte, dann hätten wir Menschen keine Freiheit; dann wäre alles übrige in uns so regelmäßig, wie Sonnenauf- und -untergang, Mondauf- und -untergang. Und was in uns zusammenhängt mit dieser Regelmäßigkeit im Weltenall, das ist in uns auch Naturnotwendigkeit. Wir müssen essen und trinken, auch mit einer Regelmäßigkeit, müssen schlafen mit einer gewissen Regelmäßigkeit. Wenn die Kometen ebenso regelmäßig auf- und untergingen wie die Sonne und der Mond, dann könnten wir nicht anfangen, uns willkürlich zu bewegen, sondern da müßten wir erst warten: wir wären im Starrkrampf; der Komet erschiene – da könnten wir gehen! Verschwände er wieder, würden wir wieder in einen Starrkrampf kommen. Wir hätten keine Freiheit. Diese sogenannten Irrsterne, die sind dasjenige, was aus dem Weltenall dem Menschen die Freiheit gibt. Und so können wir sagen: Das, was im Menschen notwendig ist, Hunger, Durst in ihrem Verlauf, Schlaf, Wachen und so weiter, das kommt von den regelmäßigen Erscheinungen; und dasjenige, was im Menschen willkürlich ist, was die Freiheit ist, das kommt von den kometenartigen Erscheinungen und das gibt dem Menschen die Stärke für die Kraft, die in seinen Muskeln wirkt.

In der neueren Zeit hat man ganz verlernt, auf das, was im Menschen Freiheit ist, überhaupt hinzuschauen. Die Menschen haben ja keinen Sinn mehr für Freiheit. Daher haben die Menschen sich auch in der neueren Zeit ganz versessen auf dasjenige, was nur Notwendigkeit ist. Nun drükken die Menschen in ihren Festen aus, wie sie gesinnt sind. Sie haben beispielsweise die Feste für die Notwendigkeit: Weihnachtsfest, Osterfest; aber sie haben fallengelassen das Herbstfest, das Michaelsfest, weil das zusammenhängt mit der Freiheit, mit der inneren Stärke des Menschen. Und so studieren eigentlich auch die Menschen an den Kometen höchstens das Materielle. Das andere, davon sagen sie: Ja, darüber kann man eben nichts wissen. – Und auf der einen Seite sehen Sie heute, daß die Menschen die Freiheit scheuen; auf der anderen Seite sehen Sie, daß sie keinen richtigen Verstand, keine Vernunft dafür haben, die Unregelmäßigkeiten im Weltenall zu studieren. Wenn die nicht da wären, dann hätte man keine Freiheit. So daß wir sagen können: Die Athener, die nahmen dasjenige auf, was im Inneren des Menschen war. Das machte sie gesprächig. – Auf der einen Seite ist der Materialismus furchtbar gesprächig geworden. Das macht ihn aber auch unempfindlich, stumpf für all dasjenige, wo man kräftig werden kann für die Meteoreinflüsse. Daher ist das Michaelsfest höchstens ein Bauernfeiertag, und die anderen Feste sind etwas, was mit den Notwendigkeiten zusammenhängt, obwohl sie auch nicht mehr so geachtet werden wie in alten Zeiten, weil man überhaupt den Zusammenhang mit der geistigen Welt verlernt hat.

Auf diese Weise wird alles durchsichtig. Wenn die Menschen wiederum verstehen werden, wie wohltätig der Kometeneinfluß ist, dann werden sie sich wahrscheinlich daran erinnern, gern im Herbste irgendeine Festlichkeit zu begehen, um eine Art Freiheitsfest zu haben. Das gehört in den Herbst hinein: eine Art Michaelsfest, Freiheitsfest. Das lassen die Menschen heute vorübergehen, weil sie überhaupt kein Verständnis dafür haben; sie haben kein Verständnis für die Freiheit in der Natur draußen, daher auch nicht für Freiheit im Menschen. Sehen Sie, die ehrsame Dame Mond und der majestätische Herr Sonne, die sitzen auf ihren Thronen, die wollen alles gemessen haben, weil sie für die Freiheit im Universum, im Weltenall, keinen rechten Sinn haben. Es muß natürlich auch sein. Aber die Kometen, das sind die Freiheitshelden im Universum; die haben daher in sich auch denjenigen Stoff, der beim Menschen auch mit der Tätigkeit, mit der freien Tätigkeit, mit der Willkür, mit der Willenstätigkeit zusammenhängt. Und so können wir sagen: Schauen wir zur Sonne hinauf, dann haben wir in ihr dasjenige, was in unserem Inneren immer gleichmäßige rhythmische Spiele treibt, das Herz und die Atmung. Schauen wir zu einem Kometen, so sollten wir eigentlich jedesmal, wenn ein Komet erscheint, ein Freiheitsgedicht machen, weil das zusammenhängt mit unserer Freiheit! – Wir können sagen: Der Mensch ist frei, weil im Weltenall für diese Schwärmer im Weltenall, die Kometen, eben auch Freiheit herrscht. – Und so wie die Sonne hauptsächlich dem Säurecharakter ihre Natur verdankt, so der Komet dem Zyancharakter.

Sehen Sie, meine Herren, da kommt man dann auf die Natur der Kometen, und das ist ein außerordentlich bedeutsamer Zusammenhang, wie man da sieht, daß plötzlich im ganzen Weltenall auch etwas ist, was lebt, aber was lebt so ähnlich wie wir Menschen. So kann man auch sagen: Bei den Spartanern, bei denen war mehr Sinn vorhanden für das Nicht-sich-der-Sonne-Entziehen, und deshalb haben sie auch alles dasjenige geschätzt – das ist nicht aus äußerlicher Willkür entstanden –, was mit dem Weltenall zusammenhing. Und *Lykurgos,* der Gesetzgeber von Sparta, hat eisernes Geld machen lassen. In den Schulbüchern finden Sie: Lykurgos hat Eisengeld machen lassen, damit die Spartaner fein spartanisch bleiben sollen. – Das ist Unsinn. In Wahrheit hat Lykurgos sich belehren lassen von denen, die in Sparta noch diese Dinge gewußt haben; die haben ihm erzählt, daß die Kometen an Eisen gebundenes Zyan enthalten, und deshalb hat er in Sparta Eisen als das Sinnbild für die Kometen prägen lassen zum Geld. Das war etwas, was aus der Weisheit hervorgegangen ist; währenddem die anderen Völker übergegangen sind zu der Goldprägung, welche ausdrückt dasjenige, was mehr in der Sonne ist, das Bild des Sonnenlebens in uns.

So ist es, daß man sieht, daß in den Gebräuchen der alten Völker noch etwas mehr ist von dem, was diese vom Weltenall wußten.

SECHSTER VORTRAG

Dornach, 27. Oktober 1923

Guten Morgen, meine Herren. Ist jemandem etwas eingefallen?

Fragesteller: Ich glaube, wir erwarten noch, daß Herr Doktor uns noch etwas ausführt über den Sternenzusammenhang.

Dr. Steiner: Nun, da will ich heute einmal versuchen, an das anzuknüpfen, was wir das letzte Mal gesagt haben, um es noch etwas weiter auszubauen. Ich will kurz wiederholen: Wir haben bemerkt, daß alles dasjenige, was regelmäßig im Weltenall vor sich geht, also sagen wir zum Beispiel dasjenige, was Tag und Nacht bewirkt im Sonnenlauf, oder was die Jahreszeiten bewirkt, daß das auch mit dem im Zusammenhang steht, was im Menschen notwendig ist. Im Menschen ist notwendig, daß bei der Abwechslung von Wachen und Schlafen Nahrungsaufnahme und so weiter eintritt. Beim Menschen ist in einer weiteren Regelmäßigkeit notwendig die Atmung, der Blutumlauf und so weiter. Wenn wir das alles im Menschen überschauen, so hängt das zusammen mit dem, was nun durch die Astronomie als regelmäßig berechnet werden kann. Dasjenige dagegen, was nicht so regelmäßig auftritt – was ja auch in einem gewissen Sinne berechnet werden kann, aber eben in der Weise nicht regelmäßig auftritt, zum Beispiel die Kometen und Meteore –, diese Erscheinungen, die hängen mit all demjenigen im Menschen zusammen, was freier Wille ist, was also aus dem Menschen heraus den freien Willen erzeugt.

Da muß man vor allen Dingen auf einen Stoff hinschauen, der ganz besonders wichtig ist, ein Stoff, der viel auf unserer Erde vorkommt, der aber überall im Weltenall auch vorkommt, und der, wenn solche Meteore herunterfallen auf die Erde, eben in diesen Meteoren enthalten ist. Das ist das Eisen. Eisen ist ja so viel auf unserer Erde vorhanden, daß man sagen kann: Dem Eisen verdankt ja eigentlich die ganze neuere Kultur und Zivilisation ihr Dasein. – Denken Sie nur, wozu alles das Eisen verwendet wird! Erst jetzt fängt man an, aus gewissen Dingen, die nicht Eisen sind, allerlei zu erzeugen; aber durch die zwei letzten Jahrhunderte hindurch ist wirklich alles dasjenige, was eigentlich aufgekommen ist, was sowohl die gegenwärtigen großen Fortschritte wie auch die gegenwärtigen sozialen Zustände hervorgerufen hat, durch das Eisen geschehen. Im Weltenall müssen Sie das Eisen überall vermuten, aus dem Grunde, weil eben, wenn irgend etwas herunterfällt auf die Erde, es aus Eisen ist.

Nun schauen wir uns das Eisen aber an in unserem eigenen menschlichen Körper. Da ist es sehr merkwürdig, daß der Mensch, wenn er ins Erdenleben hereintritt, dasjenige genießt, was am wenigsten Eisen enthält: die Milch. Die Muttermilch enthält kaum irgend etwas Eisen. So daß wir also sagen können: Der Mensch fängt erst an im Laufe seines Lebens, das Eisen mit der Nahrung in sich aufzunehmen. – Was bedeutet denn das?

Ja, meine Herren, wenn Sie das Kind anschauen, so zappelt es ja allerdings viel; es träumt auch schon. Aber das Kind hat noch weder ein willkürliches Denken, noch einen sonstigen freien Willen. In dem Maße, in dem das Kind zu seinem freien Willen kommt, ist es darauf angewiesen, das Eisen in sich aufzunehmen. Sie sehen also daraus, daß das Eisen eigentlich notwendig ist für den freien Willen. Und wenn man zum Beispiel bei einem Menschen, der heiser ist, in irgendeiner Weise heiser ist, der eine schwache Stimme hat, darauf kommen will, was eigentlich zugrunde liegt, so muß man vor allen Dingen die Untersuchung daraufhin anlegen, ob er genügend Eisen hat. Denn bei dem, der zu wenig Eisen hat, zeigt sich das vor allen Dingen in dieser Willkür, in diesem freien Willen, der durch die Sprache zum Vorschein kommt. Wenn Sie also einen Menschen sehen, der gut brüllen kann, dann brauchen Sie nicht Sorge zu haben, daß er zuwenig Eisen hat; wenn Sie aber einen Menschen haben, der kaum seine Worte hervorbringt, dann können Sie darüber nachdenken, inwiefern diesem Menschen das Eisen fehlt. So also kann man sagen: Es zeigt sich schon äußerlich an diesem, daß der Mensch das Eisen braucht gerade zu seinem freien Willen. – So können wir es auch leicht begreifen, daß dasjenige, was im Weltenall als Eisen herumfliegt, was in der Erde als Eisen ist, zusammenhängt mit dem, was menschliche Willkür ist, was menschlicher freier Wille ist.

Nun aber hat alles, was geschieht, ja auch seinen großen Einfluß auf alles übrige. Und wir müssen uns klar sein darüber, daß das Eisen ja nicht uns ganz bildet und auch nicht das Weltall ganz bildet, denn sonst wären wir Eisenmänner. Das wäre zwar für unsere Stärke ganz gut, aber wir könnten alles übrige nicht verrichten, wenn wir Eisenmänner wären. Da müssen wir dann unseren Blick auf dasjenige werfen, womit das Eisen nun in irgendeine Verbindung treten kann.

Nun, meine Herren, ich habe Ihnen schon gesagt: Die Soda, die ich Ihnen ja neulich deutlich beschrieben habe, die hat insbesondere eine große Bedeutung für alles das, was in uns zusammenhängt mit dem Denken; denn die Soda ist kohlensaures Natrium, Kohlensäure und Natrium. Kohlensaures Natrium muß hinaufprickeln in den Kopf. Alles dasjenige, was also mit unserem Denken zusammenhängt, mit unserem Kopf, was mit dem zusammenhängt, daß wir innerliches Licht haben, das hängt mit der Soda zusammen. Sie erinnern sich, das habe ich neulich ausgeführt.

Sie haben aber auch gesehen, daß, wenn so etwas wie Soda überhaupt bei uns da sein soll, wir den Sauerstoff der Luft aufnehmen müssen. Den Sauerstoff der Luft nehmen wir auf mit der Atmung, denn die Luft besteht aus Sauerstoff und Stickstoff; aus vielen anderen Stoffen noch, aber die spielen nicht eine so große Rolle. Den Sauerstoff nehmen wir auf mit der Atmung. In uns bildet sich der Kohlenstoff. Den erzeugen wir in uns durch die Nahrungsmittel. Der Sauerstoff in uns verbindet sich da mit der Kohlensäure und dem Natrium und wir kriegen dann kohlensaures Natrium, Soda. Die Soda spielt gerade in unserem Kopf eine große Rolle. Kohlensaures Natrium, das ist also Soda, die haben wir in uns, und die will eigentlich fortwährend in unseren Kopf heraufgelangen. Nur wenn die Fortpflanzung tätig sein soll, dann muß sie auch bei der Fortpflanzung ihre Rolle spielen; das habe ich Ihnen ja auch gesagt. Also Soda spielt in uns eine große Rolle.

Nun will ich Ihnen aber etwas erklären. Ich habe Ihnen seinerzeit einmal – es ist schon längere Zeit her – von den Farben gesprochen. Sie sehen die hauptsächlichsten Farben im Regenbogen. Im Regenbogen sind hintereinander Violett, Blau, Grün, Gelb, dann Orange und dann Rot. Das sind die Farben, die im Regenbogen sind. Nun, sehen Sie, wenn man im Regenbogen diese Farben hat, dann erzeugt sie die Natur. Aber man kann diese Farben auch dadurch erzeugen, daß man ein Zimmer ganz dunkel macht, nur ein einziges Lichtlöchlein im Fenster drinnen läßt (es wird gezeichnet): Hier hat man ein Fenster, da hier ein Lichtlöchlein, da fällt das Licht herein. Jetzt stellt man hier ein Glasprisma auf, solch einen Glaskörper; da läßt man das Licht durchfallen, und da kriegt man jetzt auch die Farben drinnen, so wie man sie im Regenbogen hat. Das kann man dann auf einer Wand aufnehmen.

Nun, meine Herren, diese Farbenfolge, dieser Farbenzusammenhang, der da, wie im Regenbogen, so auch durch ein Prisma erscheint, der hat die Eigentümlichkeit, daß er eigentlich nur dann richtig erscheint, wenn man ein Gas verbrennt oder wenn man das Sonnenlicht benützt; wenn man aber andere Körper benützt, dann kriegt man nicht eine solche Farbenfolge, sondern dann kriegt man nur einzelne Farben. Zum Beispiel kann man unter gewissen Umständen rechts und links alles finster haben, nur hier in der Mitte ist eine schöne gelbe Linie. Was bedeutet diese gelbe Linie?

Wenn man eine Flamme nimmt und gibt in diese Flamme gerade das hinein, was ich Ihnen hier aufgeschrieben habe, Natrium, und man verbrennt das in der Flamme, dann kriegt man diese gelbe Linie, nicht die rote Farbe, sondern diese gelbe. Also wenn Sie eine Flamme nehmen, das Licht durch das Loch durchleiten, ein Prisma nehmen, so kriegen Sie kein Sonnenspektrum, sondern eine gelbe Linie. Wenn Sie nur ein klein bißchen Natrium nehmen und in diesen ganzen Raum ein klein bißchen Natrium hineinbringen, dann kriegen Sie gleich diese schöne gelbe Linie! Es braucht gar nicht viel Natrium da zu sein – überall gibt es diese schöne gelbe Linie; in den allerkleinsten Mengen gibt das Natrium diese schöne gelbe Linie.

Merkwürdig ist es, daß wenn man irgendwo in den Weltenraum hinausschaut und von da aus sich nicht das Sonnenspektrum, sondern von irgendwoher in Ablenkung des Sonnenspektrums die gelbe Linie macht, so kriegt man diese gelbe Natriumlinie von fast überall her. Das ist wiederum ein Beweis dafür, daß das Natrium überall verbreitet ist im Weltenall. Wenn Sie sich nun fragen: Warum ist dieses Natrium überall verbreitet? – dann müssen Sie sich zur Antwort geben: Damit dieses kohlensaure Natrium, diese Soda entstehen kann. – Es ist überall verbreitet, damit es Menschenköpfe geben kann. Meine Herren, Eisen ist überall vorhanden im Weltenall, damit wir den freien Willen haben können; Natrium ist überall verbreitet im Weltenall, damit wir überhaupt Köpfe haben können. Wäre Natrium im Weltenall nicht vorhanden, ja, dann würden wir ganz unmöglich imstande sein, Köpfe zu haben.

Nun, was muß alles da sein, damit wir Köpfe haben können als Menschen? Es muß Kohlensäure da sein, das ist Kohlenstoff und Sauerstoff, und es muß Natrium da sein. Natrium, habe ich Ihnen gesagt, ist überall im Weltenall vorhanden. Den Kohlenstoff haben wir nun selber. Der wird in uns fortwährend erzeugt durch die Nahrungsmittel. Er wird nur wiederum fortgeschafft, weil wir nicht ein toter Kohlenstoffmensch sein wollen, sondern ein lebender Mensch, der nur alles zerstört und wiederum erzeugt. Aber wir erzeugen überall Kohlenstoff. Also den Kohlenstoff haben wir selber, den Sauerstoff nehmen wir aus der Luft auf, das Natrium aus dem Weltenall. Die müssen da sein, damit wir Köpfe haben.

Sie sehen jetzt, auf diese Weise könnten wir also, wenn im Weltenall nur das vorhanden wäre, was ich Ihnen jetzt gesagt habe, unsere Köpfe haben, und wir könnten einen freien Willen haben. Aber was würde uns der freie Wille helfen als Erdenmenschen, wenn wir nicht Arme und Beine hätten, so daß wir den freien Willen verwenden können? Ja, sehen Sie, dazu müssen wir die Möglichkeit der Ernährung haben! Damit wir überhaupt aufgebaut werden können aus dem Stoff der Erde, müssen wir die Möglichkeit der Ernährung haben. Die hängt davon ab, daß wir in unserem Unterleib etwas Ähnliches haben, wie wir es in unserer Atmung haben. Wir atmen Sauerstoff ein; die Kohlensäure atmen wir aus. Wenn wir diese Kohlensäure nicht ausatmen würden, dann würden die Pflanzen nicht den Kohlenstoff haben, denn der wird von der Kohlensäure der Menschen und der Tiere genommen. Also die Pflanzen bauen sich auf aus dem, was die Menschen und die Tiere ausatmen. Das ist schon so. Der Sauerstoff nimmt uns also unseren Kohlenstoff weg. Er verbindet sich mit unserem Kohlenstoff. Aber zuerst muß man doch diesen Kohlenstoff erzeugen, zuerst müssen wir ihn haben. Dazu müssen wir die Nahrung in uns aufnehmen. Der Sauerstoff, der ist furchtbar gierig auf den Kohlenstoff. Wenn wir dem Sauerstoff den Kohlenstoff nicht geben wollen, dann kriegen wir gleich Erstickungsanfälle, wenn die Kohlensäure nicht heraus kann. Wir kriegen gleich Erstickungsanfälle! Es ist also so, daß eben der Sauerstoff gierig ist. Nun, unser Magen muß aber auch die Nahrung aufnehmen. So wie der Sauerstoff den Kohlenstoff aufnimmt und Kohlensäure bildet, so muß unser Magen wirklich den Kohlenstoff gierig aufnehmen. Und unser Magen ist ein sehr gieriger Herr, dasjenige, was eigentlich begehrt nach der Nahrung.

Nun könnten wir uns vorstellen: Wenn in diesem Magen auch Sauerstoff drinnen wäre, dann könnte das so gehen wie es nach außen durch den Mund und die Nase geht. Da ist drinnen der Sauerstoff; der saugt den Kohlenstoff auf. Es müßte also im Magen etwas drinnen sein, was auch zur Aufsaugung der Nahrung dient. Und das ist auch drinnen: ein ganz sauerstoffähnlicher Stoff ist im Magen, wird fortwährend aus dem Magen heraus abgesondert. Das ist das Chlor. Von der Soda habe ich Ihnen schon gesagt, daß sie zum Wäschebleichen, überhaupt zur Wäsche verwendet wird. Aber das Chlor wird auch zum Bleichen verwendet, ist ja in der Waschbläue drinnen. Das ist auch ein Stoff, der Licht in sich hat, der das Licht trägt. Das Chlor ist ganz sauerstoffähnlich.

Wenn man die Atmungsorgane betrachtet, so ist da der Sauerstoff der Luft, der zieht uns fortwährend den Kohlenstoff aus dem Leibe. Im Magen, da haben wir das Chlor, und das Chlor zieht sogleich, weil es gierig ist, furchtbar gierig ist, allen Wasserstoff an. Und mit dem Wasserstoff zusammen bildet das Chlor Salzsäure. Diese Salzsäure, die rieselt und rinnt in dem Inneren unseres Magens, und sie ist gierig nach der Nahrung. Wenn wir die Nahrung in den Mund hineinbringen, muß sie zuerst aufgelöst werden durch die Säure, die im Speichel ist, im Ptyalin. Das ist schon etwas, das eben salzsäureähnlich ist. Dann kommt die Nahrung in den Magen. Im Magen drinnen ist das Pepsin. Das ist der Salzsäure ähnlich, nur etwas anders, aber die Salzsäure ist auch im Magen. Nur weil die Salzsäure lebendig wird, ist dann die lebendige Salzsäure das Pepsin. Das nimmt gierig die Nahrung auf. Und wenn ein Mensch zu wenig Salzsäure hat, dann bekommt er gleich einen bitteren Geschmack im Munde. Warum? Weil die Salzsäure eigentlich alle Nahrungsmittel gierig aufnimmt und sie nach dem übrigen Körper hinschickt. Wenn also die Salzsäure nicht ordentlich wirkt, dann ist es so, daß der Mensch im Magen dasjenige liegen läßt, was er genossen hat. Dann dampft es wieder herauf in den Mund; dann hat er diesen bitteren Geschmack, wenn der Dunst heraufkommt, kriegt eine belegte Zunge und so weiter. Es ist so, daß so etwas wie die Salzsäure fortwährend in uns tätig sein muß, damit wir überhaupt unsere Glieder aufbauen können.

Und so können wir sagen: Das Eisen würde uns nicht richtig helfen, wenn wir es nicht anwenden könnten mit dem freien Willen. Wir müssen unsere Glieder aufbauen. Damit wir unsere Glieder aufbauen können, muß sich das Chlor mit Wasserstoff zu Salzsäure bilden. Wir müssen diese Salzsäure in uns haben.

Nun denken Sie sich: Von allem übrigen abgesehen, haben Sie in dem ganzen Körper Salzsäure; Kohlenstoff haben Sie in sich, und vieles andere. Man muß den Menschen nach und nach so betrachten: Wenn das hier der Mensch wäre (es wird gezeichnet), so wäre da überall Salzsäure. Diese Salzsäure muß sich durchdringen mit den Eisenkörperchen, die im Blute sind. Dann wird der Mensch ein solcher Mensch, der frei, kraftvoll seinen Willen entwickeln kann. Worauf kommt also furchtbar viel an beim Menschen? Furchtbar viel kommt darauf an, daß der Mensch richtig das Eisen in sich mit dem verbinden kann, was von der Salzsäure, vom Chlor kommt. Das muß fortwährend im Menschen vor sich gehen, daß sich dasjenige, was aus dem Chlor in ihm kommt, richtig mit dem Eisen verbindet. Nun kann es geschehen, daß namentlich weibliche Körper gerade in der Jugend, wenn sie reif werden, so viel Kraft aufs Reifwerden verwenden müssen, daß sie keine Kraft mehr übrig haben, richtig das, was aus dem Chlor entsteht, mit dem Eisen zu verbinden. Dann haben sie auf der einen Seite Eisen; das beschwert sie und kann sich nicht mit dem verbinden, was auf der anderen Seite aus dem Chlor kommt, weil die Kraft nicht dazu da ist. Da nützt es nichts, wenn man solchen jungen Mädchen, die das Chlor nicht mit dem Eisen verbinden können, bloß einfach Eisen gibt; denn sie können ganz genügend Eisen in sich haben. Es besteht die Bleichsucht, welche die jungen Mädchen kriegen, nicht darinnen, daß sie zuwenig Eisen haben, sondern daß sie das Eisen nicht herüberschieben können zum Chlor. So daß man also diese Kraft in ihnen entwickeln muß, welche das Eisen zum Chlor herüberbringt.

Nun, meine Herren, sehen Sie, wenn Sie auf das Eisen schauen, dann zeigt sich, wenn wir hinausblicken ins Weltenall, daß das Eisen zusammenhängt mit dem Mars. Der Mars ist eigentlich der Schöpfer des Eisens in unserem Planetensystem. Das kann man durch die Beziehungen des

Menschen zum Mars feststellen. Ich habe ja über solche Dinge auch schon hier gesprochen, werde es auch noch künftig tun. Also das Eisen steht mit dem Mars im Zusammenhang.

Wenn wir prüfen: Was hat auf den Menschen einen starken Einfluß, wenn er nicht ordentlich seine Salzsäure erzeugt, wenn sein Magen nicht ordentlich wirtschaftet? – dann sehen wir: Es ist der Merkur, der Stern Merkur, der mit dem Chlor zusammenhängt. So daß wir bei einem jungen Mädchen, das bleichsüchtig ist, sagen können: Da stimmen nicht richtig zusammen der Merkureinfluß, der auf den Magen und seine Fortsetzungen wirken soll, und der Marseinfluß. – Sie sehen also, schauen wir hinauf zum Mars, so können wir sagen: Der erzeugt in uns diejenigen Einflüsse, die es möglich machen, daß wir das Eisen verwenden. – Der Mars muß da sein, damit wir die Kraft haben, das Eisen zu verwenden. Das Eisen muß da sein, damit wir diese Kraft auf den freien Willen anwenden können. Der Mars liefert uns die Kraft des Eisens; die Meteore liefern uns, weil sie das Eisen fortwährend an die Luft abgeben, die Substanz des Eisens. Wir können also sagen: Der Mars ist derjenige Körper im Weltenall, der uns veranlaßt, daß wir das Eisen in der richtigen Weise gebrauchen, das uns die Meteore und die Kometen hereintragen, wenn sie unregelmäßig erscheinen.

Wenn wir sprechen, so sprechen wir durch die Kraft des Mars, verbunden mit den Kometen und Meteoren. Das ist menschliche Sprache. Nicht wahr, man ist gewöhnt, so hinzustieren auf die menschliche Sprache und in ihr nichts Besonderes zu sehen. Aber die Leute, welche heute nachdenken, die können eben eigentlich nicht nachdenken, können unmöglich nachdenken, weil sie ihren Sinn auf etwas ganz anderes wenden als auf dasjenige, was Wirklichkeit ist. Sie können das an Kleinigkeiten sehen. Wir haben hier neulich eine Feuerprobe gemacht. Bei der macht man natürlich alles, was man macht, wenn ein wirkliches Feuer ist. Das Katholische Sonntagsblatt hat berichtet, daß hier ein wirkliches Feuer war und daß das Feuer nur bald gelöscht worden ist! Sie sehen, meine Herren, die Leute wissen über dasjenige, was es gar nicht gibt, nachzudenken; aber über dasjenige, was es gibt, denken sie nicht nach! Das ist eben gerade das, was die Leute heute so auszeichnet: sie denken über alles dasjenige nach, was es nicht gibt, aber sie haben gar keinen Sinn dafür, nachzudenken über das, was es gibt. Derjenige, der fortwährend nachdenkt über das, was es nicht gibt, der verliert allen Sinn für die Wirklichkeit. Und das ist bei den heutigen Menschen so sehr der Fall. Nicht wahr, wer ein so verkrüppeltes Denken hat – denn das ist ja ein verkrüppeltes Denken, wenn man fortwährend lügt –, der verliert allen Sinn für die Wirklichkeit.

Also der Marseinfluß und der Kometeneinfluß erzeugen in dem Menschen den freien Willen und daß wir unsere Glieder mit freiem Willen gebrauchen können. Das muß aber in dem Menschen in der richtigen Weise mit dem Merkur zusammenwirken. Der Merkur ist es, der in unserem Magen die richtige Salzsäurezusammensetzung erzeugt. Geradeso wie wir im Kopfe die Soda brauchen, so brauchen wir im Magen das, was von der Salzsäure kommt. Das ist sehr schön, meine Herren, denn dem Kopfe übergibt die Soda das Licht und auch dem Embryo, dem Menschenkeim, der ja hauptsächlich zum Kopfe wird. Wenn der Mensch ausreift, dann übernimmt das, was mit seinem Magen zusammenhängt, die Salzsäure. Und wenn sich die Salzsäure mit dem Natrium verbindet, das überall ist, dann entsteht unser gewöhnliches Kochsalz. Im Kopfe brauchen wir Soda, mit der wir auch bleichen. Im Magen brauchen wir Kochsalz. Das wird nicht nur mit den Speisen zusammen eingenommen, sondern wird fortwährend erzeugt, damit da unten auch das Licht hinkommen kann; denn sowohl die Soda wie das Kochsalz sind Träger des Lichtes, lassen es durch.

Nun, meine Herren, wir salzen uns nicht umsonst unsere Speisen. Wir salzen uns unsere Speisen, weil wir eigentlich immer ein bißchen zuwenig eigenes Salz absondern. Dadurch halten wir unseren Zusammenhang mit der Natur aufrecht. Wir sehen also: Der Marseinfluß muß richtig mit dem Merkureinfluß zusammenstimmen. Dann wird unser Wille richtig auf das auftreffen in unseren Gliedern, was eben in unseren Gliedern an Eisen notwendig ist und an sonstigem, damit wir unsere Glieder mit einem tüchtigen, freien Willen gebrauchen können.

Nun können Sie schon zum Beispiel bei bleichsüchtigen Mädchen sehen: Da kommt eben das nicht richtig zusammen, was aus dem Magen kommt, mit der Salzsäure zusammenhängt, und was als Eisen da kommt. Das kann nicht richtig zusammenkommen. Nun muß man natürlich untersuchen, ob nicht vielleicht in einem besonderen Fall es so ist, daß zuwenig Eisen da ist. Gewiß, das kann auch sein, kann auch die Ursache der Bleichsucht sein. Die Ursache der Bleichsucht kann aber auch sein, daß zuwenig Chlor da ist. Aber in den meisten Fällen ist das nicht so, sondern in den meisten Fällen ist es so, daß die beiden einfach nicht zusammenkommen können. Der Mars und der Merkur im Menschen können nicht zusammenkommen. Das ist meistens die Ursache der Bleichsucht.

Das ist eben in der heutigen Medizin zum Beispiel der Fall: Die Leute wollen überall einerlei Ursache haben; aber Krankheiten können nach außen ganz gleich ausschauen und können nach innen ganz verschieden sein! Hat also ein junges Mädchen die Bleichsucht, so muß man nicht nur fragen: Hat sie zuwenig Eisen, zuwenig Chlor? – sondern man muß sich auch fragen: Oder passen die beiden nur nicht zusammen? – Wenn das junge Mädchen zuwenig Eisen hat, dann muß man sehen, daß man Eisen in der richtigen Weise in sie hineinbringt. Ja, aber das ist gar nicht so leicht! Denn wenn Sie das Eisen in den Magen hineinbringen, wie es meistens geschieht, dann muß erst das Chlor die Neigung haben, die Neigung zum Annehmen des Eisens im Magen, sonst bleibt das Eisen im Magen liegen, geht durch die Gedärme ab und kommt gar nicht in den Menschen hinein. Also müssen wir erst den Weg suchen, um den Merkureinfluß, den Chloreinfluß überhaupt in den Menschen hineinzubringen.

Und da ist es von großer Wichtigkeit, daß man das Eisen nicht einfach als Eisen gibt, sondern daß man sich sagt: Ich muß das Eisen so in den Magen hineinbringen, daß das Eisen vom Chlor im Magen irgendwie angenommen wird. – Dazu aber muß man eine Medizin bereiten, zum Beispiel aus Spinat. Der Spinat hat Eisen. Man kann auch eine Medizin aus anderen Stoffen machen, sagen wir zum Beispiel aus Anissamen und so weiter; aber hauptsächlich ist es notwendig, daß man dann den Spinat nicht so verwendet, wie er da ist – der kann zwar auch dienen, wenn man ihn einfach essen läßt –, sondern daß man eine Medizin macht aus dem Eisen, das im Spinat enthalten ist. Dann ist darin, wie das Eisen im Spinat verteilt ist, die Kraft, daß sie das Eisen nun auch bis zum Blut heraufbringen kann. Also in einem solchen Falle, wenn man entdeckt, daß zuwenig Eisen da ist, muß man versuchen, auf diese Weise das Eisen in das Blut hineinzubringen.

Aber die Bleichsucht kann auch darauf beruhen, daß zuwenig Fett im Magen liegt, um Chlor zu erzeugen. Ja, irgendein Naturforscher hat bemerkt, daß bei der Bleichsucht zuwenig Chlor erzeugt wird; deshalb hat man dann der Bleichsucht auch den Namen Chlorose gegeben. Aber die Zusammenhänge wissen die Leute nicht. Da muß man dann aber nicht versuchen, einfach Salzsäure in den Magen hineinzubringen, denn diese kann vielleicht ganz genügend da sein, namentlich wenn man sie von außen hineinbringt. Es handelt sich darum, daß das Chlor vom Magen selber erzeugt wird, daß der Magen die Kraft hat, Chlor zu erzeugen. Das eigene Chlor braucht der Mensch, nicht das von außen hineingetragene! Und dazu ist es notwendig, daß man etwas in den Magen hineinbringt, was man in bestimmter Bearbeitung aus Kupfer bereitet. Dann macht man den Magen wieder geneigter, Chlor zu bilden. Sie sehen also, man muß überall in die Dinge hineinschauen. Aber meistens ist es bei der Bleichsucht nicht die Eisenarmut, nicht die Chlorarmut, sondern daß beide nicht zusammenkommen können. Mars und Merkur können im Menschen nicht zusammenkommen.

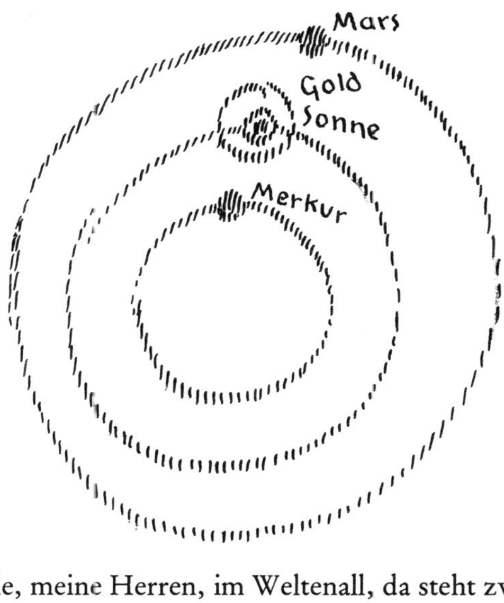

Ja, sehen Sie, meine Herren, im Weltenall, da steht zwischen Merkur und Mars die Sonne (siehe Zeichnung). Geradeso wie der Mars mit dem Eisen verwandt ist, ist der Merkur entweder mit dem Quecksilber oder

Kupfer verwandt. Braucht man also bei der Armut an Chlor den Merkureinfluß, bei der Armut an Eisen den Marseinfluß, so handelt es sich, wenn die beiden nicht zusammenkommen können, dann darum, die Sonnenkraft, die dazwischen liegt, stärker zu machen im Menschen. Denn das, was Chlor und Eisen zusammenbringt, das ist die Sonnenkraft im Menschen. Und die kann man anfachen, wenn man dem Menschen in ganz kleinen Mengen Gold beibringt. Wenn man dann versucht, zu kurieren mit Gold – natürlich wieder in ganz bestimmter Zubereitung, sonst bleibt es wieder im Magen liegen –, kann man Mars und Merkur wieder zusammenbringen.

Also Sie sehen, bei derlei Kranken können dreierlei Heilmittel in Betracht kommen. Das gibt es nicht, daß man einfach nach den Krankheitsnamen heilen kann, sondern es muß entweder ein Präparat aus Kupfer oder ein Präparat aus Eisen, das aus der Pflanze gewonnen werden muß, aus Spinat zum Beispiel, verwendet werden. Oder es kann das Gold notwendig sein – aber in entsprechender Zubereitung –, damit die beiden zusammenkommen. Es ist nämlich so: Wenn man nur dasjenige kennt, was sich hier auf der Erde abspielt im Menschen, dann kann man gar nichts wissen vom Menschen; dann kommt man dazu, das, was gleich aussieht, auch gleich zu benennen. Aber das wäre gerade so, wie wenn einer ein Rasiermesser zum Fleischschneiden verwenden wollte, weil es ein Messer ist. Bleichsucht ist eben nicht immer dasselbe. Man müßte sagen: Es gibt eine eisenarme Bleichsucht, es gibt eine chlorarme Bleichsucht und es gibt eine Bleichsucht, wo die beiden nicht zusammenstimmen, ebenso wie man sagen muß, es gibt Rasiermesser, Tischmesser und Federmesser. – Aber die Menschen, nicht wahr, die sind schon so, daß sie alles immer zusammenwerfen. Geradeso wie einer, der sagt: Ach was, was auf den Tisch kommt, sind Zutaten zu dem, was man ißt – und da salzt er sich seinen Kaffee, da Salz eine Zutat ist und Zucker eine Zutat ist. So sind die Leute, wenn sie in die Welt hinausschreien: Bleichsucht ist Bleichsucht. Das ist aber ebenso Unsinn wie: Zutat ist Zutat. Denn wenn man eine Bleichsucht, die auf Disharmonie beruht, kuriert auf Eisen, so tut man dasselbe, wie wenn man sich den Kaffee salzt.

Sehen Sie, meine Herren, da kommen Sie eben darauf, wie tatsächlich überall das gesucht werden muß, was nicht so naheliegt wie die Nase. Es ist ja tatsächlich so: Unsere Wissenschaft ist bis auf die Nasenlänge schon gekommen; denn wenn man ins Mikroskop schaut, dann stößt die Nase immer bis ans Mikroskop. Im Leben ist es nicht so einfach. Da kommt man mit der Nase lange nicht vorwärts. Da sagt man: Der sieht nicht weiter, als seine Nase geht. – Diejenigen, die heute im Mikroskop untersuchen, die sehen auch nicht weiter, als die Nase geht! Aber man muß bis zum Mars hinaufschauen, wenn man dasjenige sehen will, was im gewöhnlichen Eisen Bedeutung hat. Warum? Man kann ganz genau die Zusammenhänge eben dann nur finden, wenn man in dieser Weise überall ins Weltenall hinausgeht. Es ist keine Erdichtung, wenn man vom Mars spricht und sagt, daß er diese oder jene Fähigkeit hat. Es ist nicht so, daß man einfach irgendein dumpfes, unbestimmtes Hellsehen entwickelt, das bis auf den Mars hinaufschaut, sondern man muß vieles kennenlernen, man muß den Marseinfluß im Menschen kennenlernen; dann kann man natürlich vom Mars sprechen, sonst nicht. Und ebenso ist es eben durchaus mit den anderen Planeten. Und wir können zum Beispiel sagen: Wir werden immer finden, daß wenn einem Menschen namentlich innerlich etwas fehlt, wie es bei der Bleichsucht der Fall ist – wenn also das Eisen nicht erfaßt werden kann –, dann hängt das mit dem zusammen, daß der Merkur auf den Menschen nicht richtig wirkt. Wenn dem Menschen etwas äußerlich fehlt, dann hängt das damit zusammen, daß der Mars nicht richtig auf den Menschen wirkt.

Nun, meine Herren, sehen Sie, es gibt junge Mädchen, die bekommen, wenn sie reif werden, die Bleichsucht. Das deutet darauf hin, daß innerlich etwas nicht in Ordnung ist. Da ist der Merkureinfluß zu schwach; wir müssen ihn durch den Goldeinfluß stärker wirksam machen. Es gibt aber Knaben – Sie wissen, bei Knaben geschieht das Reifwerden nicht dadurch, daß etwas Innerliches geschieht; während bei Mädchen in innerlicher Weise die Periode eintritt, geht es bei den Knaben nach außen: der Stimmwechsel tritt ein, die Mutierung der Stimme –, bei denen tritt sehr häufig etwas anderes ein: die können gerade da etwas Heiseres in ihre Stimme aufnehmen. Das ist bei den Knaben das Entsprechende der Bleichsucht wie bei den Mädchen – Knaben können auch bleichsüchtig werden; dann ist etwas innerlich nicht in Ordnung –, aber was bei dem Knaben dasselbe bedeutet, das ist, daß der Stimmwechsel nicht ordentlich auftritt, besonders in eine gewisse Heiserkeit hineinkommt, wie es bei sehr vielen Menschen der Fall ist. Dann ist nicht der Merkureinfluß der eigentliche Attentäter, sondern der Marseinfluß. Wenn man aber noch immer sich sagt – da ja der Mars nicht nur das Eisen gibt, das Eisen geben auch die Meteore –: Man muß den Marseinfluß verstärken – da kann es auch sein, daß man mit dem Gold, mit dem Aurum diesen Marseinfluß verstärken kann. Sie sehen, das Reifwerden in der Jugend äußert sich auf ganz verschiedene Weise: Bei den Mädchen, daß sie mehr unter dem Merkureinfluß stehen, bei den Knaben, daß sie mehr unter dem Marseinfluß stehen, zur Heiserkeit neigen oder, wenn sie nicht immer heiser sind, wenigstens in jedem Winter heiser werden.

Diese Dinge müssen heute durch die Geisteswissenschaft erforscht werden. Die andere Wissenschaft hat überhaupt gar keinen Begriff von diesen Dingen. Nun, meine Herren, Sie sehen, es handelt sich also darum, daß man dasjenige, was in der Pflanze schon die richtige Verteilung von Eisen gibt, in der richtigen Weise in den Magen hineinbringt, wenn Bleichsucht auf der Eisenarmut beruht und dergleichen. Sie sehen, die menschliche Natur lernt man nur richtig kennen, wenn man sie auf die ganze Sternenwelt bezieht. Da kommt man eigentlich nicht zu Ende, sondern da muß man durchaus sich klar sein darüber, daß alles, was man am Himmel als Sterne sieht, den entsprechenden Einfluß auf den Menschen hat. Also das ist von großer Wichtigkeit.

Das Nächste wollen wir dann am nächsten Mittwoch weiter behandeln. Vielleicht fällt Ihnen da wieder etwas ein, was Sie gerade im Anschluß an diese Sache wissen möchten. Da können Sie dann auch die Frage stellen: Wie soll die Volksernährung zur Volksgesundung stehen? – Vielleicht daß Sie das eine oder andere bemerken über ausbrechende Volkskrankheiten und so weiter. Darüber können wir dann noch reden. Also denken Sie darüber nach! Vielleicht können Sie bis zum nächsten Mittwoch etwas finden, was Sie gerade im Anschluß an die Frage über die Ernährung werden wissen wollen.

SIEBENTER VORTRAG

Dornach, 31. Oktober 1923

Guten Morgen! Ist Ihnen etwas eingefallen?

Fragesteller: Herr Doktor hat davon gesprochen, daß Volkskrankheiten ausbrechen könnten und wie sie eventuell zu bekämpfen wären. Nun ist eine Epidemie ausgebrochen, die Kinderlähmung, die auch die Erwachsenen ergriff. Könnte Herr Doktor etwas darüber sagen?

Ist es schädlich für den Menschen, wenn man Pflanzen im Zimmer hat?

Dr. Steiner: Was die Frage wegen der Pflanzen im Zimmer betrifft, so ist das so, sehen Sie: Dieses ist im Großen in der Natur absolut gültig, daß die Pflanzen Sauerstoff von sich geben, den der Mensch dann einatmet, und daß der Mensch selber die Kohlensäure ausatmet. Also dasjenige, was die Pflanze braucht, atmet der Mensch aus; dasjenige, was der Mensch braucht, strömt die Pflanze aus. Das ist im ganzen richtig. Nun, wenn man Pflanzen im Zimmer hat, muß man noch folgendes beachten. Wenn man Pflanzen bei Tag im Zimmer hat, dann geschieht ungefähr der Vorgang, von dem ich gesprochen habe. Wenn man Pflanzen in der Nacht im Zimmer hat, dann ist es so, daß die Pflanzen allerdings in der Nacht auch etwas Sauerstoff brauchen. Während der Nacht verhält sich die Pflanze etwas anders; sie braucht nicht in demselben Maße Sauerstoff wie der Mensch, aber sie braucht Sauerstoff. Also da macht sie, gerade wenn es finster ist, Anspruch auf dasjenige, was sie sonst dem Menschen gibt. Nun ist es natürlich nicht so, daß der Mensch den Sauerstoff vollständig zu entbehren hat, aber er kriegt zuwenig, und das wirkt dann giftig. Die Dinge gelten im großen und ganzen für das Naturdasein. Natürlich ist es wiederum so: Jedes Wesen hat etwas in sich, das etwas braucht, was die anderen auch brauchen. So ist es bei den Pflanzen, wenn man streng beobachten würde. Stellt man die Pflanzen, die man im Zimmer hat, in der Nacht, wenn man schläft, heraus, dann würde diese Giftigkeit nicht eintreten. Das in bezug auf diese Frage.

Nun, was die gerade jetzt auch in der Schweiz so stark auftretende Kinderlähmung betrifft, so ist es ja tatsächlich heute noch etwas schwierig, über diese Krankheit zu sprechen, aus dem Grunde, weil sie in der Form, wie sie jetzt auftritt, eigentlich erst seit einiger Zeit auftritt und man abwarten muß, was sie noch alles für besondere Symptome annimmt. Wir haben ja durchaus in der Stuttgarter Klinik zum Beispiel auch einen schweren Fall von Kinderlähmung gehabt; jedoch nach dem Bilde, das man heute schon haben kann – man kann ja immer nur nach den Fällen, die vorgekommen sind, urteilen –, nach den Fällen, die wir kennengelernt haben, die bei uns vorgekommen sind, muß man heute sagen, daß die Kinderlähmung, wie ja ihr Ausgangspunkt, die Grippe, die zu so sehr vielen Folgekrankheiten führt, auch eine außerordentlich komplizierte Sache ist. Und sie scheint nur zu bekämpfen zu sein, wenn man den ganzen Körper behandelt. Gerade neulich ist hier in ärztlichen Kreisen die Rede davon gewesen, wie man die Kinderlähmung bekämpfen soll. Es ist heute eben ein starkes Interesse dafür vorhanden, weil die Kinderlähmung im Grunde genommen mit jeder Woche sich mehr ausbreitet. Man nennt sie «Kinderlähmung», weil sie bei den Kindern am meisten auftritt. Aber es ist neulich ein Fall vorgekommen, wo ein junger Arzt – da ist man ja nicht mehr ganz Kind, wenn man ein junger Arzt ist – ich glaube am Samstag noch ganz frisch war, am Sonntag von der Kinderlähmung befallen wurde und am Montag tot war. Also die Kinderlähmung ergreift den Menschen unter Umständen in einer außerordentlich raschen Weise, und man könnte eigentlich besorgt sein, daß sie zu einer sehr schweren Epidemie sich ausbilden könnte.

Nun hängt sie ganz sicher zusammen, wie die Grippe selbst auch, mit unseren schwierigen Zeitereignissen. Es ist ja so: Seit es uns in Stuttgart in unserem Biologischen Institut gelungen ist, die Wirkungen kleinster Teile von Stoffen nachzuweisen, seit der Zeit muß über diese Dinge eigentlich ganz anders noch geredet werden; gerade auch in der Öffentlichkeit müßte anders noch geredet werden als sonst.

Wir haben in Stuttgart ja einfach gezeigt, daß man, wenn man irgendeinen Stoff nimmt, ihn auflöst, ihn ganz stark verdünnt, mit diesem verdünnten Stoff eine Wirkung erzielt. Man gibt von einem Stoff eine ganz kleine Menge in ein Wasserglas: man verdünnt ihn also so, daß man einen Teil von dem Stoff in neun Teile Wasser gibt, er also zehnmal verdünnt ist. Jetzt nimmt man von dem, was man da hat, was nur noch das Zehntel von der ursprünglichen Substanz enthält, wiederum einen Teil; den behandelt man wieder so, daß man ihn in ein Wasserglas gibt und ihn wiederum auf die Größe von 1:10 ausdehnen läßt. Jetzt hat man ihn schon 10 mal 10 verdünnt; das erste Mal 1:10, das zweite Mal, wenn man die Tropfenmenge verdünnt hat mit einer Verdünnung 10 mal 10, gibt das also zwei Nullen, 1:100. Wenn Sie die jetzt weiter verdünnen, wenn Sie also wiederum eine solche Menge nehmen und sie in neun Teile Wasser bringen, so müssen Sie wiederum eine Null anhängen, dann haben Sie 1:1000. Jetzt hat man nur noch das Tausendstel der Substanz drinnen. So haben wir in Stuttgart die Verdünnung gebracht bis zu eins zu einer Trillion – das ist mit 18 Nullen; so weit und sogar noch weiter haben wir verdünnt.

Also Sie können sich denken, daß da nur noch eine Spur drinnen ist von der ursprünglichen Substanz, und daß es eigentlich gar nicht mehr ankommt auf das, wieviel von der ursprünglichen Substanz drinnen ist, sondern wie diese Substanz als Verdünnungsmittel wirkt. Das Verdünnungsmittel wirkt ganz anders. Diese Verdünnungen also sind in Stuttgart gemacht worden. Dieses wird nicht so leicht jemand nachmachen. Höchstens die deutsche Valuta wird das nachmachen können, aber sonst nicht so leicht jemand. – Das ist mit den allerverschiedensten Stoffen gemacht worden. Wir haben es dann weiterhin so gemacht, daß wir eine kleine Art von Blumentöpfen genommen haben und da hinein dasjenige gegeben haben, was wir da bekommen haben. Also zunächst gewöhnliches Wasser, die gewöhnliche Lösung, dann dasjenige, wo das Zehntel drinnen war, dann das mit dem Hundertstel, dann das mit dem Tausendstel, dann das mit dem Zehntausendstel, mit dem Hunderttausendstel und so weiter bis zu einer Trillion. Also dies ist gemacht worden. Dann haben wir in die Blumentöpfchen Samen, Weizenkörner hineingesetzt. Das Weizenkorn wächst (es wird gezeichnet), und es wächst in der Verdünnung besser als in der Nichtverdünnung! Und so geht das fort. Sehen Sie, man bekam bei der weiteren Verdünnung also immer schnelleres Wachstum: eins, zwei, drei, vier, fünf und so weiter, bis man heraufkam zu der zwölften Verdünnung. Bei der zwölften Verdünnung ging es wiederum zurück, wurde wiederum kleiner. Dann stieg es wiederum hinauf und ging dann wiederum herunter.

Also auf diese Weise bekommt man die Wirkung von kleinsten Substanzen heraus. Die Wirkung von kleinsten Substanzen – das ist sehr merkwürdig, sehen Sie –, die ist rhythmisch! Verdünnt man, so bekommt man zuletzt bei einer gewissen Verdünnung das stärkste Wachstum, dann geht es wieder herunter, dann geht es wieder herauf; das geht rhythmisch. So daß man sieht: Wenn die Pflanze aus der Erde herauswächst, dann wirkt auf sie etwas, je nachdem sie belastet ist mit den Stoffen, was rhythmisch in der Umgebung wirkt. Da wirkt sozusagen die Erdenumgebung herein; das sieht man ganz deutlich.

Nun, wenn man sich darüber klar ist, daß kleinste Mengen etwas wirken, so wird man auch keine Bedenken mehr tragen, anzuerkennen, daß in solchen Zeiten wie jetzt, wo so viele Menschen unrichtige Nahrungsmittel zu sich nehmen und dann als Leichnam in der Erde verwesen, daß das anders wirkt! Das ist natürlich für die ganze Erde in starker Verdünnung, aber es wirkt eben anders, als wenn die Menschen gesund leben. Und das ist doch wieder in der Nahrung enthalten, die aus der Erde herauswächst. Das essen die Leute mit. So daß man sagen kann: Das ist etwas, was durch die Zeitverhältnisse mitbewirkt wird. Natürlich machen sich das die Leute mit der groben materialistischen Wissenschaft nicht klar, weil die sich sagen: Nun ja, was soll das, was man da in die Erde hereinlegt als Menschenleib, für die ganze Erde eine Bedeutung haben? – Es ist sehr verdünnt natürlich, was da vom Menschen hineinkommt, aber es wirkt.

Sehen Sie, meine Herren, da ist es dann gut, wenn wir überhaupt einmal über die ganze Pflanze sprechen. Die Gesundheitsverhältnisse der Menschen hängen ganz vom Pflanzenwachstum ab, und deshalb muß man kennen, was da im Pflanzenwachstum eigentlich alles mitwirkt.

Gerade das mit der Kinderlähmung hat mich ungeheuer stark beschäftigt, und es ist dabei herausgekommen, daß man eigentlich den ganzen Menschen behandeln muß. Es haben sich auch schon Anhaltspunkte für allerlei Heilmittel gerade für die Kinderlähmung ergeben. Dieses ist wahrscheinlich von einer großen Wichtigkeit, weil die Kinderlähmung in der Zukunft eine wirklich schmerzliche Rolle spielen könnte. Es ist natürlich eine Frage, die einen tief beschäftigt, und ich habe mich gerade damit beschäftigt. Es wird wahrscheinlich ein Arzneimittel hergestellt werden müssen, das da besteht aus Sodabädern, arseniksaurem Eisen und aus einer besonderen Substanz noch, die genommen wird aus dem Kleinhirn, aus dem hinteren Teil des Hirnes bei den Tieren. Also es wird ein sehr kompliziertes Heilmittel geben müssen gerade bei einer solchen Kinderlähmung. Sehen Sie, hier handelt es sich bei einer solchen Krankheit, die aus sehr verborgenen Ursachen kommt, darum, daß sie auch gerade kompliziert wieder wird geheilt werden müssen. Die Dinge sind eigentlich heute durchaus aktuell, und es ist gut, wenn Sie sich klarmachen, wie das ganze Pflanzenwachstum vor sich geht.

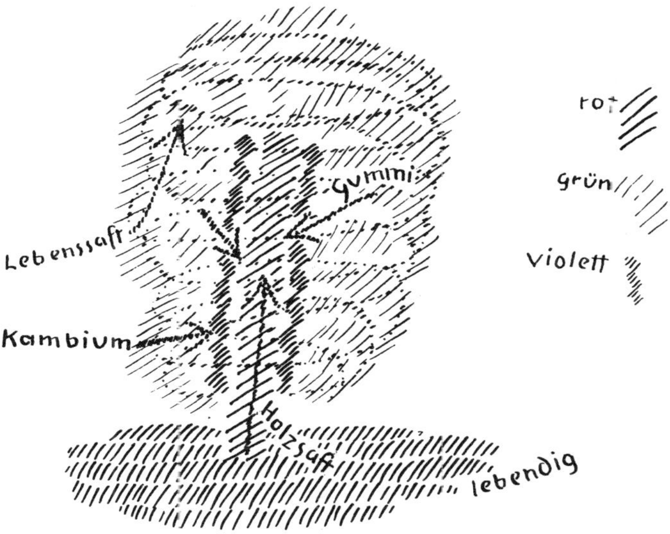

Da wächst also die Pflanze aus dem Erdboden heraus. Ich will es heute so darstellen, wie es gerade der Frage entspricht, die der Herr Dollinger gestellt hat (siehe Zeichnung). Nun wächst aus dem Keime die Wurzel heraus. Nehmen wir zunächst einen Baum; wir können dann zu der gewöhnlichen Pflanze übergehen. Wenn wir einen Baum nehmen, so wächst da der Stamm heraus. Ja, meine Herren, sehen Sie, schon dieses Wachsen des Stammes ist etwas außerordentlich Merkwürdiges. Dieser Stamm, der da wächst, der ist eigentlich nur dadurch gebildet, daß er Saft von der Erde nach oben gehen läßt, und dieser Saft, der aufsteigt – also das, was ich hier rot gezeichnet habe –, dieser aufsteigende Saft, der reißt mit sich alle möglichen Salze und Bestandteile der Erde; dadurch ist der Stamm überhaupt fest. Wenn Sie also Holz anschauen aus dem Stamm eines Baumes, so haben Sie einen aufsteigenden Saft, und dieser Saft reißt dann die festen Staubteile der Erde mit, allerlei Salze, also sagen wir kohlensaures Natrium, Eisensalzbestandteile in den Pflanzen. Alles das wird nun da mitgerissen, und dadurch ist das Holz in sich fest. Nun, das Wesentliche ist, daß da der Saft aufsteigt.

Was geschieht denn da eigentlich? Sehen Sie, da kommt, wenn da das aufsteigt, das Feste, das Erdige, zum Flüssigen, und wir haben da aufsteigend Erdig-Flüssiges. Erdig-Flüssiges steigt da auf, es ist solch ein dicklicher, erdig-flüssiger Stoff. Das Flüssige verdunstet dann, und das Erdige bleibt zurück. Das, was da erdig zurückbleibt, das ist das Holz. Wenn der Saft nun da hinaufsteigt, so entsteht er nicht etwa da (es wird auf die Zeichnung hingewiesen), sondern dieser Saft, der da im Holz aufsteigt – nennen wir ihn Holzsaft –, der ist eigentlich in der ganzen Erde enthalten, so daß die Erde in dieser Beziehung ein einziges großes Lebewesen ist. Dieser Holzsaft, der im Baum nach aufwärts steigt, der ist im Grunde, wie gesagt, in der ganzen Erde vorhanden; nur, in der Erde ist dieser Saft eigentlich etwas ganz Besonderes. Er wird erst zu dem, was er im Baume darstellt, er wird erst dazu im Baume. In der Erde ist er nämlich der eigentlich erdenbelebende Saft. Die Erde ist wirklich ein Lebewesen. Und das, was dann in den Baum hinaufsteigt, das ist in der ganzen Erde; durch das lebt die Erde. Im Baum, da verliert nämlich dieser Saft seine Lebensfähigkeit, er wird ein Chemiker, da hat er nur noch chemische Kräfte.

Wenn Sie also einen Baum anschauen, so müssen Sie sich sagen: Das Erdig-Flüssige im Baum, das ist chemisch geworden, und in der Erde selber drunten, da war es noch lebendig. Es ist also der Holzsaft zum Teil gestorben, indem er in den Baum hinaufging.

Wenn nichts anderes wäre, dann würde überhaupt niemals eine Pflanze entstehen, sondern es würden nur Stümpfe entstehen, die nach oben absterben und in denen chemische Vorgänge sich abspielen. Aber da kommt ja das, was sich aus dem Holzsaft bildet, der Stamm, in die Luft heraus – und die Luft ist immer von Feuchtigkeit durchsetzt –, er kommt in die feuchte Luft heraus, in das Feuchte, in das Wäßrig-Luftige. Der Holzsaft – mit dem, was er erzeugt – kommt also aus dem Erdig-Flüssigen in das Flüssig-Luftige. Und im Flüssig-Luftigen, da bildet sich wiederum das Leben neu, so daß sich der Stamm ringsherum besetzt mit dem, was dann im grünen Laub lebt (es wird gezeichnet) und zuletzt in der Blüte und in allem, was da draußen ist. Das wird wiederum zum Leben erweckt. Im Laub, im Blatt, in der Blüte und in der Knospe, da lebt wiederum Lebenssaft; der Holzsaft ist abgestorbener Lebenssaft. Im Stamm stirbt fortwährend das Leben ab, im Blatte macht es sich neu. So daß wir sagen müssen: Wir haben Holzsaft, der steigt nach oben; dann haben wir Lebenssaft. – Was tut denn der? Sehen Sie, der Lebenssaft der kreist da herum und erzeugt überall die Blätter. Daher können Sie auch solche Spiralen, in denen die Blätter angeordnet sind, beobachten. Der Lebenssaft, der kreist also eigentlich herum. Und der rührt aus dem Flüssig-Luftigen her, in das die Pflanze kommt, wenn sie aus dem Erdig-Flüssigen herausgewachsen ist.

Sehen Sie, meine Herren, daß der Stamm, der Holzstamm tot ist und nur das da hier bei der Pflanze lebt, was sich ringsherum ansetzt, das können Sie auf eine sehr einfache Weise beweisen, nämlich folgendermaßen: Denken Sie einmal, Sie gehen an einen Baum heran, haben da den Holzstamm, dann haben Sie da die Rinde, und in der Rinde drinnen, da wachsen nun die Blätter darinnen (es wird gezeichnet). Jetzt gehe ich her und schneide die Rinde weg – dadurch kommt das Blatt auch weg –, hier lasse ich aber die Blätter daran mit der Rinde. Und die Geschichte stellt sich so heraus, daß *hier* der Baum lebendig, frisch bleibt, und daß er *da* anfängt, abzusterben. Das Holz allein mit seinem Holzsaft kann den Baum nicht lebendig erhalten. Da muß von außen einfließen dasjenige, was mit den Blättern kommt; das enthält wieder das Leben. Wir sehen auf diese Weise: Die Erde kann zwar den Baum heraustreiben, aber sie müßte ihn sterben lassen, wenn er nicht von außen, von der feuchten Luft das Leben gekriegt hätte; denn im Baum drinnen ist der Holzsaft nur ein Chemiker, kein Lebenserreger. Das Leben, das herumkreist, das macht sein Leben aus. Und man kann eigentlich sagen: Wenn der Holzsaft im Frühling aufsteigt, so wird in der Erde der Baum neu. Wenn dann im Frühling der Lebenssaft wieder neu herumkreist, wird der Baum jedes Jahr neu lebendig. Die Erde wirkt auf den Holzsaft, das Erdig-Flüssige; das Flüssig-Luftige wirkt auf den Lebenssaft.

Das ist aber noch nicht zu Ende, sondern jetzt, während das geschieht, bildet sich zwischen der Rinde, die noch vom Lebenssaft durchzogen ist, und dem Holz eine neue Pflanzenschicht; da kann ich gar nicht mehr sagen, daß sich da ein Saft bildet. Hier habe ich gesagt: Holzsaft, Lebenssaft; aber hier kann ich nicht mehr sagen, daß sich ein Saft bildet, weil das, was sich da bildet, ganz dicklich ist. Es heißt das Kambium. Das bildet sich darinnen zwischen der Rinde, die noch zu den Blättern gehört, und dem Holz. Wenn ich also das da hier wegschneide (es wird gezeichnet), so bildet sich da drinnen kein Kambium. Aber das Kambium, das braucht die Pflanze auch in einer gewissen Weise. Der Holzsaft bildet sich im Erdig-Flüssigen, der Lebenssaft bildet sich im Flüssig-Luftförmigen, und das Kambium bildet sich in der warmen Luft, im Warmig-Luftigen oder im Luftig-Warmen. Die Pflanze entwickelt Wärme, indem sie von außen das Leben empfängt. Diese Wärme schickt sie in ihr eigenes Inneres, und aus dieser Wärme bildet sich da drinnen das Kambium. Oder, wenn sich noch nicht Kambium bildet – das Kambium braucht die Pflanze, Sie werden gleich noch hören wozu –, aber bevor das Kambium sich bildet, bildet sich schon etwas Dickliches: das ist der innere Pflanzengummi. In ihrer Wärme bilden die Pflanzen nach innen auch den Pflanzengummi, der unter Umständen ein wichtiges Heilmittel ist. Also der Holzsaft reißt die Pflanze nach aufwärts, die Blätter beleben die Pflanze; dann aber bilden wiederum die Blätter, indem sie die Wärme erregen, den Gummistoff, der wiederum zurück auf das Kambium wirkt. Und bei alten Pflanzen, bei ganz alten Pflanzen hat sich dieser Gummi, indem er zur Erde heruntergegangen ist, durchsichtig gemacht. Als die Erde noch weniger fest war, noch feucht-flüssig war, hat er sich durchsichtig gemacht, und da ist er zum Bernstein geworden. Also Sie sehen, wenn Sie ein Stück Bernstein nehmen, so ist das dasjenige, was bei einer uralten Pflanze der Erde aus dem Blatt wie Blut herausgeronnen ist, zur Erde herunter: Harz, Pech. Das alles fließt wieder nach unten, das gibt die Pflanze wieder der Erde zurück: Pech, Harz, Bernstein. Und wenn es die Pflanze selber behält, wird es eben das Kambium. Durch den Holzsaft steht die Pflanze mit der Erde in Verbindung; der Lebenssaft bringt die Pflanze in Verbindung mit dem, was um die Erde herumkreist, mit dem luftig-feuchtigen Umkreis der Erde. Aber das Kambium, das bringt die Pflanze in Verbindung mit den Sternen, mit dem, was oben ist. Und da ist es nun so, daß in diesem Kambium drinnen schon die Gestalt der nächsten Pflanze entsteht. Das geht dann auf den Samen über und dadurch wird die nächste Pflanze geboren; so daß die Sterne auf dem Umwege durch das Kambium die nächste Pflanze erzeugen. Also die Pflanze wird nicht aus dem Samen bloß erzeugt – das heißt, sie wird natürlich schon aus dem Samen erzeugt, aber der Samen muß zunächst die Einwirkung vom Kambium, das heißt, die Einwirkung vom ganzen Himmel haben.

Sehen Sie, das ist schon etwas Wunderbares: Wenn man einen Pflanzensamen in die Hand bekommt, so hat dieses anspruchslose, bescheidene kleine Staubkörnchen Samen nur dadurch entstehen können, daß das Kambium – jetzt nicht im Flüssigen, sondern in etwas Dicklichem – die ganze Pflanze nachmacht. Und diese Gestalt, die da drinnen im Kambium entsteht – eine neue Pflanzengestalt –, die überträgt die Kraft auf den Samen, und davon hat der Samen dann die Kraft, wiederum eine neue Pflanze unter der Einwirkung der Erde nach aufwärts wachsen zu lassen.

Also Sie sehen, meine Herren, mit dem bloßen Spekulieren, wenn man einfach das Samenkorn unter das Mikroskop legt, kommt nichts heraus. Da muß man sich klar sein darüber, wie das Ganze zusammenhängt mit dem Holzsaft, Lebenssaft und Kambium. Daher ist auch der Holzsaft ein verhältnismäßig dünnlicher Saft; er ist eigentlich darauf berechnet, daß in ihm leicht chemische Wirkungen sich bilden können. Der Lebenssaft der Pflanze, der ist schon viel mehr dicklich, er sondert ja auch den Gummi ab. Wenn Sie den Gummi ein bißchen dick machen, können Sie wunderbare Figuren daraus machen. Der Lebenssaft also, der hat schon etwas Dicklicheres gegenüber dem Holzsaft, der schmiegt sich schon mehr der Pflanzenform an. Und dann gibt er die ganze Form an das Kambium ab. Das ist noch dicklicher, schon ganz zäh, ist nur noch so weich, daß es die Formen annehmen kann, die ihm von den Sternen gegeben werden.

So ist es beim Baum, so aber auch bei der gewöhnlichen Pflanze. Wenn da die Erde ist und man da das Würzelchen hat, so wächst der Sproß nach oben; aber jetzt setzt es nicht gleich die festen Stoffe ab, es wird nicht zum Holz – es bleibt so wie eben ein Krautstengel ist –, das kommt nicht so weit; dann bilden sich gleich die Blätter daran im Umkreis, spiralig, und dann bildet sich auch da im Inneren gleich das Kambium aus, und das

Kambium nimmt wiederum alles zur Erde mit zurück. So daß bei der einjährigen Pflanze der Prozeß, der ganze Vorgang viel schneller vor sich geht. Beim Baume, da sondern sich nur die festen Bestandteile ab, und es wird nicht gleich alles verwendet. Aber derselbe Vorgang findet auch bei der ganz gewöhnlichen Pflanze statt, nur kommt es nicht so weit wie beim Baume. Beim Baume ist es überhaupt ein ziemlich komplizierter Vorgang. Wenn Sie den Stamm von oben anschauen, haben Sie das so, daß zunächst das Mark darinnen ist – das ist also etwas, was die Richtung angibt; dann bildet sich um das Mark herum das, was Holzablagerungen sind. Geht es jetzt gegen den Herbst zu, da kommt der Gummi von der anderen Seite, und der klebt das Holz zusammen. Jetzt haben wir von einem Jahr das gummierte Holz. Im nächsten Jahr geschieht mit dem, was da aufsteigt, wiederum dasselbe, es muß jetzt nur mehr an einen anderen Ort gehen, wird wiederum zusammengummiert im Herbst, und dadurch, daß immer weiter zusammengummiert wird, entstehen die Jahresringe. Also Sie sehen, alle die Dinge werden sehr erklärlich, wenn man nur innerlich die Vorgänge richtig verstehen kann, wenn man nur weiß, daß da dreierlei Stoffe vorhanden sind: Holzsaft, Lebenssaft und Kambium. Der Holzsaft ist am flüssigsten, der ist also eigentlich ein Chemiker. Der Lebenssaft, der belebt; der ist also eigentlich, wenn ich mich so ausdrücken darf, ein Lebendiger. Und dasjenige, was im Kambium geschieht – ja, da wird eigentlich aus den Sternen heraus die ganze Pflanze gezeichnet. Es ist wirklich so, meine Herren! Da geht der Holzsaft aufwärts, stirbt ab; da entsteht wieder das Leben, und jetzt kommt die Sternenwirkung: da entsteht das, daß aus dem Kambium, das schon zäh, dicklich geworden ist, aus dem Sterneneinflusse die neue Pflanze gezeichnet wird. So daß man im Kambium richtig eine Zeichnung, eine Bildhauerarbeit der neuen Pflanze hat; das wird da hinein gebildhauert. Da wird von den Sternen hineinmodelliert aus dem ganzen Weltenraum dasjenige, was dann die ganze Pflanzenform ist. Da, sehen Sie, kommen wir aus dem Leben in den Geist hinein. Denn was da modelliert wird, das wird aus dem Weltengeist heraus modelliert. Das ist sehr interessant, meine Herren: Die Erde gibt ihr Leben zunächst an die Pflanze ab, die Pflanze stirbt, die Luftumgebung gibt der Pflanze mit ihrem Licht zusammen wiederum das Leben, und der Weltengeist gibt die neue Pflanzenform herein. Die bewahrt sich dann im

Samen und wächst dann wieder auf die gleiche Weise. So daß man also in der aufsteigenden Pflanze einen Weg sieht, wie aus der Erde heraus durch den Tod zum lebendigen Geist die ganze Pflanzenwelt sich aufbaut.

Holzsaft: Erde: Chemisches
Lebenssaft: Umkreis der Erde: Lebendiges
Kambium: Sterne: Geist

Nun werden in Stuttgart noch andere Versuche gemacht. Diese Dinge hier sind außerordentlich lehrreich. Statt daß man bloß das Wachstum untersucht – was also schon wichtig ist, besonders wenn man in die höheren Verdünnungen hinaufkommt von eins zu einer Trillion, was also schon sehr interessant ist –, kann man nämlich noch folgendes machen. Man nimmt ganz verdünnte, auf die beschriebene Weise verdünnte Metalle oder Metallverbindungen, sagen wir zum Beispiel man nimmt Kupferiges, ganz verdünnt, so daß man es in einer Lösung hat. Jetzt gibt man das in einen Blumentopf. Da ist Erde drinnen. In diese Erde gibt man gewissermaßen als eine Art Dünger das Kupfer hinein. Daneben stellt man einen Topf auf, der bloße Erde hat, dieselbe Erde, die aber nicht durch das Kupfer gedüngt ist. Es muß dieselbe Erde sein, aber sie hat nicht das Kupfer. Nun nimmt man wiederum ganz dieselben Pflanzen – die Pflanzen müssen möglichst gleich weit im Wachstum sein –, setzt die eine Pflanze hinein in die mit Kupfer also gewissermaßen gedüngte Erde, und die andere Pflanze setzt man in die Erde hinein, in der keine Kupferdüngung enthalten ist. Und das Merkwürdige stellt sich heraus, gerade wenn man das Kupfer recht stark verdünnt hat, daß die Blätter hier am Rande Runzeln kriegen – die anderen kriegen keine Runzeln, wenn sie glatte Blätter haben, nicht schon von vornherein Runzeln haben. Deshalb muß man dieselbe Erde nehmen, weil viele Erden ja schon von früher das Kupfer enthalten. Man muß dieselbe Erde nehmen – das eine Mal verkupfert man sie – und man muß die gleiche Pflanze nehmen, damit man das genau vergleichen kann.

Nun nimmt man eine dritte Pflanze, gibt in ein drittes Gefäß wiederum dieselbe Erde hinein, gibt ihr aber jetzt statt Kupfer Blei hinein. Da fällt es den Blättern gar nicht ein, sich zu runzeln, sondern sie werden in der Spitze dürr und blättern ab, werden also welk am Ende und blättern ab, wenn man Blei hineintut. Jetzt haben Sie auf einmal ein ganz merkwürdiges Bild. Diese Untersuchungen werden in Stuttgart gemacht, und sie sehen sehr schön aus, diese Dinge, wenn man da hintereinander alle die Blumentöpfe stehen hat und nun sieht, wie die Stoffe der Erde auf die Pflanzen wirken.

Sie werden sich künftighin nun nicht mehr verwundern, wenn Sie irgendwo Pflanzenformen sehen mit runzeligen Blättern. Wenn man da in die Erde hineingräbt, so werden Sie Spuren von Kupfer finden. Oder wenn Sie Blätter haben, die am Rande leicht runzeln und dürr werden, und Sie graben dann in die Erde hinein, so werden Sie leicht Spuren von Blei finden. Sehen Sie zum Beispiel hin auf die bekannte Pflanze, die man Zinnkraut nennt, mit der man die Töpfe scheuert. Diese Pflanze wächst wiederum gerade an solchen Orten, wo der Boden Silizium enthält; daher bekommen sie diese steifen kieseligen Stengel. So können Sie aus dem Boden heraus die Pflanzenformen verstehen.

Nun können Sie aber auch verstehen, was es für eine Bedeutung hat, wenn ganz kleine Mengen von irgendeiner Substanz dem Grund und Boden beigemischt werden. Natürlich ist der Kirchhof irgendwo draußen, aber die Erde ist ja überall ganz durchzogen vom Holzsaft, und die kleinen Mengen gehen überall gerade in den Boden über. Und wenn man einmal die Versuche gemacht hat, wie diese kleinen Mengen wirken, von denen ich Ihnen jetzt erzählt habe, dann sagt man sich: Ja, dasjenige, was gerade in kleinen Mengen in den Boden hinein verflüchtigt war, das essen wir ja mit! Es ist so stark, daß es in der Pflanzenform lebt. Und was geschieht da weiter? Denken Sie sich, ich hätte also hier eine Pflanzenform gekriegt, die aus einem bleihaltigen Boden kommt. Heute, sagen die Leute, entsteht das Blei nicht. Aber im Boden entsteht eben Blei, wenn man gerade in den Boden hinein verwesendes Lebendiges bringt. Es entsteht eben einfach im Boden Blei. Da wächst nun die Pflanze heraus – wir können geradezu sagen: es wächst eine Blei-Pflanze heraus. – Nun schön. Wenn wir diese Pflanze, diese Blei-Pflanze essen, dann hat sie eine ganz andere Wirkung, als wenn Sie eine Pflanze essen, die keine Blei-Pflanze ist. Wenn wir eine Blei-Pflanze essen, so wirkt das so, daß unser Kleinhirn, das da hinten im Kopfe ist, trockener wird, als es sonst ist. Es wird trockener.

Jetzt haben Sie einen Zusammenhang zwischen dem Boden und dem Kleinhirn. Es kann also Pflanzen geben, die einfach durch die Beschaffenheit des Bodens, durch das, was man irgendwo in die Erde hineinbringt und was sich dann irgendwo verteilt, das Kleinhirn etwas austrocknen. Nun, meine Herren, in dem Augenblick, wo wir das Kleinhirn nicht in voller Kraft haben, werden wir ungeschickt. Wenn dem Kleinhirn irgend etwas passiert, werden wir ungeschickt, können die Füße und die Arme nicht mehr ordentlich bewegen; und wenn das dann etwas stärker wird, werden wir an den Gliedern gelähmt.

Sehen Sie, meine Herren, so ist der Weg von dem Boden zu der Menschenlähmung. Der Mensch ißt von einer Pflanze, und wenn diese an dem Rande der Blätter etwas Absterbendes hat, wenn sie so geworden ist, wie ich es Ihnen beschrieben habe, so wird jetzt sein Kleinhirn etwas vertrocknen. Im gewöhnlichen Leben merkt man es nicht gleich, aber der Mensch kann sich dann nicht mehr richtig orientieren; wird das stärker, so kommt die Lähmung. Nun ist es wiederum so, daß zuallererst, wenn man sich nicht orientieren kann, wenn dieses auftritt im Kopfe, daß man sich nicht orientieren kann – was vom Vertrocknen des Kleinhirns ausgeht –, so ergreift das zunächst alle die Muskeln, die da oben im Kopfe von einer kleinen Drüse versorgt werden, von der sogenannten Zirbeldrüse, und namentlich die Sehpartien. Geschieht das, dann kriegt man bloß die Grippe. Geht die Lähmung weiter, so bildet sich die Grippe um zum ganzen gelähmten Menschen. So daß also in allen Lähmungserscheinungen etwas steckt, was mit dem Boden der Erde innig zusammenhängt. Und daraus sehen Sie, daß man wirklich von vielen Seiten her die Kenntnisse nehmen muß, damit man etwas Gesundendes für den Menschen zustande bringt. Es genügt wirklich nicht, daß man allerlei Redensarten macht, so und so soll es sein! Denn wenn man nicht weiß, wodurch die Menschen zuerst ihren Organismus abgestorben bekommen, dann kann man noch so gute Einrichtungen haben: die Menschen werden halt eben doch nicht mehr tüchtig sein. Denn alles dasjenige, was in der Pflanze wirkt und von der Pflanze in den Menschen übergeht, das ist ja auch im Menschen wiederum von einer großen Bedeutung.

Sehen Sie, der Holzsaft, der entspricht eigentlich im Menschen dem ganz gewöhnlichen farblosen Zellsaft, dem Schleim. Der Holzsaft in der Pflanze ist beim Menschen der Lebensschleim. Der Lebenssaft der Pflanze, der da von den Blättern herumkreist, der entspricht dem menschlichen Blute. Und das Kambium der Pflanze, das entspricht im Menschen der Milch und dem Milchsaft. Wenn die Frau zum Stillen kommt, entwickelt sie nur den Milchsaft durch gewisse Drüsen in der Brust stärker. Da haben Sie wiederum das, was am stärksten beim Menschen von den Sternen beeinflußt wird: der Milchsaft. Dieser Milchsaft aber, der ist ganz besonders notwendig zur Bildung des Gehirns. Das Gehirn ist sozusagen eigentlich im Menschen verhärteter Milchsaft. Wenn man also solche Blätter hat, die absterben, dann erzeugen sie kein ordentliches Kambium, weil sie nicht mehr die Kraft haben, zurückzuwirken in der richtigen Wärme. Sie lassen die Wärme durch die absterbenden Teile nach außen wirken, nicht mehr richtig zurückwirken. Wir essen Pflanzen mit einem nicht ordentlich ausgebildeten Kambium: sie bilden in uns den Milchsaft nicht ordentlich aus; die Frauen bilden die Frauenmilch nicht ordentlich aus, die Kinder bekommen schon eine Milch, auf welche die Sterne nicht besonders stark wirken, die Kinder können sich nicht gut ausbilden. Daher tritt diese Lähmung natürlich auch besonders bei Kindern auf. Sie kann aber auch bei Großen auftreten, weil ja der Mensch das ganze Leben beeinflußt bleiben muß von der Sternenwelt, wie ich Ihnen schon auseinandergesetzt habe.

In diesen Dingen muß die Naturwissenschaft und die Heilmethode zusammenarbeiten. Das muß überall zusammenarbeiten. Aber man kann nicht in irgendeiner einzelnen Wissenschaft sich abschließen. Nicht wahr, heute gibt es überall Leute, die beschäftigen sich nur mit den Tieren; andere nur mit dem Menschen, das sind die Anthropologen. Dann wiederum andere mit einem Teil vom Menschen: mit kranken Sinnen, mit kranken Lebern, kranken Herzen; also auf Inneres spezialisieren sich diese Leute. Dann wieder studieren die Botaniker nur die Pflanzen, die Mineralogen die Steine, die Geologen das ganze Erdreich. Dadurch wird etwas sehr Bequemes geschaffen für die Wissenschaft. Man hat weniger zu lernen, wenn man bloß Geologe wird oder bloß von den Steinen zu lernen hat. Ja, aber solch ein Wissen nützt gar nichts! Es hat gar keinen Zweck, solch ein Wissen; wenn man mit dem Menschen etwas anfangen will, wenn er krank ist, so muß man die ganze Natur zusammennehmen. Es hat keinen Nutzen, solch eine bloße Geologie oder eine bloße Botanik oder eine bloße Chemie zu verstehen. Nicht wahr, die Chemie muß man verfolgen können bis hinein in das Arbeiten des Holzsaftes! Es ist wirklich so. Die Studenten haben einen Spruch ersonnen – es gibt ja an der Universität, wie Sie vielleicht wissen, ordentliche Professoren und außerordentliche Professoren –, und die Studenten haben da den Spruch ersonnen: Die ordentlichen Professoren wissen nichts Außerordentliches, und die außerordentlichen Professoren wissen nichts Ordentliches. – Aber das kann man heute viel weiter ausdehnen: Der Geologe weiß nichts von der Pflanze, vom Tier, vom Menschen; der Anthropologe weiß nichts vom Tier, von der Pflanze, von der Erde. Keiner weiß eigentlich, wie die Dinge zusammenhängen, mit denen er sich beschäftigt. Geradeso wie man sich in der Arbeit spezialisiert hat, verspezialisiert man sich im Wissen. Und da ist es viel schädlicher. Es ist haarsträubend, wenn es nur Geologen, nur Botaniker und so weiter gibt, denn dadurch wird das ganze Wissen zersplittert, und es kommt nichts Ordentliches zustande. Es ist dieses zur Bequemlichkeit der Menschen geschehen. Die Leute sagen heute schon: Man kann nicht ein Mensch sein, der alles weiß. – Ja, wenn man eben nicht ein Mensch sein will, der alles Wissen zusammennehmen kann, dann muß man eben auch gleich sagen: Man muß überhaupt verzichten auf ein nützliches Wissen.

Wir leben schon in einer Zeit, in der die Dinge im Grunde eine fürchterliche Gestalt angenommen haben. Es ist gerade so, wie wenn einer, der mit der Uhr zu tun hat, dazu bloß das Feilen von Metallen lernen will. Nicht wahr, dann muß eben natürlich das herauskommen, daß schließlich einer das Feilen der Metalle kennt, der andere das Schweißen der Metalle und so fort. Und dann käme wiederum einer, der das Zusammensetzen der Uhr kennt, aber wiederum nicht weiß, wie man die einzelnen Metalle bearbeitet. Nun, nicht wahr: beim Maschinellen, da geht es wiederum ein bißchen, obwohl es natürlich auch wiederum nicht geht, ohne daß man die Menschen zwingt. Aber im Medizinischen zum Beispiel wird überhaupt nichts erreicht, wenn man nicht alles Wissen, bis zum Wissen der Erde, zusammennehmen kann. Denn im Holzstamm drinnen lebt dasjenige, was von der Erde, also von dem Gegenstand der Geologie, aufwärtsgetragen wird bis zum Holzsaft. Da erstirbt es. Man muß nun auch die Meteorologie, die Luft kennen, weil von der Umgebung den Blättern dasjenige zugetragen wird, was wiederum Leben hervorruft. Und man muß auch Astronomie, Sternkunde kennen, wenn man die Gestaltung des Kambium verstehen will. Wiederum muß man das kennen, was mit dem Kambium in den Menschen hineinkommt, wenn er ihn verzehrt: den Milchsaft, der zum Gehirn sich umbildet; so daß man also, wenn man verdorbenes Kambium kriegt, als Erwachsener ein verdorbenes Gehirn bekommt. Und auf diese Weise erzeugen sich aus dem, was in der Erde drinnen ist, die Krankheiten.

Das ist dasjenige, was darüber zu sprechen ist, woher solche scheinbar unerklärlichen Krankheiten kommen. Sie liegen im Erdboden drinnen begründet.

Über das Wesen der Bienen

NACHBEMERKUNG

zum Bienenvortrag von Herrn Müller

Dornach, 10. November 1923

Dr. Steiner: Wie wir gesehen haben, ist es heute schon so spät geworden, daß wir unsere Eurythmisten, die sehr viel zu tun haben, jetzt hier hereinlassen müssen. Ich habe Ihnen schon noch einiges zu sagen, namentlich über diejenigen Dinge, die die fortdauernde Fruchtbarkeit bei der Bienenzucht bewirken. Sie werden vielleicht schon etwas bemerkt haben aus dem, was Ihnen der Herr Müller gesagt hat, daß es mit der künstlichen Zucht von Bienenköniginnen doch eben einen Haken hat. Es ist daher vielleicht doch interessant, gerade solche verständigen Sachen zu besprechen und Herrn Müller zu fragen, ob er außerordentlich viel von dieser Königinnenzucht hält.

Herr *Müller* antwortet: Ja, er hält in gewisser Beziehung viel davon. Überläßt man das Volk sich selbst, kümmert sich nicht darum, kann man erleben, daß das Volk verkümmert. Das Schlechte erhebt sich nach und nach und das Gute geht fehl.

Dr. Steiner: Seit wann besteht die künstliche Bienenzucht?

Herr Müller: Sie besteht vielleicht seit zwölf bis fünfzehn Jahren.

Dr. Steiner: Die Sache ist diese – und ich werde das nächste Mal davon weitersprechen –, daß man die Honigerzeugung, die ganze Arbeit, sogar die Arbeitsfähigkeit der Arbeitsbienen ungeheuer vermehren kann durch die künstliche Bienenzucht. Nur, das hat ja schon Herr Müller jetzt bemerkt, darf die Sache nicht zu stark rationell und nicht zu stark geschäftsmäßig gemacht werden. Wir werden dann das nächste Mal ein bißchen tiefer hineinschauen in die Bienenzucht und sehen, daß das, was kurze Zeit eine außerordentlich günstige Maßregel ist, was heute zugrunde liegt, gut erscheinen kann, daß aber in hundert Jahren die ganze Bienenzucht aufhören würde, wenn man nur künstlich gezüchtete Bienen verwenden würde. Wir wollen einmal sehen, wie das, was für eine kurze Zeit etwas außerordentlich Günstiges ist, sich so gestalten kann, daß es im Laufe der Zeit dazu führt, daß die ganze Geschichte wieder abgetötet wird. Und wir wollen sehen, wie gerade die Bienenzucht außerordentlich interessant ist, um die ganzen Geheimnisse der Natur kennenzulernen, und namentlich wie das, was sich auf der einen Seite ungeheuer fruchtbar erweist, auf der anderen Seite eben zur Abtötung führt.

So können sich die Bienenzüchter zwar außerordentlich freuen über den Aufschwung, den seit kurzer Zeit die Bienenzucht genommen hat; aber diese Freude, die wird keine hundert Jahre halten.

ACHTER VORTRAG

Dornach, 26. November 1923

Guten Morgen, meine Herren! Ich habe vorgehabt, zu den Ausführungen von Herrn Müller einige Bemerkungen zu machen, die Ihnen vielleicht doch interessant sein können, obwohl heute natürlich in der Gegenwart nicht die Zeit dazu ist, solche Dinge schon wirklich anzuwenden in der praktischen Bienenzucht. Es ist ja auch über das Praktische der Bienenzucht sehr wenig noch zu sagen oder gar nichts eigentlich, da Herr Müller ja alles so, wie man es eben heute macht, durchaus in einer sehr schönen Weise vor Ihnen ausgeführt hat.

Es ist Ihnen aber an diesem, ich möchte sagen, Rätselwelt-Sein, wenn Sie aufmerksam zugehört haben, in bezug auf die ganze Natur der Bienenzucht etwas aufgegangen. Der Bienenzüchter, das ist ja selbstverständlich, interessiert sich zunächst für dasjenige, was er zu tun hat. Für die Bienenzucht muß eigentlich jeder Mensch das allergrößte Interesse haben, weil von der Bienenzucht wirklich mehr, als man denkt, im menschlichen Leben abhängt.

Betrachten wir die Sache einmal in einem etwas weiteren Umfange. Sehen Sie, die Bienen sind imstande – das haben Sie ja aus den Vorträgen, die Ihnen von Herrn Müller gehalten worden sind, gesehen –, dasjenige zu sammeln, was in den Pflanzen eigentlich schon als der Honig enthalten ist. Sie sammeln ja eigentlich bloß den Honig, und wir Menschen nehmen ihnen dann von dem, was sie in ihrem Bienenstocke sammeln, nur einen Teil weg, nicht einmal einen so sehr großen Teil. Denn man kann vielleicht sagen, daß dasjenige, was der Mensch wegnimmt, etwa 20 Prozent beträgt. So viel ungefähr beträgt dasjenige, was der Mensch den Bienen wegnimmt.

Außerdem aber kann die Biene durch ihre ganze Körperlichkeit, durch ihre ganze Organisation den Pflanzen auch noch Blütenstaub wegnehmen. So daß also die Biene gerade dasjenige von den Pflanzen sammelt, was eigentlich sehr wenig in ihnen enthalten ist und was sehr schwer zu haben ist. Blütenstaub wird ja in der winzigen Menge, in der er im Verhältnis vorhanden ist, von den Bienen gesammelt durch die Bürstchen, die sie an ihren Hinterbeinen haben, und wird ja auch aufgespeichert beziehungsweise verzehrt im Bienenstock. So daß wir also in der Biene zunächst dasjenige Tier haben, das außerordentlich fein von der Natur zubereiteten Stoff aufsaugt und für seinen eigenen Haushalt gebraucht.

Dann aber weiter: Nachdem die Biene – und das ist vielleicht das zunächst wenigst Auffällige, weil gar nicht darüber nachgedacht wird – erst ihre Nahrung durch ihren eigenen Verdauungsapparat umgewandelt hat in Wachs – das erzeugt sie ja durch sich selber, das Wachs –, macht sie, um Eier abzulegen, aber auch um ihre Vorräte aufzubewahren, ein eigenes kleines Gefäß. Und dieses eigene kleine Gefäß, das ist eine große Merkwürdigkeit, möchte ich sagen. Dieses Gefäß schaut ja so aus, daß es von oben angesehen sechseckig ist, von der Seite angesehen also so (siehe Zeichnung), und auf der einen Seite ist es ja so abgeschlossen. Dahinein können die Eier gelegt werden oder auch die Vorräte. Da ist eines an dem anderen. Die Dinge passen sehr gut zusammen, so daß bei den Bienenwaben durch diese Platte, mit der eine solche Zelle – so nennt man das – an die andere gefügt ist, der Raum außerordentlich gut ausgenützt ist.

Wenn man die Frage aufwirft: Wie kommt es, daß die Biene aus ihrem Instinkt heraus just eine so künstlich geformte Zelle baut? – so sagen die Leute gewöhnlich: Das ist, damit der Raum gut ausgenützt wird. – Das ist ja auch wahr. Wenn Sie sich irgendeine andere Form der Zelle denken würden, so würde immer ein Zwischenraum entstehen. Bei dieser Form entsteht kein Zwischenraum, sondern alles legt sich aneinander, so daß der Raum dieser Wabenplatte ganz ausgenützt ist.

Nun, das ist ganz gewiß ein Grund. Aber es ist nicht der einzige Grund, sondern Sie müssen bedenken: Wenn da die kleine Made, die Larve drinnenliegt, so ist sie ganz abgeschlossen, und man soll nur ja nicht glauben, daß dasjenige, was in der Natur irgendwo vorhanden ist, keine

Kräfte hat. Dieses ganze sechseckige Gehäuse, sechsflächige Gehäuse hat ja Kräfte in sich, und es wäre etwas ganz anderes, wenn die Larve in einer Kugel drinnenliegen würde. Daß sie in einer solchen sechsflächigen Häuslichkeit drinnenliegt, das bedeutet in der Natur etwas ganz anderes. Die Larve selber bekommt in sich diese Formen, und in ihrem Körper, da spürt sie, daß sie in ihrer Jugend, wo sie am meisten weich war, in einer solchen sechseckigen Zelle drinnen war. Und aus derselben Kraft, die sie da aufsaugt, baut sie dann selber eine solche Zelle. Da drinnen liegen die Kräfte, aus denen heraus die Biene überhaupt arbeitet. Also das liegt in der Umgebung, was die Biene äußerlich macht. Das ist schon das erste, auf was wir aufmerksam sein müssen.

Nun aber ist Ihnen ja ausgeführt worden die weitere sehr, sehr merkwürdige Tatsache: In dem ganzen Bienenstock finden sich ja verschiedenartige Zellen. Ich glaube, ein Bienenzüchter kann sehr gut Arbeitsbienenzellen und Drohnenzellen voneinander unterscheiden. Nicht wahr, das ist ja nicht besonders schwer. Und noch leichter kann er die Zellen der Arbeiterinnen und der Drohnen von den Königinnenzellen unterscheiden, denn die Königinnenzellen haben ja gar nicht diese Form; die sind eigentlich so wie ein Sack. Es finden sich auch sehr wenige in einem Bienenstock. So daß man also sagen muß: Die Arbeiterinnen und die Drohnen – also die Männchen, das sind die Drohnen –, die entwickeln sich in solchen sechsflächigen Zellen, die Königin entwickelt sich aber eigentlich in einem Sack. Die nimmt keine Rücksicht auf dasjenige, was solch eine flächige Umgebung ist.

Dazu kommt aber noch etwas anderes. Sehen Sie, meine Herren, die Königin braucht zu ihrer vollen Entwickelung, bis sie ganz fertig ist, eine ausgewachsene Königin ist, nur 16 Tage. Dann ist sie schon eine ausgewachsene Königin. Eine Arbeiterin, die braucht ungefähr 21 Tage, also länger. Man könnte also sagen: die Natur verwendet viel mehr Sorgfalt auf die Ausgestaltung der Arbeiterinnen als der Königinnen. Wir werden nachher gleich sehen, daß dazu noch ein anderer Grund kommt. Also die Arbeiterin, die braucht 21 Tage. Und die Drohne, das Männchen, die am frühesten abgenützt wird – die Männchen werden, nachdem sie ihre Aufgabe erfüllt haben, getötet –, die braucht sogar 23 bis 24 Tage.

Sehen Sie, das ist wiederum eine neue Sache. Die verschiedenen Bienenarten, Königin, Arbeitsbiene, Drohne, brauchen eine verschiedene Anzahl von Tagen.

Nun, meine Herren, sehen Sie, mit diesen 21 Tagen, die die Arbeitsbiene braucht, hat es nämlich eine ganz besondere Bewandtnis. 21 Tage sind keine gleichgültige Zeit in allem, was auf der Erde geschieht. Diese 21 Tage, das ist diejenige Zeit, in der sich die Sonne ungefähr einmal um sich selber herum dreht.

Denken Sie sich also, die Arbeitsbiene wird gerade just fertig in der Zeit, in der sich die Sonne einmal um sich selber herumgedreht hat. Dadurch, meine Herren, macht die Arbeitsbiene eine ganze Umdrehung der Sonne durch, kommt also dadurch, daß sie eine ganze Umdrehung der Sonne durchgemacht hat, in all das hinein, was die Sonne an ihr bewirken kann.

Und wenn sie nun weitergehen wollte, so würde sie von der Sonne aus nur immer auf dasselbe treffen. Denn wenn Sie sich da die Arbeitsbiene vorstellen (es wird gezeichnet), da die Sonne, wenn das Ei gelegt wird, so ist dieses der Punkt, der gerade der Sonne gegenüberliegt. Die Sonne dreht sich in 21 Tagen einmal um sich selber herum. Da kommt sie wieder da her, da ist der Punkt wieder da. Wenn es jetzt weitergeht, kommt lauter Wirkung von der Sonne, die schon einmal da war. So daß die Arbeitsbiene just alles dasjenige bis zu ihrer vollen Entwickelung genießt, was die Sonne leisten kann. Würde sich nun die Arbeitsbiene weiter entwickeln, dann würde sie aus der Sonne heraus in die Erdenentwickelung hereinkommen, würde nicht mehr Sonnenentwickelung haben, weil sie die schon gehabt hat, ganz ausgekostet hat. Jetzt kommt sie in die Erdenentwickelung herein. Die macht sie aber als fertiges Insekt nur mit, als ganz fertiges Tier. Also, sie nimmt gerade noch, ich möchte sagen, einen Moment, einen Augenblick für sich in Anspruch, und nachher ist sie abgeschlossen nach der Sonnenentwickelung und ist ganz Sonnentier, die Arbeitsbiene.

Betrachten Sie jetzt die Drohne. Die, möchte ich sagen, überlegt sich die Geschichte noch ein Stückel weiter. Die erklärt sich noch nicht für abgeschlossen nach 21 Tagen. Die begibt sich, bevor sie ausgewachsen ist, noch in die Erdenentwickelung hinein. So daß also die Drohne ein Erdentier ist. Die Arbeitsbiene ist das fertige Sonnenkind.

Und wie ist es mit der Königin? Die Königin macht überhaupt die ganze Sonnenentwickelung nicht einmal fertig. Die bleibt zurück. Die bleibt immer Sonnentier. Also die Königin, die bleibt gewissermaßen immer ihrem Larvenzustand, ihrem Madenzustand näher als die anderen Tiere. Und am weitesten entfernt vom Madenzustand ist die Drohne, das Männchen. Die Königin ist dadurch, [daß sie dem Madenzustand näher bleibt,] imstande, ihre Eier abzulegen. Und Sie können an der Biene richtig sehen, was das bedeutet, unter Erdeinfluß sein oder unter Sonneneinfluß sein. Denn ob eine Biene Königin oder Arbeitsbiene oder Drohne wird, das hängt bloß davon ab, ob sie abwartet einmal eine Sonnenentwickelung oder ob sie das nicht abwartet. Die Königin kann dadurch Eier legen, daß ihr die Sonnenwirkung immer bleibt, daß sie gar nichts von der Erdenentwickelung aufnimmt. Die Arbeitsbiene, die geht weiter, die entwickelt sich 4 bis 5 Tage weiter. Die kostet die Sonne noch ganz aus. Aber da geht sie, indem gerade ihr Körper fest genug wird, auch schon wiederum in die Erdenentwickelung ein bißchen, sagte ich, einen Augenblick über. Sie kann deshalb nicht wiederum in die Sonnenentwickelung zurück, weil sie sich ganz absorbiert hat. Dadurch kann sie keine Eier legen.

Die Drohnen sind Männchen; die können befruchten. Die Befruchtung, die kommt also von der Erde. Die Befruchtung[skräfte] erwerben sich die Drohnen durch die paar Tage, die sie noch länger im Entwickelungszustande, nicht im fertigen Zustand, der Erdenentwickelung [hingegeben] sind. So daß man sagen kann: An den Bienen sieht man ganz klar, Befruchtung, männliche Befruchtung kommt von den Erdenkräften; weibliche Fähigkeit, Eier zu entwickeln, kommt von den Sonnenkräften.

Sehen Sie, meine Herren, da können Sie einfach ermessen daran, was die Länge der Zeit bedeutet, in der sich ein Wesen entwickelt. Das ist von ganz großer Bedeutung, weil natürlich während irgendeiner Zeit etwas vor sich geht, was in einer anderen Zeit, kürzeren oder längeren Zeit, nicht vor sich geht, sondern da geht etwas anderes vor sich.

Aber es kommt noch etwas in Betracht. Sehen Sie, die Königin, die entwickelt sich also in 16 Tagen. Da ist der Punkt (es wird an die Tafel gezeichnet), der ihr gegenübergestanden hat in der Sonne, vielleicht erst da; sie bleibt in der Sonnenentwickelung drinnen. Die Arbeiterinnen machen auch noch den Rest des Sonnenumlaufes mit, aber sie bleiben in der Sonnenwirkung drinnen, sie gehen nicht heraus bis zu der Erdenentwickelung. Dadurch fühlen sie sich verwandt mit der Königin. Weil sie zur selben Sonnenentwickelung gehören, fühlt sich der ganze Arbeiterinnenschwarm verwandt mit der Königin. Sie fühlen sich an die Königin gebunden. Die

Drohnen, sagen sie, die sind schon Verräter; die sind schon zur Erde abgefallen. Die gehören nicht mehr eigentlich zu uns. Die dulden wir nur, weil wir sie brauchen. Und wozu braucht man sie?

Es kommt ja zuweilen vor, daß eine Königin nicht befruchtet wird und sie legt doch entwickelungsfähige Eier. Die Königin braucht nicht unbedingt befruchtet zu werden, sie legt doch Eier. Das nennt man bei den Bienen – bei den anderen Insekten kommt es auch zum Teil vor – eine Jungfernbrut, weil die Königin nicht befruchtet ist. Parthenogenesis nennt man es mit einem wissenschaftlichen Namen. Aber aus den Eiern, die jetzt gelegt werden, schlüpfen nur Drohnen aus! Da kommen keine Arbeitsbienen und keine Königinnen mehr heraus. Also wenn die Königin nicht befruchtet wird, dann können keine Arbeitsbienen und keine Königinnen mehr erzeugt werden, sondern nur Drohnen. Allein ein solcher Bienenstock ist natürlich nicht zu gebrauchen.

Sie sehen also, bei der Jungfernbrut entsteht nur das andere Geschlecht, nie dasselbe Geschlecht. Das ist eine sehr interessante Tatsache, und es ist überhaupt wichtig für den ganzen Haushalt der Natur, daß die Befruchtung notwendig ist, damit dasselbe Geschlecht entsteht – bei den niederen Tieren natürlich, nicht bei den höheren. Aber da ist es eben doch so, daß bei den Bieneneiern nur Drohnen entstehen, wenn keine Befruchtung eintritt.

Die Befruchtung ist überhaupt etwas ganz Besonderes bei den Bienen. Da geht das nicht so vor sich, daß eine Art von Hochzeitsbett vorhanden wäre und man sich zurückzöge während der Befruchtung, sondern das geht ganz anders vor sich. Da wird gerade mit der Befruchtung in die Öffentlichkeit gegangen, in die vollste Sonne, und zwar, was sehr merkwürdig erscheint, zunächst so hoch als möglich. Die Königin fliegt so hoch als möglich der Sonne entgegen, zu der sie gehört. Ich habe Ihnen das geschildert. Und die Drohne, die noch überwinden kann ihre Erdenkräfte – denn die Drohnen haben sich mit den Erdenkräften vereinigt –, die noch am höchsten fliegen kann, die kann ganz oben in der Luft befruchten. Dann kommt die Königin wieder zurück und legt ihre Eier. Also Sie sehen, die Bienen haben kein Hochzeitsbett, sie haben einen Hochzeitsflug, und streben gerade, wenn sie die Befruchtung haben wollen, möglichst der Sonne entgegen. Es ist ja auch wohl so, daß man gutes Wetter braucht zum Hochzeitsflug, also die Sonne wirklich braucht, denn bei schlechtem Wetter geht das ja nicht vor sich.

Alles das zeigt Ihnen, wie verwandt die Königin mit der Sonne bleibt. Und wenn nun auf diese Weise die Befruchtung eintritt, dann werden Arbeiterinnen in den entsprechenden Arbeiterinnenzellen erzeugt; zunächst – wie Ihnen ja gut beschrieben worden ist durch Herrn Müller – entstehen die kleinen Maden und so weiter, und die entwickeln sich dann in einundzwanzig Tagen zu Arbeiterinnen. In diesen sackförmigen Zellen entwickelt sich dann eine Königin.

Um nun das Weitere einzusehen, muß ich Ihnen etwas sagen, was Sie ja natürlich zunächst etwas zweifelhaft aufnehmen werden, weil man dazu eben ein genaueres Studium braucht. Aber es ist doch so. Das weitere nämlich muß ich daran anknüpfen, daß ja nun die Arbeitsbiene, wenn sie reif geworden ist, fertig geworden ist, ausfliegt und an die Blumen, an die Bäume heranfliegt, mit ihren Fußkrallen sich ansetzen kann (es wird gezeichnet), und dann kann sie Honig aufsaugen und Blütenstaub sammeln. Den Blütenstaub, den trägt sie auf dem Körper, wo sie ihn absetzt. Das ist eine besondere Vorrichtung, die sogenannten Bürstchen an den Hinterbeinen, wo sie ihn absetzen kann. Aber den Honig saugt sie ein mit ihrem Saugrüssel. Ein Teil davon dient ihr zur eigenen Nahrung, aber den größten Teil behält sie in ihrem Honigmagen. Den speit sie wiederum aus, wenn sie zurückkommt. Also wenn wir Honig essen, dann essen wir ja in Wirklichkeit das Bienengespeie. Dessen müssen wir uns ja wirklich klar sein. Aber es ist ein sehr reinliches und süßes Gespei, was sonst das Gespei nicht ist, nicht wahr. Also sehen Sie, da sammelt die Biene dasjenige, was sie zum Fressen oder zu den Vorräten, zum Verarbeiten, zum Wachs und so weiter braucht.

Jetzt müssen wir uns fragen: Wodurch findet sich denn die Biene zu der Blume hin? – Sie geht mit einer ungeheuren Sicherheit an die Blume heran. Das kann man sich gar nicht erklären, wenn man auf die Augen der Biene sieht. Die Biene, die Arbeitsbiene – die Drohnen haben etwas größere Augen – hat zwei kleine Augen an den Seiten und drei ganz winzige Augen an der Stirn (es wird gezeichnet). Die Drohnen haben etwas größere Augen. Wenn man diese Augen bei der Arbeitsbiene prüft, dann kommt man darauf, daß sie sehr wenig sehen können, und die drei kleinen, winzigen Augen können zunächst überhaupt nichts sehen. Das ist das Merkwürdige, daß die Biene eigentlich nicht durch das Sehen an die Blume hinkommt, sondern durch etwas dem Geruch Ähnliches. Sie tastet sich nach dem Geruch fort und trifft dadurch auf die Blume auf. So daß eigentlich eine gewisse Empfindung, die so zwischen Geruch und Geschmack drinnensteht, die Biene zu der Blume hinführt. Die Biene schmeckt eigentlich schon Blütenstaub und Honig, wenn sie hinfliegt. Schon von der Ferne schmeckt sie es. Das ist dasjenige, was die Biene eigentlich dazu bewegt, die Augen gar nicht zu gebrauchen.

Jetzt stellen Sie sich recht klar einmal folgendes vor. Denken Sie sich also, eine Königin ist geboren worden, ist im Bereich der Sonne geboren worden, hat dann die Sonnenwirkung nicht ganz ausgekostet, sondern ist gewissermaßen bei der Sonnenwirkung geblieben. Ein ganzes Arbeitsbienenheer hat zwar die Sonnenwirkung noch weiter mitgemacht, aber ist nicht zur Erdenentwickelung übergegangen. Jetzt fühlen sich diese Arbeitsbienen mit der Königin verbunden; nicht deshalb, weil sie etwa unter derselben Sonne waren, sondern weil sie überhaupt in der Sonnenentwickelung drinnengeblieben sind, fühlen sie sich mit ihr verbunden. Sie haben sich in ihrer Entwickelung nicht von der Entwickelung der Königin getrennt. Die Drohnen, die gehören nicht dazu. Die haben sich getrennt.

Aber nun tritt folgendes ein. Wenn eine neue Königin entsteht, muß der Hochzeitsflug stattgefunden haben. Das Tier, die Königin, ist in die Sonne herausgekommen. Eine neue Königin ist entstanden. Da tritt für die ganze Menge der Arbeitsbienen, die sich mit der alten Königin verbunden fühlen, etwas sehr Eigentümliches ein. Die kleinen, winzigen Augen werden sehend, wenn eine neue Königin geboren wird. Das können die Bienen nicht ertragen. Sie können nicht ertragen, daß dasselbe, was sie sind, von anderswo herkommt. Die drei kleinen Augen am Kopf, diese drei kleinen winzigen Augen, die sind bei den Arbeitsbienen ganz von innen heraus gebildet, sind von dem inneren Bienenblut und so weiter durchzogen. Sie sind nicht der äußeren Sonnenwirkung ausgesetzt gewesen. Dadurch, daß nun die neue Königin, die aus der Sonne herausgeboren ist, Sonnenlicht in den Bienenstock hineinbringt mit ihrem eigenen Körper, werden diese Bienen mit ihren kleinen Augen jetzt plötzlich, ich möchte sagen, hellsehend, können dieses Licht von der neuen Königin nicht vertragen. Jetzt fängt der ganze Schwarm an zu schwärmen. Es ist etwas wie Furcht vor der neuen Königin, wie wenn sie geblendet würden. Es ist geradeso, wie wenn man zur Sonne hinaufschaut. Daher schwärmen sie aus. Und man muß wiederum den Bienenstock begründen mit der alten Königin, wenigstens auf den Zusammenhalt von den meisten Arbeitsbienen, die noch mit der alten Königin zusammengehören. Die neue Königin muß sich neues Volk erwerben.

Es bleibt ja Volk zurück, aber das ist eben dasjenige, das unter anderen Bedingungen geboren ist. Aber der Grund, warum die Bienen ausschwärmen, der liegt eben darin, daß sie die neue Königin, die neue Sonnenwirkung hereinbringt, nicht ertragen.

Jetzt können Sie fragen: Aber wie werden denn die Bienen so empfindlich gegen diese neue Sonnenwirkung? – Meine Herren, da ist etwas sehr Merkwürdiges vorhanden. Sie wissen ja vielleicht, daß es manchmal unangenehm werden kann, die Begegnung mit einer Biene zu machen. Sie sticht einen. Und wenn man ein so großes Wesen ist wie der Mensch, dann bekommt man höchstens eine entzündliche Hautstelle und so weiter, aber es bleibt immerhin unangenehm. Die kleinen Tiere, die sterben sogar daran. Das rührt davon her, daß die Biene einen Stachel hat, der eigentlich eine Röhre ist. In dieser Röhre bewegt sich so etwas wie ein Kolben auf und ab, und der geht zurück bis zur Giftblase, so daß Gift ausströmen kann.

Dieses Gift, das demjenigen, der ihm begegnet, recht unangenehm werden kann, ist für die Bienen außerordentlich wichtig. Der Biene ist es gar nicht einmal so stark angenehm, dieses Gift beim Stechen abgeben zu müssen; aber sie gibt es ab aus dem Grunde, weil sie überhaupt allen äußeren Einfluß nicht gut ertragen kann. Sie will in sich bleiben. Sie will bei der Welt ihres Stockes bleiben, und jeden äußeren Einfluß empfindet sie als etwas Störendes. Den wehrt sie dann ab mit ihrem Gift. Aber das Gift hat fortwährend eine andere Bedeutung noch. Dieses Gift ist bei der Biene so, daß es immer in ganz kleinen, winzigen Mengen in den ganzen Bienenkörper übergeht. Und ohne dieses Gift könnte die Biene überhaupt nicht bestehen. Und wenn man die Arbeitsbiene betrachtet, so muß man sich sagen, daß sie mit ihren kleinen, winzigen Augen nicht sehen kann. Das beruht darauf, daß das Gift fortwährend in diese kleinen, winzigen

Augen auch hineingeht. Dieses Gift, das wird nämlich in dem Augenblicke beeinträchtigt, wo die neue Königin, die neue Sonnenwirkung, da ist. Da bleibt das Gift nicht mehr wirksam. Da werden die Augen plötzlich sehend. So daß es die Biene eigentlich ihrem Gift verdankt, wie sie fortwährend ist, daß sie eigentlich fortwährend sozusagen in einer Dämmerung lebt.

Und wenn ich Ihnen das bildlich beschreiben soll, was die Bienen erleben, wenn eine neue Königin auskriecht aus einer solchen sackförmigen Zelle, da müßte ich sagen: So ein Bienlein, das lebt immer in der Dämmerung, tastet sich fort mit einem Geruchs-Geschmack, mit etwas, was zwischen Geruch und Geschmack in der Mitte drinnen ist, tastet sich fort, lebt in der Dämmerung, und die ist ihm angemessen. Wenn aber die neue Königin kommt, dann ist es geradeso, wie wenn wir im Juni im Finstern gehen und die Johanniskäferchen leuchten. So leuchtet die neue Königin dem Bienenschwarm, weil das Gift nicht mehr stark genug wirkt, um sie in sich zu erhalten. Die Biene braucht Abschluß von der Welt, Dämmerungsabschluß von der Welt. Den hat sie auch, wenn sie ausfliegt, weil sie eben mit ihrem Gift sich in sich halten kann. Sie braucht dann das Gift, wenn sie fürchtet, daß irgendwie von außen ein Einfluß kommt. Der Bienenstock will ganz in sich sein.

Damit die Königin im Sonnenbereich bleiben kann, darf sie auch nicht in einer solchen eckigen Zelle sein, sondern sie muß in einer rundlich geformten Zelle sein. Da bleibt sie eben unter dem Einfluß der Sonne.

Und sehen Sie, meine Herren, da kommen wir auf etwas, was tatsächlich macht, daß jeden Menschen die Bienenzucht außerordentlich interessieren muß. In dem Bienenstock drinnen geht es nämlich im Grunde genommen geradeso zu, nur mit ein bißchen Veränderung, wie im eigenen Menschenkopf. Nur daß im eigenen Menschenkopf die Substanzen nicht so auswachsen. Nicht wahr, im Menschenkopf drinnen haben wir Nerven, Blutgefäße und dann auch einzeln liegende sogenannte Eiweißzellen, die rundlich bleiben. Die sind auch immer irgendwo drinnen. Da haben wir auch dreierlei drinnen im Menschenkopfe. Die Nerven bestehen aber auch aus einzelnen Zellen, die nur, weil sie von allen Seiten von der Natur bedeckt sind, sich nicht ganz auswachsen zu Tieren; sie wollen aber eigentlich Tiere werden, diese Nerven, wollen auch kleine Tiere werden.

Und wenn sich die Nervenzellen des menschlichen Kopfes nach allen Seiten würden entwickeln können unter denselben Bedingungen wie der Bienenstock, dann würden die Nervenzellen Drohnen werden. Die Blutzellen, die in den Adern fließen, würden Arbeitsbienen werden. Und die Eiweißzellen, die besonders im Mittelkopf vorhanden sind, die machen die kürzeste Entwickelung durch, die lassen sich der Königin vergleichen. So daß wir im Menschenkopf drinnen dieselben drei Kräfte haben.

Nun, die Arbeitsbienen, die bringen das, was sie an den Pflanzen sammeln, nach Hause, verarbeiten es in ihrem eigenen Körper zu Wachs und machen da diesen ganzen wunderbaren Zellenaufbau. Meine Herren, das machen die Blutzellen des menschlichen Kopfes auch! Die gehen vom Kopf in den ganzen Körper. Und wenn Sie sich zum Beispiel einen Knochen ansehen, ein Knochenstück ansehen, so sind da überall diese sechseckigen Zellen drinnen. Das Blut, das in dem Körper herumzirkuliert, das verrichtet dieselbe Arbeit, die die Bienen im Bienenstock verrichten. Nur, nicht wahr, bei den anderen Zellen, bei den Muskeln, wo es auch noch ähnlich ist – denn die Muskelzellen sind auch ähnlich den Wachszellen der Bienen –, da lösen sie sich zu bald auf, sind auch noch weich; da bemerkt man es nicht so. An den Knochen bemerkt man es sehr gut, wenn man es studiert. So daß das Blut auch die Kräfte hat, die eine Arbeitsbiene hat.

Ja, meine Herren, Sie können das sogar im Zusammenhang mit der Zeit studieren. Diejenigen Zellen, die Sie zuerst beim menschlichen Embryokeim entwickelt finden und die dann bleiben, die Eiweißzellen, das sind diejenigen Zellen, die schon in den frühesten Entwickelungszeiten des Embryo vorhanden sind. Die anderen, die Blutzellen, die entstehen etwas später, und zuletzt entstehen die Nervenzellen. Gerade so, wie es im Bienenstock drinnen geschieht! Nur daß der Mensch sich einen Leib aufbaut, der scheinbar zu ihm gehört, und die Biene baut auch einen Leib: das sind die Waben, die Zellen. Mit diesem Wachsbau geschieht dasselbe wie in unserem Körper drinnen, nur daß man da nicht mehr so leicht nachweisen kann, daß eigentlich die Blutzellen das aus einer Art von Wachs heraus machen. Aber wir sind selber aus einer Art von Wachs heraus gemacht, wie die Bienen die Waben im Korbe drinnen oder in der Kiste formen. So daß das so ist: Der Mensch hat einen Kopf, und der Kopf arbeitet an dem großen Leibe, der eigentlich der Bienenstock ist; und der Bienenstock, der enthält gerade in dem Zusammenhang zwischen der Königin und den Arbeitsbienen denselben Zusammenhang, den die Eiweißzellen, die rund bleiben, mit dem Blut haben. Und die Nerven, die werden fortwährend ruiniert. Die Nerven werden fortwährend abgenutzt, denn unser Nervensystem nutzen wir ab. Wir führen in unserem Inneren nicht sogleich eine Nervenschlacht aus – da würden wir ja jedes Jahr sterben –, wie die Bienen eine Drohnenschlacht; aber trotzdem werden unsere Nerven mit jedem Jahr schwächer. Und an den schwächer werdenden Nerven stirbt der Mensch eigentlich. Wir können dann den Körper nicht mehr so empfinden, und der Mensch stirbt eigentlich immer daran, daß er seine Nerven abnützt.

Wenn Sie jetzt den Kopf, der eigentlich den Bienenstock darstellt, anschauen, dann finden Sie, daß in diesem Menschenkopf alles geschützt ist. Und wenn man von außen etwas heranbringt, dann ist das eine furchtbare Verletzung. Das verträgt der Kopf nicht. Diesen Vorgang bei der Entstehung der neuen Königin verträgt auch der Bienenstock nicht, geht lieber fort, als daß er mit dieser neuen Königin zusammen sein muß.

Gerade aus diesem Grunde ist es, daß die Bienenzucht immer als etwas ungeheuer Bedeutsames angesehen worden ist. Nicht wahr, der Mensch nimmt 20 Prozent von dem Honig den Bienen weg, und man kann schon sagen: Dieser Honig ist den Menschen außerordentlich nützlich, denn der Mensch kriegt sonst mit seiner Nahrung sehr wenig Honig, weil der Honig sehr verteilt ist in kleinen Mengen bei den Pflanzen. Sonst kriegen wir winzige Honigmengen in uns. Wir haben ja auch «Bienen» in uns, nämlich unser Blut. Das trägt schon diesen Honig in die verschiedenen Teile des Körpers. Aber dieser Honig, der ist es ja, den die Biene braucht, um Wachs zu machen, aus dem sie den Körper, den Wabenbau des Bienenstockes machen kann.

Auf uns Menschen, besonders wenn wir alt werden – beim Kind ist es die Milch, die so wirkt –, dann wirkt der Honig in einer außerordentlich günstigen Weise auf uns. Er fördert nämlich unsere körperliche Gestaltung. Daher ist Leuten, die alt geworden sind, der Honig außerordentlich zu empfehlen. Nur soll man sich daran nicht überessen. Überißt man sich daran, genießt man ihn nicht als eine Zutat nur, dann bildet man zuviel

Gestaltung daraus. Dann wird die Gestaltung spröde und man bekommt allerlei Krankheiten. Nun, ein gesunder Mensch verspürt, wieviel er essen kann. Und dann ist insbesondere für Leute, die älter werden, der Honig ein außerordentlich gesundes Nahrungsmittel, weil er eigentlich unserem Körper Festigkeit gibt, richtig Festigkeit gibt.

Wenn man daher auch bei rachitischen Kindern diese Regel befolgen würde – nicht wahr, zuerst, in den allerersten Wochen, wo die Kinder eigentlich nur von Milch leben müßten, darf man das nicht tun, denn da wirkt der Honig noch nicht –, wenn man aber wirklich richtig dosiert, gerade dem rachitischen Kinde, wenn es so neun, zehn Monate alt geworden ist, Honig geben würde und es dann diese Honigdiät machen lassen würde bis zum dritten, vierten Jahre, dann würde die Rachitis, die englische Krankheit, nicht so schlimm sein können, als sie ist, weil die Rachitis darin besteht, daß der Körper zu weich bleibt, in sich zusammensinkt. Aber der Honig enthält in sich die Kraft, dem Menschen Gestalt zu geben, Festigkeit zu geben. Diese Zusammenhänge müssen eben durchaus eingesehen werden. So daß man sagen kann: Eigentlich müßte der Honig-, der Bienenzucht, noch viel, viel mehr Aufmerksamkeit zugewendet werden, als ihr zugewendet wird.

Es ist auch noch das Folgende möglich. In der Natur ist nämlich ein merkwürdiger Zusammenhang zwischen allem. Da sind diejenigen Gesetze, die der Mensch mit dem gewöhnlichen Verstande nicht durchschaut, eigentlich die allerwichtigsten. Nicht wahr, diese Gesetze wirken nur so, daß sie immer ein kleines bißchen Freiheit lassen. So ist es zum Beispiel bei den Geschlechtern auf der Erde. Es entstehen nicht ganz gleich viel Männer und Frauen auf der Erde, aber ungefähr gleich viele. Über die ganze Erde hin ist es ungefähr gleich. Das wird durch die Naturweisheit selber bewirkt. Wenn einmal die Geschichte kommen würde – ich glaube, ich habe es Ihnen schon gesagt –, daß die Menschen das Geschlecht willkürlich erzeugen könnten, dann würde die Sache gleich in Unordnung kommen. Nun, es ist ja auch so: Wenn zum Beispiel in irgendeiner Gegend durch wilde Kriege die Bevölkerung dezimiert ist, so wird sie nachher fruchtbarer. In der Natur also wirkt jeder Mangel in eine entgegengesetzte Kraft hinein.

Nun ist es auch so, daß, wenn irgendwo in einer Gegend die Bienen sich Honig suchen, sie dann ja natürlich den Honig von den Pflanzen wegnehmen. Aber sie nehmen den Honig weg von den Pflanzen, die man sonst auch braucht, die uns allerlei Früchte geben und dergleichen. Und das Eigentümliche ist, daß in Gegenden, wo Bienenzucht ist, auch die Obstbäume und Ähnliches besser gedeihen als in Gegenden, wo keine Bienenzucht ist. Also wenn die Bienen den Honig wegnehmen von den Pflanzen, wird die Natur nicht müßig, sondern sie erzeugt mehr solche fruchtbaren Pflanzen. So daß also der Mensch nicht nur vom Honig, den die Bienen geben, etwas hat, sondern daß ihm dann auch wiederum etwas von den Pflanzen gebracht wird, die von den Bienen besucht werden. Das ist ein Gesetz, in das man wirklich recht gut hineinschauen kann und das wichtig ist.

Nun, mit alledem hängt es aber zusammen, daß, wenn man so diese Sachen durchschaut, man sagen kann: In dem ganzen Wesen eines Bienenzusammenhanges, eines Organismus, ist schon etwas, in das von der Natur eine ganz wunderbare Weisheit hineingelegt ist. – Die Bienen stehen schon unter Naturkräften, die außerordentlich wichtig und wirklich wunderbar sind. Daher bekommt man eine gewisse Scheu davor, hineinzutapsen in diese Naturkräfte.

Die Dinge stellen sich nämlich heute noch immer so heraus, daß, wo der Mensch hineintapst in die Naturkräfte, er die Dinge nicht besser macht, sondern schlechter. Aber er macht es nicht gleich schlechter, sondern es ist schon so, daß die Natur überall Hindernisse hat. Trotz der Hindernisse wirkt sie in der besten Weise, wie sie kann. Gewisse Hindernisse, die kann der Mensch schon hinwegräumen, und damit kann er auch der Natur manches erleichtern. Und er erleichtert zum Beispiel der Natur ja wirklich in der Bienenzucht anscheinend dadurch sehr viel, daß er nicht die alten Bienenkörbe, sondern die neueren Bienenkisten benützt, die bequem eingerichtet sind und so weiter.

Aber nun kommt dieses Kapitel mit der künstlichen Bienenzucht. Sie dürfen nicht glauben, meine Herren, daß ich nicht einsehen würde, auch von gar nicht geisteswissenschaftlichem Standpunkte, daß natürlich die künstliche Bienenzucht zunächst im ersten Anhub etwas für sich hat, denn es wird natürlich manches erleichtert; aber dieses starke Zusammenhalten, ich möchte sagen, einer Bienengeneration, einer Bienenfamilie, das wird dadurch doch auf die Dauer beeinträchtigt werden. Man wird heute noch allgemein die künstliche Bienenzucht, wenn alle die Vorsichtsmaßregeln getroffen werden, die Herr Müller ausgeführt hat, natürlich in gewisser Beziehung nur loben können. Aber wie die Sachen in fünfzig oder achtzig Jahren sind, das muß abgewartet werden, denn da werden einfach gewisse Kräfte, die bisher im Bienenschwarm organisch wirkten, mechanisiert, die werden mechanisch gemacht. Es ist nicht mehr jene innige Verwandtschaft herzustellen zwischen der gekauften Bienenkönigin und den Arbeitsbienen, wie sie sich herstellt, wenn die Bienenkönigin von der Natur selber da ist. Aber in der allerersten Zeit macht sich so etwas noch nicht geltend.

Selbstverständlich würde ich durchaus nicht wollen, daß eine fanatische Bewegung gegen die künstliche Bienenzucht eingeleitet werden soll. Solche Sachen kann man eigentlich nicht machen im praktischen Leben. Denn das wäre ungefähr so wie etwas anderes, was ich Ihnen jetzt sagen will. Man kann ungefähr berechnen, wann einmal in der Erde keine Kohlen mehr sein werden. Der Kohlenvorrat der Erde ist ja erschöpfbar, geht einmal aus. Nun könnte man ja heute auch so wenig Kohlen aus der Erde herausfördern, daß das ungefähr so lange bliebe, bis die Erde selber zugrunde gegangen sein wird. Man kann nicht sagen, man soll es so machen, denn man muß da ein bißchen Vertrauen auf die Zukunft haben. Man muß sich sagen: Nun ja, gewiß, wir rauben der Erde alle Kohlen, das heißt, unseren Nachkommen rauben wir eigentlich die Kohlen; aber die werden schon etwas anderes dann erfinden, damit sie keine Kohlen brauchen. – So kann man natürlich auch sagen gegenüber den Nachteilen, die die künstliche Bienenzucht etwa hat.

Aber dabei bleibt es doch gut, wenn man sich bewußt ist, daß man dasjenige, was in der Natur in einer so wunderbaren Weise ausgebildet ist, eigentlich doch stört, wenn man etwas Mechanisches, Künstliches da hineinbringt. Denn die Bienenzucht hat zu allen Zeiten als etwas ganz Wunderbares gegolten. Die Biene galt gerade in ältesten Zeiten als ein heiliges Tier. Warum? Sie galt als ein heiliges Tier, weil sie eigentlich in ihrer ganzen Arbeit erkennen läßt, wie es im Menschen selber zugeht. Und wenn einer ein Stückchen Bienenwachs bekommt, so hat er eigentlich ein Zwischenprodukt zwischen Blut und Muskeln und Knochen. Das geht innerlich im Menschen durch das Wachsstadium durch. Das Wachs wird dadurch noch nicht fest, sondern bleibt flüssig, bis es übergeführt werden kann in Blut oder Muskeln oder Knochenzellen. Man hat also eigentlich im Wachs dasjenige vor sich, was man als Kräfte in sich hat.

Wenn die Leute in alten Zeiten Bienenwachskerzen gemacht haben und die angezündet haben, so haben sie darinnen wirklich eine ganz merkwürdige heilige Handlung gesehen: Dieses Wachs, das da verbrennt, haben wir aus dem Bienenstock geholt. Da ist es fest gewesen. Wenn das Feuer dieses Wachs schmilzt und dieses Wachs da verdunstet, dann kommt das Wachs in denselben Zustand, in dem es in unserem eigenen Leibe ist. – Und im verbrennenden Wachs in der Kerze haben die Leute früher etwas geahnt, was da hinauffliegt zum Himmel, was in ihrem eigenen Leibe ist. Das war ihnen etwas, was sie zur besonderen Andacht gestimmt hat und was sie wiederum dazu geführt hat, die Biene als ein besonders heiliges Tier zu betrachten, weil die etwas bereitet, was eigentlich der Mensch fortwährend selber in sich bereiten muß. Und daher ist es schon so: In je ältere Zeiten wir kommen, desto mehr finden wir, daß die Leute Ehrfurcht dem ganzen Bienenwesen entgegengebracht haben. Nur war das ja natürlich wild; die Leute haben es gefunden, es als eine Offenbarung betrachtet. Später ist es in den Haushalt der Menschen genommen worden. Aber in alledem, was da bei den Bienen auftritt, liegen doch lauter ganz wunderbare Rätsel, und empfinden kann man die Bienen nur, wenn man viel studiert, was eigentlich zwischen dem Menschenhaupt und seinem Körper vor sich geht.

Nun habe ich Ihnen diese Bemerkungen gemacht. Am Mittwoch werden wir ja die nächste Stunde haben. Vielleicht wird sich manche Frage daran knüpfen. Vielleicht wird auch Herrn Müller selber das eine oder das andere einfallen. Ich wollte Ihnen nur diese Bemerkungen machen, die ja nicht anzuzweifeln sind, denn sie beruhen auf wirklicher Erkenntnis. Aber es handelt sich darum, daß vielleicht noch manches deutlicher gemacht werden kann.

NEUNTER VORTRAG

Dornach, 28. November 1923

Guten Morgen, meine Herren! Ist Ihnen etwas eingefallen, was Sie noch fragen möchten?

Es wird ein Artikel aus der «Schweizerischen Bienen-Zeitung N. F.», Nummern 2 und 3, Februar und März 1923: «Sehen die Bienen für uns unsichtbare Farben?» von Prof. Dr. Buttel-Reepen, Oldenburg, verlesen.

Dr. Steiner: Nun, wollen wir darüber ein paar Worte sagen. Diese Experimente, die *Forel* und die *Kühn* und *Pohl* gemacht haben, die zeigen so recht, wie gedankenlos eigentlich gegenwärtig solche Experimente verfolgt werden. Man kann sich natürlich nichts Absurderes denken als eine solche Auslegung eines Experimentes! Bedenken Sie nur, daß ich ja dann auch folgendes ausführen könnte. Denken Sie, ich habe einen Stoff – solche Stoffe gibt es –, der besonders für Ultraviolett, das heißt also, über das Blau und Violett hinausliegende Farben empfindlich ist, zum Beispiel gerade das Bariumplatinzyanür, das in dem Artikel erwähnt ist. Das leuchtet auch, wenn ich alle anderen Farben abblende.

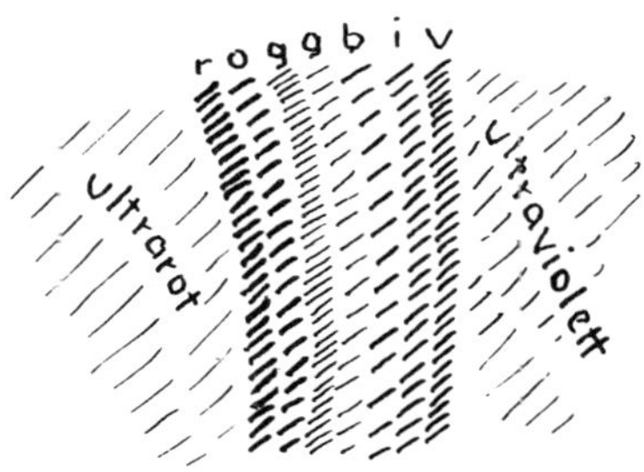

Also, ich blende Rot, Orange, Gelb, Grün, Blau, Indigo, Violett auch ab. Ich habe also Rot, Orange, Gelb, Grün, Blau, Indigo und Violett. Jetzt mache ich eine Blende, das heißt, ich decke das im Spektrum alles ab. Dann habe ich hier noch die sogenannten ultravioletten Strahlen, die für den Menschen unsichtbar sind. Gebe ich da hinein diese Substanz, die ein weißes Pulver ist, das Bariumplatinzyanür und schließe die Läden, so fängt das an aufzuleuchten. Wir Menschen sehen nichts in diesem abgedunkelten Zimmer; nun lassen wir diese Strahlen herein, blenden ab, wo wir es hereinlassen, lassen also bloß Ultraviolett herein. Wenn ich aber da Bariumplatinzyanür hineingebe, was geschieht dann? Dann «sieht» das.

Etwas anderes tut man ja auch nicht, wenn man Ameisen zum Experiment nimmt. Statt daß ich das Bariumplatinzyanür nehme, nehme ich Ameisen. Die Ameisen gehen auf Zucker – infolgedessen sage ich: sie sehen. Ebensowenig brauchen sie zu sehen, wie das Bariumplatinzyanür zu sehen braucht, um aufzuleuchten. Das Ganze, was ich jetzt behaupten kann, ist nur, daß, wenn ich irgendwo einen Stoff habe, das eine Wirkung auf die Ameisen ausübt. Mehr darf ich nicht behaupten. Also die betreffenden Gelehrten sind so gedankenlos als möglich und behaupten Dinge, die nichts als reine Phantasie sind.

Das einzige, was man behaupten kann, das ist dieses – und das ist dadurch bewiesen, nach dem Artikel, daß, wenn man die Augen anlackiert, dann keine Wirkungen mehr zustande kommen –, daß durch die Sinnesorgane eine Wirkung auf diese Insekten mehr oder weniger stattfand. Wobei noch charakteristisch das ist, daß der Gelehrte das, was er bei den Bienen bemerkt, auf Ameisen und Wespen überträgt. Das zeigt, wie gedankenlos solche Experimente gemacht werden.

Nun kommt aber noch das Folgende dazu. Wenn man hier weitergeht (Zeichnung S. 149), dann kommt man zu den sogenannten ultravioletten Strahlen. Also hier haben wir Rot, Orange, Gelb, Grün, Blau, dann käme noch Indigo, Violett. Da haben wir die ultraroten Strahlen; da die ultravioletten. Wir haben also hier rechts die ultravioletten Strahlen, und nun haben die ultravioletten Strahlen die Eigentümlichkeit – das drückt er selber so aus in dem Artikel –, ganz stark chemisch zu wirken. Also dasjenige, was da hineingebracht wird in den Bereich der ultravioletten Strahlen, das wird stark chemisch angegriffen. Und die Folge davon ist, daß, wenn ich da eine Ameise hineinbringe, diese sofort stark chemisch angegriffen wird. Das spürt sie. Das ist ja richtig, sie spürt es vorzugsweise in den Augen. Es handelt sich um ein Gefühl, wie wenn sie jemand krabbeln würde, wenn sie in die ultravioletten Strahlen gebracht wird, geradeso wie das Bariumplatinzyanür eine Einwirkung erfährt, wenn es in einen chemischen Bereich gebracht wird. Es ist geradeso. Wenn ich in einem Zimmer alles abblende und die ultravioletten Strahlen allein drinnen habe, dann ist es so, daß die Ameise sofort merkt: Es geschieht da etwas. – Namentlich wenn man da die Ameiseneier, die Larven hat, so werden die ganz verändert; die würden ja zugrunde gehen in dem Augenblick, wo diese starke chemische Einwirkung geschähe. Daher retten diese Ameisen die Eier. Also um was es sich da in diesem Artikel handelt, das ist ja eine Einwirkung auf chemische Art. Das, was ich neulich behauptet habe, stimmt schon. Ich habe gesagt: Die Bienen haben eine Art Geruchs-Geschmack, etwas, was zwischen Geruch und Geschmack drinnenliegt. Das ist das, was von den Bienen, und bei den Ameisen ist es ähnlich, gespürt wird.

So wenig kennen diese Herren, um was es sich handelt, daß sie zum Beispiel nicht wissen, daß, wenn der Mensch selber Farben wahrnimmt, in seinen Augen, schon wenn er die violetten Strahlen wahrnimmt, kleine chemische Veränderungen geschehen. Da ist das Farbenwahrnehmen beim Menschen schon nach dem Chemischen hin gerichtet. So daß das Ganze, was bei den Bienen hier untersucht worden ist, die Einwirkung auf die innere chemische Veränderung ist, die bei den Bienen vor sich geht, wenn sie im ultravioletten Licht leben.

Nun, sehen Sie, frei wahrnehmbar ist alles dasjenige für die Bienen, was im Bereich von Schwarz, Weiß, Gelb, Grau – das ist ja nur ein dunkleres Weiß –, Blaugrau liegt. Nämlich in allen diesen Farben ist kein Ultraviolett. Also diese chemischen Einwirkungen, die die Bienen so stark spüren, wenn sie ins Ultraviolett kommen, die sind hier bei diesen Farben nicht da. Wenn die Biene aus dem Bereich von Schwarz, Weiß, Gelb und Blaugrau in diesen Bereich kommt, so spürt sie bei dem Ultraviolett etwas, was ihr fremd ist; da kann sie nichts machen. Es kommt alles darauf an, daß die Biene eine Art von Geruchs-Geschmack hat. Nicht wahr, wir unterscheiden sehr stark zwischen Riechen und Schmecken. Das Schmekken ist vorzugsweise der chemische Sinn. Das beruht ganz auf Chemie. Die Biene hat etwas, was zwischen Riechen und Schmecken in der Mitte steht.

Dagegen spricht auch nicht, daß die Biene, wenn man ihr die Kiste, in der sie lebt, irgendwo vorne anstreicht, dafür ein Unterscheidungsvermögen hat; denn denken Sie, jede Farbe wirkt anders chemisch und anders warm. Wenn Sie zum Beispiel eine Fläche rot anstreichen würden und die

Biene sich diesem Rot nähert, dann wird es für sie warm. Wie soll sie nicht wissen, daß das anders ist, als wenn sie zum Beispiel in den Bereich von Blau kommt! Bei der blauen Fläche wird es kälter. Also die Biene spürt dieses Warme des Roten und das Kalte des Blauen. Das kann sie also natürlich unterscheiden. Aber man darf nicht von da aus den Schluß ziehen, daß die Biene mit den Augen so sieht, wie der Mensch mit den Augen sieht. Das ist natürlich ein absoluter Unsinn.

So ist es auch mit vielen anderen Dingen, die die Leute machen. Ich habe Ihnen schon einmal gesagt, worauf alle diese Experimente hinauslaufen. Ich habe Ihnen gesagt: Da gibt es eine gewisse Pflanze, die heißt die Venusfliegenfalle, die ihre Blätter sogleich zusammenzieht, wenn man sie berührt. Geradeso wie Sie aus der Hand eine Faust machen, wenn sie berührt werden sollen, das heißt, wenn Ihnen einer eine draufschlagen will, so wartet die Venusfliegenfalle, wenn ein Insekt in die Nähe kommt, und dann klappt sie zusammen. Nun sagen die Leute: Also hat diese Pflanze, die Venusfliegenfalle, eine Seele wie die Menschen. Sie nimmt wahr, wenn das Insekt ankommt, klappt zusammen und so weiter. – Ja, meine Herren, ich sage immer: Ich kenne eine gewisse Vorrichtung, die so beschaffen ist, daß, wenn ein anderes Tier in die Nähe kommt und etwas in der Vorrichtung berührt, diese Vorrichtung sofort zuschnappt und das Tier gefangen ist. Das ist nämlich eine Mausefalle. Und wenn man der Venusfliegenfalle eine Seele zuschreibt, dann muß man ebenso der Mausefalle eine Seele zuschreiben. Wenn man also den Bienen deshalb, weil sie im ultravioletten Lichte etwas tun, Sehen zuschreibt, dann muß man auch dem Bariumplatinzyanür ein Sehen zuschreiben.

Wenn die Leute denken würden, so würden sie auf ganz merkwürdige Dinge kommen, denn das Bariumplatinzyanür ist außerordentlich interessant. Bariumplatinzyanür besteht neben anderem aus Barium. Das ist ein weißes Metall, das zu der Gattung der Erdalkalimetalle gehört. Nun ist es interessant, daß solche Metalle auch eine gewisse Rolle im Leben des Menschen spielen. Wir könnten nämlich als Menschen in unserem Körper keine rechte Wirkung von Eiweiß, das wir essen, haben, wenn wir nicht in unserer Bauchspeicheldrüse solche Metalle hätten. Die müssen da sein. Wir haben also in dem Barium etwas, was mit dem zusammenhängt, wie wir uns wohl fühlen in der Verdauung.

Das Platin, das ist ein besonders wertvolles Metall, das wissen Sie ja, ein Metall, das auch besonders hart ist, schwer ist, ein Edelmetall. Diese Metalle, die haben alle die Eigenschaft, daß sie wiederum mit demjenigen zusammenhängen, was das Fühlen, das Spüren ist.

Und nun erinnern Sie sich noch an etwas. Sehen Sie, da drinnen ist noch Zyanür. Das ist eine gewisse Art von Zyansäure, Blausäure. Nun habe ich Ihnen gesagt, daß der Mensch gerade da, wo seine Muskeln arbeiten, immer etwas Blausäure entwickelt. Also dieser ganze Stoff ist etwas Ähnliches wie das, was der Mensch in seinem Körper fortwährend entwickelt. Und daraus können Sie ersehen, daß der Mensch selber besonders empfindlich ist in seinem Körper – nicht in seinen Augen – für dasjenige, was im ultravioletten Licht, das heißt in den chemischen Bestandteilen des Lichtes, vor sich geht. So daß auch wir Menschen selber es beurteilen können, wenn wir nur aufpassen können auf solche Dinge.

Aber dazu führt eben nur die Geisteswissenschaft, auf solche Dinge aufpassen zu können, daß da, wo das Bariumplatinzyanür besonders angegriffen wird, eine Art von Fühlen vorhanden ist. Und das ist bei der Biene im allerstärksten Maße vorhanden. Die Bienen spüren die Farben eben mit ganz besonderer Intensität und sehen nur dann die Farben, wenn ein selbstleuchtendes Lebewesen auftritt, ganz schwach leuchten. Und deshalb sagte ich: Im allgemeinen ist es um die Biene herum nur dämmerig. Wenn aber die neue Bienenkönigin auftaucht, dann schimmert diese für die Bienen so, wie für uns das Johanniskäferchen, wenn der Juni da ist. Das ist aber dasjenige, was für die drei kleinen Augen der Biene da ist; die anderen Augen, die größeren, haben schon eine Art Lichtempfindung, aber wie in der Dämmerung. Und wenn es abgedämmert ist, abgeblendet ist, spürt das Tier gerade die Anwesenheit von einer solchen Farbe, die chemisch wirkt, Ultraviolett, oder die gar nicht chemisch wirkt, Ultrarot.

Am Schluß des Artikels in der «Bienen-Zeitung» steht, bezüglich des Ultraroten werden später Mitteilungen kommen. – Gewiß, wenn die Bienen ins Ultrarot kommen, werden sie sich ganz anders verhalten, denn da sind keine chemischen Wirkungen mehr da. Was das Tatsächliche an den Experimenten ist, das ist richtig; aber man muß sich klar darüber sein, daß man nicht so schließen kann, wie Forel und Kühn geschlossen haben.

Das ist ein ganz gedankenloses Verfolgen der Experimente. Dann sagen aber die Leute: Das ist einwandfrei bewiesen. – Ja, natürlich, für den, der auch der Mausefalle eine Seele zuschreibt! Aber für einen anderen, der weiß, wie weit er gehen kann, wie weit er denken kann, damit die Sachen wirklich genau verfolgt werden, ist das gar nicht einwandfrei bewiesen.

Im Leben ist man ja gar nicht gewöhnt, daß man die Sachen genau verfolgt. Wenn die Menschen irgendwo eine kleine Sache erleben, wird, wie man darüber sagt, aus einer Mücke ein Elefant. So auch oft bei unseren Gelehrten. Wenn sie irgendeine Sache haben, hören sie nicht auf mit ihrem Denken, sondern sie setzen es fort bei dem, was unmittelbar vorliegt. Da wird ein phantastisches Zeug daraus, da wird aus einer Mücke ein Elefant. Wenn die heutige Wissenschaft irgend etwas behauptet – sie behauptet es nur durch ihre Macht, weil sie alle Journale in ihren Händen hat –, so wird in der Regel dem nicht widersprochen, was vorgebracht wird. Aber zuletzt wird man doch mit all dem Zeug nichts machen können.

Ich glaube, wenn Sie durch die ganze Bienenzucht durchgehen, so werden Sie sehen, daß gerade die vorzüglichsten Bienenzüchter sich wenig um dasjenige kümmern, was Forel und Kühn da entdeckt haben, denn die Bienenzüchter müssen praktisch vorgehen, und dann machen sie schon das, was notwendig ist, instinktiv.

Es ist natürlich besser, wenn man dieses Instinktive auch noch weiß. Ich glaube in der Regel auch bemerkt zu haben, daß der Imker sich ja vielleicht gerade einmal an einem Sonntagabend, wenn es draußen schneit, hinsetzt und solch einen Artikel liest, weil es ihn natürlich interessiert. Aber machen kann er mit dem Artikel nicht viel, weil man ja mit diesem Artikel nichts angreifen kann.

Aber Sie haben ganz gewiß noch andere interessante Sachen zu fragen.

Herr *Müller:* Ich möchte noch über die Königin etwas sagen. Wir haben schon besprochen, daß diese Eier legt. Nun haben wir aber auch unbefruchtete Königinnen, zum Beispiel bei schlechtem Wetter, und aus deren Eiern entstehen die Drohnen, die keinen Wert haben. Ebenso aber auch, wenn die Königin abgegangen ist und keine junge Brut mehr vorhanden ist, wird unter den Arbeitsbienen eine Biene aufgezogen zur Königin; diese legt ebenfalls Eier, aber eben auch unbefruchtete Eier, und daraus werden minderwertige Drohnen.

Dann möchte ich noch etwas über den Schwarmzustand sagen. Der erste Schwarm, der hat noch keine neue Königin. Die neue Königin schlummert noch in ihrer Zelle. Nur die älteren Bienen gehen mit der Königin ab. Ich fange die Königin heraus und kann die ganzen Bienen wieder in den Stock zurückbringen.

In bezug auf das Sehen der Bienen möchte ich sagen: Wenn wir im Bienenhaus arbeiten und es ist zuviel Licht, das heißt für den Imker immer noch zuwenig Licht, so regen sich die Bienen doch kolossal auf. In bezug auf das Stechen der Bienen beim Schwärmen: Es ist bei uns allgemein bekannt, daß ein Vorschwarm etwas kitzelig ist; bei einem Nachschwarm ist das weniger der Fall. Wir stehen auf dem Standpunkt, daß junge Bienen noch nicht stechen, ihren Stachel noch nicht gebrauchen.

Es gibt Gegenden, wo die Leute den Honig nicht eher ernten, bevor er nicht vom Pfarrer geweiht worden ist. Am 8. August ist ein Honigtag.

Es kann auch noch sein, daß der Schwarm ausfliegt, daß die Königin irgendwo sich absetzt, und es scheint, als ob er dabei erledigt wäre; es ist aber nicht so, nicht ganz so.

Dr. Steiner: Bezüglich dessen, was ich sagte, war eigentlich alles so, daß es darauf hinausläuft, daß die alte Königin vom Volk auszieht, wenn die junge Königin sich zeigt, also den Bienen sich wie ein Leuchtwürmchen zeigt. Wenn der Schwarm ausgeschwärmt hat und man die alte Königin abgefangen hat, so kann man ja das Volk, wie Sie sagen, wiederum zurückbringen in den Bienenstock, und es arbeitet ruhig weiter. Da kann man nicht sagen, daß das nicht richtig ist, daß das Volk zuerst weggezogen ist wegen des starken Lichteindrucks der jungen Königin durch die drei kleinen Augen. Das wird dadurch nicht aus der Welt geschafft. Sie müssen da ganz logisch vorgehen. Ich will ein Beispiel aus dem Leben bringen. Denken Sie sich einmal, Sie wären alle irgendwo angestellt, wo Sie eines Tages finden, Sie müssen alle zusammen streiken, weil hier etwas Unrichtiges in der Leitung vor sich geht. Nehmen wir an, Sie beschließen den Streik. Also Sie schwärmen aus, meine Herren.

Jetzt, nicht wahr, vergeht einige Zeit, und Sie haben nicht mehr die Möglichkeit, sich Lebensmittel zu kaufen. Sie sind am Hungertuch angekommen und gehen gezwungen wiederum zurück. Ja, kann ich jetzt sagen: Also ist es nicht wahr, daß zuerst etwas Unrichtiges geschehen ist?! – Denn Sie müssen doch bedenken, daß, wenn Sie dem ausgeschwärmten Schwarm die alte Königin wegnehmen und ihn wieder in den Bienenstock zurückbringen, er natürlich genötigt ist, weil er die alte Königin nicht mehr hat – was er spürt –, die neue Königin auszuhalten, in den sauren Apfel zu beißen. Das ist deshalb nicht unrichtig, was ich sagte, sondern es handelt sich eben gerade darum, daß man alle diese Dinge im richtigen Lichte anschaut.

Dann haben Sie vom Vorschwärmen gesprochen, wo eigentlich eine junge Königin noch nicht da ist, wo man davon nicht reden könnte. Nun, haben Sie aber ein solches Vorschwärmen beobachtet, wenn auch das Ei der jungen Königin noch gar nicht da ist?

Herr Müller: Neun Tage, bevor die junge Königin ausgeschlüpft ist.

Dr. Steiner: Zunächst ist die junge Königin als ein Ei in ihrer Zelle drinnen. Nach sechzehn Tagen wird sie eine ausgewachsene Bienenkönigin. Da schlüpft sie aus. Neun Tage vorher ist sie aber im Ei oder in der Made schon drinnen. Nun ist das Eigentümliche dabei, daß das Ei da am allerstärksten leuchtet. Es hört allmählich auf zu leuchten, und die junge Königin leuchtet noch einige Zeit. Aber am allerstärksten leuchtet sie, wenn sie noch Ei und Larve ist. Also das ist ganz erklärlich, daß da Vorschwärme abgehen, die aus den allerempfindlichsten Bienen bestehen und die sich fortmachen. Das erklärt sich daraus, daß nichts stattfindet, bevor nicht eine junge Königin da ist. Denn, was ist die junge Königin? Die ist ja auch schon da, wenn nur das Ei da ist.

Wenn die Königin unbefruchtet bleibt, dann bringt sie keine Arbeitsbienen hervor, sondern nur Drohnen, und, wie Herr Müller gesagt hat, noch dazu schlechte Drohnen. Das ist ja auch richtig. Man kann also eine solche Brut von einer unbefruchteten Königin, einem sogenannten Aftermütterchen, nicht brauchen, weil keine Arbeitsbienen dabei sind. Man wird also darauf sehen müssen, daß die Bienen gerade unter dem Einfluß des Sonnenlichtes ihren Hochzeitsflug halten können.

Sie sehen wiederum, was für eine große Rolle da das Chemische spielt. Denn, nicht wahr, alles das, was da geschieht, das geschieht ja als Wirkung auf das Geschlechtswesen der Biene. Das Geschlechtswesen ist aber ganz ein chemisches Wesen. Wenn die Bienenkönigin da hoch hinauffliegt, so ist es ja natürlich, daß da die Einwirkung nicht durch das Licht erfolgt, sondern durch das, was in der Lichtwirkung an Chemischem vorhanden ist. Also gerade da sehen Sie, wie fein empfindlich die Biene gegen das Chemische ist.

Sie sagten ferner, wenn man mit dem Bienenstock arbeitet, so braucht man natürlich als Mensch Licht, und das macht die Bienen unruhig. Nun denken Sie sich einmal recht lebhaft: Die Biene empfängt durch das Licht chemische Wirkungen, die sie furchtbar stark spürt. Wenn Sie nun als Mensch kommen und ihr Licht zulassen, plötzlich es hell machen, so wirkt das auf die Biene, wie ein starker Windzug auf Sie wirkt, geradeso wie wenn Sie irgendwo sitzen und das Fenster aufmachen und ein starker Windzug geht. Die Biene spürt das Licht; sie spürt nicht, daß es da besonders hell wird, aber sie spürt das als Erschütterung, wird ganz durcheinandergerüttelt. Und man könnte fast sagen – ohne daß ich es gesehen habe –: Wenn der Bienenzüchter das tut, daß er viel Licht zuläßt, so benehmen sich die Bienen furchtbar nervös, werden im Inneren unruhig, geraten in diese chemischen Wirkungen vom Licht hinein und fangen an, fast wie kleine Schwalben auf und ab zu fliegen. Sie tanzen hin und her. Und das ist eben das Zeichen, daß sie sich innerlich unruhig fühlen. Denken Sie doch nur einmal, die Bienen würden sich doch nicht gerade so nervös benehmen, wenn sie das Licht sehen würden. Sie würden sich dann mehr verkriechen, in eine Ecke hineinstellen, damit das Licht nicht auf sie wirkt.

Nun kommt ja bei all diesen Dingen natürlich auch in Betracht, daß man sich klar ist darüber, daß überall Wirkungen da sind, die nicht mit den Wirkungen verglichen werden dürfen, die die Dinge auf den Menschen haben. Sonst vermenschlicht man alles, und man kommt gar nicht dazu, sich die Sache anders vorzustellen als: Weil der Mensch so sieht, so sieht ein Tier auch so. – Das darf man nicht so von vornherein sagen. Sie werden vielleicht schon folgendes wahrgenommen haben. Wer solche Sachen beobachtet, der kann es wahrnehmen. Denken Sie sich einmal in eine Küche hinein, wo der Sparherd ein bißchen geheizt ist. Die Katze, die setzt sich gern auf den Sparherd drauf, wenn es geheizt ist, kugelt sich zusammen, schläft da, hat die Augen zu. Nun, wenn irgendwo unter einem Schrank eine Maus ist, die sie gar nicht wahrnehmen kann mit den Augen, kommt es vor, daß die Katze plötzlich, ohne die Augen aufzumachen, herunterspringt, mit Sicherheit losspringt auf die Maus, mit ganz voller Sicherheit losspringt auf die Maus, und bevor Sie sich die Sache noch gar nicht zu Ende überlegt haben, kommt die Katze mit der Maus und hat sie bereits in ihrem Maul.

Nun, meine Herren, Sie werden natürlich nicht behaupten, daß die Katze die Maus gesehen hat, denn sie hatte die Augen zu, sie hatte geschlafen. Nun behaupten aber die Leute: Sie hat ein ganz feines Gehör, und durch das ganz feine Gehör hat sie die Maus wahrgenommen. –

Nun, da müßte man jetzt behaupten: Die Katze hört, wenn sie schläft, am allerbesten. – Das ist ja auch schon eine etwas fragliche Behauptung, weil Sehen und Hören diejenigen Sinne sind, die eigentlich bloß beim Wachen eine so große Rolle spielen, währenddem der Geruch zum Beispiel beim Schlafen eine außerordentlich große Rolle spielt. Der wirkt chemisch. Und da geschieht in der Nase und im ganzen Gehirn etwas Chemisches. Aber außerdem, wenn Sie etwas hören, können Sie gleich mit Sicherheit auf das zuspringen? Das ist ja gar nicht der Fall. Das Hören ist ja nicht so, daß man sich dann so schnell orientieren kann. Also auf das Hören kann es bei der Katze nicht ankommen. Aber was man bei der Katze ausgesprochen findet, das ist ein furchtbar feiner Geruchssinn, den sie in ihrem borstigen Bart drinnen hat. Und dieser furchtbar feine Geruchssinn ist dadurch drinnen, daß in jeder solchen Borste eigentlich ein Kanal ist, und da drinnen in der Borste (es wird gezeichnet) ist ein Stoff, und dieser Stoff wird chemisch verändert durch die Anwesenheit der Maus. Wenn keine Maus da ist, so hat dieser Stoff chemisch eine gewisse Beschaffenheit. Ist irgendwo im Umkreis, ganz weit, eine Maus, so nimmt die Katze durch die chemische Wirkung ihres Schnauzbartes die Maus wahr. Ich habe Ihnen einmal gesagt, daß es Leute gibt, die, wenn sie oben im dritten Stock leben und unten im Keller ist irgendein Stoff, zum Beispiel Buchweizen, den Stoff wahrnehmen können und davon krank werden können. Und daß der Geruchssinn ganz sicher wirkt, davon können sich die Leute überzeugen; sonst könnte es keine Polizeihunde geben. Die erreichen mit den Augen sehr wenig, aber mit ihrem Geruchssinn sehr viel. So ist im Tierreich die Sicherheit nicht den Augen, sondern den chemischen Wirkungen zuzuschreiben; bei den ultravioletten Strahlen wirken sie am allerstärksten.

Wenn Sie einem Polizeihund eine besondere Gnade erweisen wollten, so würde es gut sein, wenn Sie zum Beispiel mit ihm gehen und ihm immer eine Blendlaterne hinhalten würden, so daß Sie ihn immer in ultravioletten Strahlen drinnen haben. Dann würde der Polizeihund noch sicherer finden, weil dann in seinen Riechhaaren – bei dem Hund sind es nämlich auch die Riechhaare – noch sicherere chemische Wirkungen auftreten würden.

Also alles, was Sie überhaupt von Tieren wissen können, geht darauf hin, daß man, sobald man ins Tierreich kommt, von solchen bewußten Sinnen beim Tiere absehen muß, und man muß in den Geruchs- und Geschmackssinn, das heißt in die chemischen Sinne herunterkommen.

Sie meinten dann ferner, junge Bienen stechen nicht. Es ist ja aber wohl sehr erklärlich, daß junge Bienen eben noch nicht das Organ des Stechens, die ganze innere Organisation noch nicht so ausgebildet haben. Das kommt erst mit dem Älterwerden. Das ist ja nichts Besonderes und widerspricht nicht dem, was ich gesagt habe.

Herr Müller frägt über das künstliche Füttern. Er nehme vier Liter Wasser, fünf Kilo Zucker, füge noch Thymian dazu, Kamillentee und eine Prise Salz. Was das für Wirkungen haben könne?

Dr. Steiner: Darüber können wir ja ganz besonders Aufschluß geben aus dem Grund, weil auf solchen Prinzipien, wie sie da instinktiv gemacht werden, zum Teil unsere Heilmittel beruhen. Nicht alle, aber eine Anzahl von unseren Heilmitteln beruht darauf.

Wenn Sie die Bienen mit Zucker füttern, so ist das ja eigentlich zunächst ein Unfug, denn die Bienen haben von der Natur aus nicht den Zucker als ihre Nahrung, sondern den Nektar und den Pollen, den Blütenstaub.

Herr Müller: Man muß zum Beispiel die Waldtracht entleeren, selbst die Brutwaben, weil die Bienen sonst die Ruhr bekommen. Und dann haben manchmal die Bienen nur zwei bis drei Kilo, das reicht nicht aus.

Dr. Steiner: Die Bienen sind im allgemeinen gewöhnt, nicht Zucker zu fressen, sondern sie sind eigentlich gewöhnt, den Honig als Nahrung zu haben. Das sind sie eigentlich gewöhnt. Das ist von ihrer Natur aus so. Nun ist das Eigentümliche, daß die Biene im Winter jede Nahrung, die sie bekommt, in eine Art von Honig verwandelt. Die Nahrung wird ja von dem Wesen, das sie aufnimmt, wieder verwandelt. Also die Biene ist fähig, während des Winters das, was sie aufnimmt für sich, während der Verdauung in eine Art von Honig zu verwandeln. Und Sie können sich vorstellen, daß das eigentlich eine Prozedur ist, zu der eine größere Kraft gehört, als wenn man die Bienen mit Honig füttert. Da brauchen sie die Kraft nicht aufzuwenden, in ihrem Organismus drinnen wiederum den Zucker in Honig zu verwandeln.

Was für Bienen werden denn das sein, die in ausgiebiger Weise in sich selber den Zucker in Honig verwandeln? Das werden allein die starken Bienen sein, diejenigen, die man gut brauchen kann. Schwache Bienen kann man nicht dazu bringen, den Zucker in sich selber in Honig zu verwandeln. Daher sind sie mehr oder weniger unbrauchbar.

Nun aber sagte ich vorhin: Die Sache ist für uns besonders erklärlich, wenn Sie zum Beispiel Kamillentee dazunehmen, denn da nehmen Sie nämlich der Biene schon wiederum einen Teil ab von dem, was sie sonst in ihrem eigenen Körper ausführen muß. Wenn Sie den Zucker mit Kamillentee versetzen, dann ist die Substanz der Kamille dasjenige aus der Pflanze, was in der Pflanze den Honig hervorbringt. Denn die Substanz, die im Kamillentee enthalten ist, die ist ja nicht bloß in der Kamille enthalten, sondern in jeder Pflanze, die Honig in sich hat. Aber die Kamille enthält natürlich diese Substanz in stärkerem Maße, und darum kann man sie als Honigpflanze eigentlich schon wiederum gar nicht gebrauchen. Aber wenn Sie eine Pflanze haben, so ist in der Pflanze viel sogenannte Stärke drinnen. Die Stärke hat fortwährend die Tendenz, sich in Zucker zu verwandeln. Auf die Stärke wirkt nun der Kamillensaft schon in der Pflanze drinnen so, daß er den Zuckersaft in der Pflanze nach dem Honig hin dirigiert. Wenn Sie nun also dem Tier Kamillentee beibringen, dann unterstützen Sie es dadurch in der inneren Honigwirkung. Sie machen den Zucker schon ähnlich dem Honig, wenn Sie den Kamillentee beimischen.

So machen wir es auch mit unseren Heilmitteln. Wenn Sie irgendein Metall haben, kann man das dem Menschen nicht ohne weiteres beibringen, weil es wiederum herausginge mit der Verdauung, sondern man muß es mit irgend etwas versetzen, weil es dann leichter aufgenommen wird. So ist es auch mit dem Kamillentee, den Sie dem Zucker zusetzen.

Das Salz muß aus dem Grunde noch beigesetzt werden, weil das Salz überhaupt die sonst unverdaulichen Dinge verdaulich macht. Der Mensch nimmt instinktiv zu seiner Suppe und so weiter Salz, weil das Salz die Eigentümlichkeit hat, sich rasch im Körper auszudehnen und die Speisen verdaulich zu machen.

ZEHNTER VORTRAG

Dornach, 1. Dezember 1923

Meine Herren! Herr Müller hat mir noch eine Nummer der «Schweizerischen Bienen-Zeitung» gegeben, worin ein Artikel ist, der über die Erfahrungen mit Honigkuren handelt: «Unsere weiteren Erfahrungen mit Honigkuren im Kinderheim Frauenfelder, Amden.» Von Dr. *Paula Emrich,* Weesen, Nummer 3 der «Schweizerischen Bienen-Zeitung», März 1923.

Einige Stellen daraus werden verlesen.

Es ist ganz interessant, an diesen Artikel heute ein paar Bemerkungen anzuknüpfen. Es handelt sich darum, daß in diesem Kinderheim der Versuch gemacht worden ist, die Kinder, die in irgendeiner Richtung sich als schwach ernährt erwiesen, mit Honig zu behandeln und zwar in der Weise, wie man es beschreibt, daß man Honig in einer mäßig warmen Milch auflöst, fein verteilt und dann den Kindern diesen Honig in der nicht überhitzten Milch, in Milch, die nicht bis zum Sieden gekommen ist, die unter der Siedetemperatur geblieben ist, gibt.

Sie verzeichnet da ausgezeichnete Resultate. Namentlich kann die Artikelschreiberin das erfreuliche Resultat bringen, daß der Gehalt an roten Blutkörperchen bei den Kindern in ganz außerordentlicher Weise zunimmt. So hatte sie zum Beispiel zwei Kinder, die Geschwister waren. Da hatte das kleinere, als es in die Anstalt aufgenommen wurde, nur 53 Prozent rote Blutkörperchen. Bei der Entlassung, also nachdem es die Honigkur durchgemacht hatte, waren die roten Blutkörperchen bis auf 82 Prozent hinaufgegangen. Das größere Kind hatte 70 Prozent rote Blutkörperchen, und wie es abgeholt worden ist, 78 Prozent. Das hat also weniger zugenommen, aber eben immerhin auch zugenommen. Das größere Kind hatte nur Milchkur gemacht und hatte unter der auch zugenommen, aber nur von 70 auf 78 Prozent, war also von vornherein nicht so schwach, aber es ist auch nicht in demselben Verhältnis stärker geworden.

Nun gibt sie noch eine ganze Anzahl von sehr interessanten Versuchen an. Und da bitte ich Sie, wenn ich diese Versuche erwähne, achtzugeben darauf, was für ein Alter die Kinder haben. Wenn man überhaupt die Wirkung irgendeiner Substanz auf den Menschen untersuchen will, so hilft es einem gar nichts, wenn man diese Versuche einfach im Laboratorium macht, sondern man muß immer auch, wie man bei jedem Kranken als erstes das Alter feststellen muß, wenn man irgendwelche Ernährungs- oder Heilversuche macht, sogleich das Alter feststellen.

Wir haben also einen elfjährigen Knaben; der hat acht Wochen eine Honigkur durchgemacht und hat dadurch eine sehr bedeutsame Verbesserung seiner Drüsen erlangt. Auch ein Lungenspitzenkatarrh ist besser geworden, und die roten Blutkörperchen, die eigentlich bedeutsamen Teile, sind von 53 Prozent auf 75 Prozent gestiegen. Dann als zweites wiederum einen elfjährigen Knaben. Er hat eine Steigerung von 55 Prozent auf 74 Prozent. Dann ein vierzehnjähriges Mädchen hat eine Steigerung von 70 Prozent auf 88 Prozent. Die weiteren Steigerungen werde ich Ihnen nicht mehr vorlesen, denn sie sind überall bedeutsam. Sie gibt dann auch noch die Gewichtszunahme an, die ebenso dafür zeugt, daß die Kinder kräftiger geworden sind. Sie gibt dann an ein zehnjähriges Mädchen, ein weiteres zehnjähriges Mädchen, einen dreizehnjährigen Knaben, ein siebenjähriges Mädchen, einen elfjährigen Knaben, einen achtjährigen Knaben, einen zwölfjährigen Knaben, einen neunjährigen Knaben und einen siebenjährigen Knaben. Die Versuche zeigen, daß Kinder in diesem Alter, also sagen wir ungefähr im schulpflichtigen Alter, von der Honigkur außerordentlich viel haben.

Nun studiert die Verfasserin noch darüber, was die Ursache sein könnte, daß diese Kinder von der Honigkur außerordentlich viel haben. Da gibt sie etwas sehr Interessantes an. Da gibt sie etwas an, was in der alleräußersten Weise verurteilt das, was heute ja noch so vielfach in der Wissenschaft angewendet wird.

Was tut heute die Wissenschaft, wenn sie Nahrungsmittel auf ihre Ernährungskraft prüfen will? Die Wissenschaft, die zerlegt diese bestimmten Ernährungsmittel, Nahrungsmittel, und sucht, wieviel Bestandteile von dem einen oder anderen sogenannten chemischen Stoff drinnen sind. Das tut diese Wissenschaft.

Nun ist folgendes geschehen: Ein Schüler – sagt die Verfasserin – des berühmten Physiologieprofessors *Bunge,* den Sie ja dem Namen nach kennen, war in Basel und machte Versuche, indem er Mäuse mit Milch fütterte. Diese Mäuse, die hatten es gut; sie entwickelten sich ganz ausgezeichnet. Sie wurden also mit Milch gefüttert. Nun aber machte er den Versuch noch auf eine andere Weise. Er sagte sich: Milch besteht aus Kasein, also Käsestoff, Fett, Zucker und Salzen. Und nun sagte er sich: Bei Milch sind die Mäuse vorzüglich gediehen; die Milch besteht aus Kasein, Fett, Zucker und Salzen; also gebe ich einer solchen Gruppe von Mäusen Kasein, Fett, Zucker und Salze. Das ist ja dasselbe, was in der Milch drinnen ist. – Und siehe da, die Mäuse, denen er Kasein, Fett und so weiter gegeben hatte, die krepierten nach ein paar Tagen! Sie haben dasselbe gekriegt, aber sie krepierten. Sie sehen: Die Zusammensetzung des Stoffes macht es nicht aus. Da muß irgend etwas anderes mitspielen – so hätten sich die Herren sagen sollen.

Aber was haben sich die Herren gesagt? Die Herren sagten sich: Stoff, das ist überhaupt alles, Stoff muß überall sein. Und wo überhaupt etwas geschieht, da muß ein Stoff da sein. – Aber die Stoffe, die da drinnen sind im Kasein, in Fett, Zucker und Salzen, ja, die machen es nicht! Da sagten sich die Herren: Es muß halt ein neuer Stoff drinnen sein, in so kleinen Mengen, daß man ihn gar nicht findet durch die chemische Untersuchung. – Und diesen Stoff nennen nun die Leute Vitamin. Vita ist Leben, also Vitamin = macht das Leben.

Heine hat einmal etwas verspotten wollen; da sagte er: Es gibt Leute, die wollen zum Beispiel erklären, woher die Armut komme. Nun, das einfachste ist ja, wenn man sagt: Die Armut kommt von der Pauvreté. – Da hat man dann ein anderes Wort, aber man hat damit nichts erklärt.

Ich war einmal in einer Gesellschaft, da wurde gesprochen davon, woher das Komische kommt, und da haben sich eine Reihe von Leuten recht schöne Gedanken darüber gemacht, woher das Komische kommt, worüber man lacht. Dann ist aber einer aufgestanden und ist schon so hingegangen zum Podium, daß man gewußt hat, der hat das Gefühl, recht viel zu sagen! Und nun hat er seine Ansicht über das Komische vorgebracht und hat gesagt: Das Komische, das kommt lediglich davon, daß der Mensch die vis comica hat. – Vis comica: vis ist Kraft, comica ist komisch. Der Mensch hat die komische Kraft, daher kommt das Komische. – Das ist gerade so, als wenn einer in der Volkswirtschaft sagt:

Woher kommt das Geld? Das Geld kommt von der geldmachenden Kraft. – Man hat damit gar nichts erklärt.

Nun, in der Volkswirtschaft wird man sogleich bemerken, daß einer ein kurioser Kerl ist, wenn er sagt: Das Geld kommt von der geldwirkenden Kraft. Aber in der Naturwissenschaft bemerkt man das nicht, wenn einer sagt: Woher kommt die belebende Kraft in der Milch? – und darauf antwortet: Vom Vitamin. – Das ist geradeso wie: Die Armut kommt von der Pauvreté. – Aber man merkt nichts. Man meint, man habe eine große Sache gesagt, aber man hat gar nichts damit gesagt.

Und das ist es, was, ich möchte sagen, das Aufregende im heutigen Wissenschaftsbetrieb ist. Die Leute glauben etwas zu sagen, verkündigen das mit riesigen Worten, und die anderen Menschen glauben ihnen auch alles. Aber wenn das noch lange in der Weltgeschichte so fortgeht, so wird es dazu kommen, daß überhaupt alles verkümmern und verkommen muß. Denn die Welt hängt davon ab, daß man etwas machen kann, nicht davon, daß man über die Sachen bloß reden und Worte machen kann. Die Worte müssen dasjenige bedeuten, was wirklich da ist. Und da gab es früher wirklich eine Art von Wissenschaft, die unmittelbar mit der Praxis zusammenhing. Und heute gibt es eine Wissenschaft, die überhaupt nichts mehr von der Praxis weiß. Sie spinnt bloß noch Worte aus. Und das ist eben natürlich mit dadurch gekommen, daß eine neue Autorität zu den alten Autoritäten dazugekommen ist.

Sie müssen nur bedenken, wie kurze Zeit es erst her ist, daß es für solche speziellen Sachen nicht so viele Zeitschriften gegeben hat wie heute. Da sind eigentlich die Mitteilungen, die über so etwas gekommen sind, wie, sagen wir, die Bienenzucht, auf Bienenzüchtertagungen abgemacht worden. Das geht noch in meine Jugend zurück. Da konnte man erfahren, wie diese Dinge auf so einer Bienenzüchtertagung abgemacht worden sind. Da hat einer dem anderen das gesagt, was er aus seinen Erfahrungen wußte, und da erahnte man gleich, ob einer ein Windbeutel ist, oder ob er wirkliche Erfahrungen hinter sich hat. Denn das ist etwas ganz anderes, wenn man einen reden hört. Da merkt man, ob er etwas weiß, oder ob er bloß etwas nachredet. Denn die Druckerschwärze ist als eine neue Autorität vielfach zu den anderen hinzugekommen. Und wenn etwas gedruckt ist, dann glauben die Leute, da muß etwas dahinter sein.

Aber bei diesem Artikel kommt noch etwas dazu. Diese Ärztin hat tatsächlich Segensreiches gewirkt durch ihre Honigkuren. Und dasjenige, was sie in der Praxis gemacht hat, ist etwas Ausgezeichnetes. Nun denkt sie im Sinne der Wissenschaft darüber nach, und da kommt im Grunde gar nichts darüber heraus. Und sie sagt es auch:

«Es wäre sehr wünschenswert, wenn die Ergebnisse unserer Versuche weitesten Kreisen bekannt würden, und wenn besonders unserer heranwachsenden Jugend wieder mehr Honig verabreicht würde.»

«Vorläufig stellen unsere Mitteilungen nur die Ergebnisse unserer praktischen Erfahrungen dar; aber wir zweifeln nicht, daß mit dem weiteren Ausbau der Vitaminlehre auch die Pharmakologen und Physiologen sich mit dem Problem der Honigwirkung auf den Organismus befassen werden.»

Ebenso sagt die Artikelschreiberin gleich am Anfang:

«Es drängt mich, auch einmal vom ärztlichen Standpunkte aus über die Wirkungen der Honigkuren zu berichten.... Unsere guten Erfolge muntern direkt dazu auf, den tieferen Zusammenhängen nachzuspüren. Wenn schon ich mir bewußt bin, noch lange nicht in das innerste Wesen derselben eingedrungen zu sein, möchte ich doch jetzt schon auf Grund unserer Erfahrungen und Untersuchungsergebnisse die Punkte beleuchten, an denen meines Erachtens die weitere Forschung anzusetzen hätte.»

Also, da geht doch aus ihren eigenen Worten klar hervor, daß sie die Bescheidenheit hat, diese Ärztin, daß sie sagt: Mit der ganzen Vitaminlehre ist doch eigentlich nicht in das Wesen der Sache hineinzukommen.

Nun wollen Sie sich einmal folgendes genau überlegen. Wir wollen jetzt einmal sehen, worauf eigentlich die Wirkung der Honigkuren beruht. Sie sehen, auch diese Versuche zeigen uns etwas. Sie zeigen uns, daß die Wirkung des Honigs ganz besonders stark ist – und das werden die Versuche immer mehr und mehr zeigen –, nicht bei ganz kleinen Kindern, sondern bei denjenigen Kindern, die entweder schon beim Zahnwechsel angekommen sind oder sehr stark über den Zahnwechsel hinaus sind. Das ist also etwas, was die Versuche selber zeigen. Das ist außerordentlich wichtig, daß man das in Betracht zieht. Aber die Versuche zeigen nämlich noch weiteres. Sie zeigen, daß bei Kindern der Honig am besten dann wirkt, wenn man ihn in eine mäßig heiße Milch gibt. Also wenn man ein Gemisch von Honig und Milch hervorruft, dann wirkt das besonders bei Kindern.

Und wenn man nun noch weitergehen würde, so würde man nämlich folgendes finden. Man würde finden, daß der Honig auch bei kleineren Kindern eine Bedeutung schon haben kann. Dann muß man aber wenig Honig in die Milch hineingeben; mehr Milch, wenig Honig. Bei alten Leuten hilft der Honig hauptsächlich, nicht die Milch. Günstige Resultate kann man für Greise dadurch erzielen, daß man sie den Honig überhaupt ohne Milch verspeisen läßt.

Dasjenige, was man sagen muß, ist, daß Milch und Honig etwas sind, was für das menschliche Leben eine außerordentlich große Bedeutung hat. Das geht gerade aus diesen Erfahrungen hervor.

Und sehen Sie, meine Herren, alte Wissenschaften, das habe ich Ihnen oftmals gesagt, waren nicht so dumm, als die heutige Gelehrsamkeit meint. Alte Wissenschaften kommen manchmal in einer einfachen Weise heraus, aber sie waren eigentlich sehr gescheit, sehr weise. Und nun wissen Sie, in der alten Redensart: Das ist ein Land, wo Milch und Honig fließt – liegt ja das ausgedrückt, daß es ein gesundes Land ist, wo man gesund leben kann. Also es wußten die Menschen der alten Zeiten, daß Milch und Honig etwas ist, was mit dem Leben ungeheuer stark zusammenhängt.

Die Natur redet manchmal auf eine sehr verständige Weise. Dasjenige, was sie ausspricht, das merkt man, wenn man nur die einfachen Sachen einfach genug nimmt. Wer weiß, daß die Natur überhaupt sehr weise wirkt, der braucht nicht viel Beweis dafür, daß die Milch mehr das ist, was für die kleinen Kinder gut ist und den Heranwachsenden. Sonst würde aus den Brüsten der Frauen Honig fließen und nicht Milch, was durchaus nicht im Bereich der Naturunmöglichkeit läge, denn die Pflanzen bringen den Honig hervor, und es könnte schon durchaus die Möglichkeit sein, daß in der Drüsenabsonderung der Frauenbrust Honig wäre. Man muß nur die Dinge einfach genug nehmen. Man muß nicht sagen: Die Natur ist eine Stümperin, und sie macht in der Frauenbrust bloß Milch und nicht Honig –, sondern man muß sagen: Dahinter liegt eben schon die Erkenntnis, daß für das kleine Kind vor allen Dingen die Milch in Betracht kommt, und daß man den Honig nehmen kann, je mehr das Kind heranwächst.

Ja, aber wir können uns doch nicht bloß eine solche Vorstellung machen, die eine bloße Wortvorstellung ist, und uns sagen, die Armut kommt von der Pauvreté, das Komische von der Vis comica und die Belebungskraft des Honigs kommt von dem Vitamin, das drinnen ist, sondern man muß hinschauen auf das, was Wirklichkeit in dieser Beziehung ist. Und da werde ich Ihnen das Folgende sagen – wir wollen etwas zusammenstellen, was wir längst aus diesen Vorträgen schon wissen, aber es handelt sich darum, daß man die Dinge immer richtig anschauen kann.

Sehen Sie, meine Herren, wenn Sie ins Hochgebirge gehen, finden Sie gerade da, wo das Hochgebirge am härtesten ist, wo gewissermaßen das härteste Erdige herausschießt, Quarzkristalle. Die sind sehr schön. Sie finden überhaupt allerlei Kristalle. Erinnern Sie sich, ich habe Ihnen diese Quarzkristalle aufgezeichnet; die schauen so aus (siehe Zeichnung).

Wenn sie ganz sind, so sind sie auch da unten abgeschlossen geradeso wie oben; aber meistens sind sie nicht ganz. Sie kommen also aus dem Gestein heraus, wachsen gewissermaßen aus dem Gestein heraus in einer solchen Form, wie ich es Ihnen da aufgezeichnet habe, wie ich es schon oft aufgezeichnet habe. Was heißt denn das? Das heißt, die Erde läßt solche Kristalle aus sich herauswachsen, die sechseckig sind und spitz zulaufen. Also in der Erde drinnen ist die Kraft, so etwas sechseckig zu gestalten.

Sehen Sie, im Menschen sind alle Kräfte, wie ich Ihnen immer wiederum auseinandergesetzt habe, die in der Erde und die auch im Weltenall sind. Die Erde hat diese Kraft wiederum vom Weltenall. Der Mensch hat sie von der Erde. In dem Menschen ist diese Kraft drinnen, die bei der Erde diesen Quarzkristall heraustreibt. Wie ist das da drinnen? Ja, der menschliche Körper ist nämlich voll von Quarz.

Jetzt werden Sie sagen: Donnerwetter noch einmal, was der uns da vorredet! – Der Quarz, wie man ihn oben im Gebirge bekommt, das ist einer der härtesten Körper. Daran kann man sich den Schädel anschlagen. Der Quarz bricht nie, aber der menschliche Kopf bricht natürlich dabei, wenn man das probiert und den Schädel furchtbar an Quarz anschlägt. Also die Härte, die ist dasjenige, was das am meisten Auffallende beim Quarz ist. Aber die Körper sind nicht überall so, wie sie da oder dort uns entgegentreten. Im Menschen ist ganz dasselbe, was der Quarz ist, aber in einer mehr flüssigen Form. Warum?

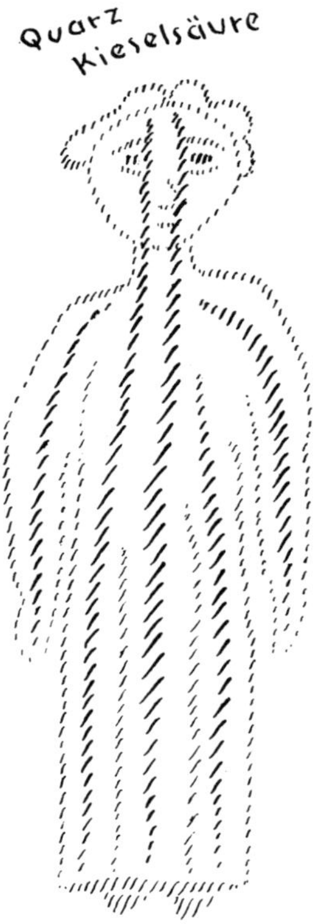

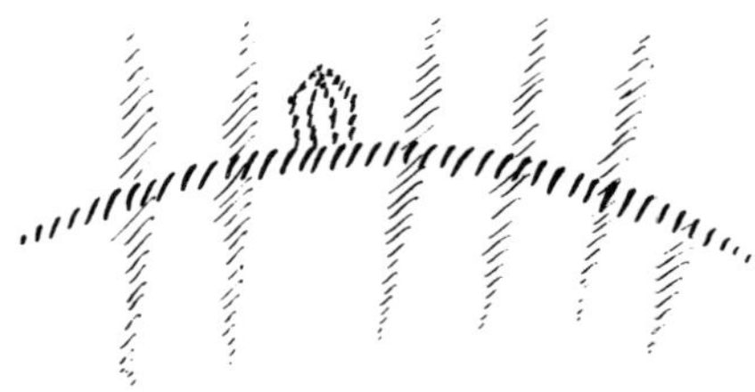

Sehen Sie, man kann beobachten – und da muß man nur richtig beobachten durch richtiges inneres Schauen –, wie da fortwährend etwas herunterströmt vom Kopf in die Glieder des Menschen (siehe Zeichnung). Das ist sehr interessant: Wenn Sie da den menschlichen Kopf haben, dann strömt fortwährend vom Kopf herunter dasselbe, was die Erde einmal von innen nach außen hat strömen lassen, und was da oben hart geworden ist und zum Beispiel als Quarzkristalle sich absetzte. Das strömte da vom Inneren der Erde heraus; und beim Menschen strömt es vom Kopf nach dem ganzen Körper. Es ist das Quarz oder Kieselsäure. Nur läßt der menschliche Körper den Quarz nicht Kristall werden. Das wäre auch eine schöne Geschichte, wenn wir da innerlich ganz ausgefüllt wären mit lauter Quarzkristall. Das täte uns gehörig weh! Bis zu dem Punkt, wo der Quarz gerade so sechseckig werden will, läßt es der Mensch kommen. Und da, da stoppt er. Da läßt er es nicht weiter dazukommen. So daß bei uns im Körper nur der Anfang der Quarzbildung ist, und dann wird es gestoppt; aufhören muß es. Und darauf beruht ja unser Leben, daß wir fortwährend vom Kopf nach unten sechseckige Kristalle bilden wollen, es aber nicht dazu kommen lassen, sondern aufhören. Da drinnen wollen fortwährend solche Kristalle entstehen. Sie entstehen aber nicht wirklich, sie werden aufgehalten, und wir haben dann sozusagen in ganz starker Verdünnung den Quarzsaft in uns.

Hätten wir nicht den Quarzsaft in uns, dann könnten wir zum Beispiel noch soviel Zucker essen – wir hätten niemals einen süßen Geschmack im Mund. Das macht der Quarz, den wir in uns haben, aber nicht durch seine Stofflichkeit, sondern durch das, daß der Wille in ihm ist, sechseckig zu werden als Kristall. Das macht es. Darauf kommt es an.

Sie sehen also, in der Erde ist dasselbe drinnen, was nur weitergeführt wird. Der Mensch hört auf mit der Kieselsäure, wenn die anfangen will, da in ihm spießig zu werden. Die Erde läßt es bis zu der Spießigkeit nach oben kommen. Aber der Mensch braucht diese Kraft, diese Kieselsäurekraft, die die Kraft ist, sechseckige Gestaltungen hervorzubringen. Diese Kraft, sechseckige Gestaltungen hervorzubringen, die braucht der Mensch.

Ich denke mir, es sind nicht alle unter Ihnen gute Geometer. Die Geometrie ist nicht allen unter Ihnen jetzt gleich geläufig. Sie könnten vielleicht nicht jetzt gleich solch einen Quarzkristall selbst zeichnen oder aus Plastilin gestalten. Aber Ihr Körper, der ist ein guter Geometer, der will fortwährend solche Kristalle machen. Wir werden daran gehindert. Aber alles Leben besteht darinnen, daß wir das Sterben aufhalten, und wenn wir es nicht mehr aufhalten, so sterben wir eben wirklich.

Jetzt schauen wir wieder die Biene an. Die Biene fliegt aus, sammelt den Honig. Den Honig verarbeitet sie dann im eigenen Körper und macht daraus dasjenige, was ihre eigenen Lebenskräfte sind. Sie erzeugt aber ferner das Wachs. Was macht sie denn mit dem Wachs? Daraus macht sie sechseckige Zellen. Sehen Sie, die Erde macht sechseckige Kieselsäurekristalle. Die Biene macht sechseckige Zellen.

Das ist furchtbar interessant. Wenn ich Ihnen die Zellen der Biene aufzeichnen würde oder wenn Sie sich erinnern, wie sie Ihnen der Herr Müller gezeigt hat, so schauen sie so aus wie die Quarzkristalle, nur daß sie hohl sind. Der Quarz, der ist nicht hohl. Aber in der Form sind sie ganz gleich.

Ja, sehen Sie, meine Herren, diese Zellen sind hohl (siehe Zeichnung). Aber was kommt denn da hinein? Da kommt das Bienenei hinein. Wo beim Quarz die Kieselsäure drinnen ist, ist es hohl bei der Zelle, und da kommt gerade das Bienenei hinein. Die Biene wird durch dieselbe Kraft ausgebildet, die in der Erde ist und den Quarz bildet. Da wirkt die fein verteilte Kieselsäure. Da ist eine Kraft drinnen; sie kann physisch nicht nachgewiesen werden. Da wirkt durch den Bienenkörper der Honig so, daß er das Wachs in der Gestalt bilden kann, die gerade der Mensch braucht, denn der Mensch muß diese sechseckigen Räume in sich haben. Der Mensch braucht das gleiche. Und indem die Biene dasjenige Tier ist, das am besten zunächst diese sechseckig wirkende Kraft bilden kann, ist die Biene das Tier, das aus allem, was da ist, dasjenige Nahrungsmittel sammelt, das im Leibe am besten in diese sechseckig wirkende Kraft übergeführt werden kann.

Sehen Sie, meine Herren, essen Sie nun Bienenhonig, dann bekommen Sie in sich eine ungeheuer stärkende Kraft. Denn wenn Sie zu schwach geworden sind, um diese Sechseckkraft, die vom Kopfe nach dem ganzen Leibe gehen muß, in sich zu entwickeln, wenn Sie nicht mehr die Kraft haben, dem Blut so viel Festigkeit zu geben, daß diese Sechseckkraft fortwährend da ist, dann muß der Honig eintreten, oder beim Kinde die Milch. Das Kind hat noch nicht diese Sechseckkraft; daher muß es sie noch durch das bekommen, was im Menschen selber noch zubereitet ist an Milch.

Deshalb ist es, daß Sie noch so viel Kasein, Fett, Zucker und Salze den Mäusen zu fressen geben können – sie krepieren. Warum? Weil auch das Tier diese sechseckig wirkende Kraft braucht. Wenn man bloß Kasein, Fett, Zucker und Salze zusammenmischt, so ist diese Kraft, die in dem Sechseckigen wirkt, nicht drinnen. Wenn man den Mäusen Milch gibt, da ist sie drinnen. Nur ist sie nicht so stark drinnen, daß die Milch, wenn sie sauer wird, sechseckig kristallisiert. Wenn diese sechseckig wirkende Kraft in der Milch ein bißchen stärker wäre, dann könnten Sie nämlich saure Milch trinken, die auf der Zunge kleine Kieselsäuresalze bilden würde. Das würde so schmecken, wie wenn Sie lauter kleine Härchen in der Milch drinnen hätten. Aber bei der Milch kommt es nicht so weit, weil die Milch aus dem Menschenkörper oder Tierkörper selber stammt, und da bleibt sie flüssig. Bei dem Kind reicht es noch aus, aber bei dem erwachsenen Menschen reicht es eben nicht mehr aus. Und das Erwachsenwerden fängt ja schon in der Kindheit an. Da muß man schon mit dieser stärkeren sechseckig wirkenden Kraft kommen, die in dem Honig steckt.

Das ist sehr interessant: Wenn Sie Milch nehmen, so ist die Milch, wenn sie auch aus dem Menschen kommt, doch eigentlich animalisch, im Tierischen des Menschen. Da ist sie tierisch. Wenn Sie den Honig nehmen, so kommt der aus dem Pflanzenreich, nur auf dem Umweg durch die Biene. Er kommt aus dem Pflanzenreich, ist pflanzlich. Wenn Sie die Kieselsäure nehmen, also den Quarz, so ist der mineralisch. Der hat ganz deutlich sechseckige Gestalt. Das Wachs, das da entsteht unter dem Einfluß der Bienennahrung in der Biene selber, das hat also Form bekommen – es ist nicht daraus entstanden, hat aber daraus seine Form bekommen –, das bildet sich aus in der sechseckigen Zelle. Die Milch, die löst die Gestalt schon wiederum auf. Da drinnen in der Milch bildet sich nur ein Schattenbild von sechseckigen Kristallen. Und so kann man sagen: Der Honig ist dasjenige, was dem Menschen am allerwillkommensten sein muß.

Nicht wahr, man könnte sich denken, daß es auch gut wäre, wenn der Mensch, statt daß er Honig ißt, Kieselsäure essen würde, denn da würde er diese Sechseckkraft auch in sich bekommen. Aber die Kieselsäure hat dadurch, daß sie so weit getrieben worden ist, zur sechseckigen Gestalt zu kommen, diese Kieselsäuregestalt in sich zu formen, eine zu starke Wirkung auf den Menschen. Aber sie ist trotzdem etwas Wohltätiges.

Nehmen Sie jetzt folgendes an. Denken Sie sich, ein armes Kind hat es nicht so gut, daß es eine solche Honigkur kriegt, wie sie hier beschrieben ist in dem Artikel, mit sechzehn oder siebzehn Jahren, oder mit dreizehn oder vierzehn Jahren, wo es am besten ist; es hat es nicht so gut, bekommt seine Eisenkörperchen im Blute immer schwächer und schwächer. Der Prozentgehalt im Blute geht immer mehr und mehr herunter. Das Kind wächst heran, wird, sagen wir, dreißig Jahre alt, ist arm und ist ein sehr schwacher Mensch geworden. Die Artikelschreiberin schildert ja das auch, indem sie sagt: sie klappen zusammen. Jetzt hat man es zu tun mit einem Menschen, der inzwischen dreißig Jahre alt geworden ist. Da könnte man ja ganz gut eine Honigkur anwenden, aber der Mensch ist schon zu ausgemergelt. Er müßte so viel Honig genießen, wenn es ihm helfen sollte, daß ihm wiederum durch den Honig der Magen verdorben würde. Denn der Honig ist nämlich zu gleicher Zeit etwas, was den Menschen zur Mäßigkeit anstiftet. Wenn man zuviel Honig ißt, dann verdirbt man sich den Magen.

Das beruht auf einer einfachen Sache. Der Honig ist süß, enthält sehr viel Zucker. Der Magen braucht aber vorzugsweise Säure, und wenn Sie in den Magen zuviel Süßes hineinbringen, so verderben Sie die Säurewirkung. Also kurz, der Honig, der will nur in einer bescheidenen Menge aufgenommen werden. So daß, wenn ein Mensch schon so ausgemergelt ist im dreißigsten Jahre, man ihm so viel Honig geben müßte, wenn ihm die Honigkur helfen sollte – das würde sie ohne weiteres –, er zugleich zunächst Magenverstimmungen kriegen würde und er dann darmkrank werden würde. Das kann man also nicht.

Aber man kann etwas anderes tun. Man kann dem Menschen zuerst stark verdünnten, gepulverten Quarz, das ist Kieselsäure, als Heilmittel geben. Und wenn man ihm als Heilmittel stark verdünnte Kieselsäure gibt, dann wird er dadurch fähig, nach einiger Zeit die Wohltat von kleinen Honigmengen haben zu können. Die stark verdünnte Kieselsäure hat in ihm dann die Kraft hervorgerufen, sechseckig zu wirken, und dann kann eine geringere Menge von Honig nachkommen. Die Kieselsäure kann der Wegmacher für den Honig sein.

Man kann es auch so machen, daß man für einen solchen Menschen, der dreißig Jahre alt geworden und ausgemergelt worden ist in bezug auf den Hämoglobingehalt, in den Honig hinein, beim erwachsenen Menschen also – während man bei den Kindern gut tut, viel Milch zu geben –, etwas ganz stark verdünnte Kieselsäure gibt. Dann wirkt der Honig auf den Menschen.

Sie sehen, meine Herren, alle diese Zusammenhänge muß man wissen. So daß man sagen kann: Was wirkt denn eigentlich vom Honig aus auf den Menschen? Vom Honig aus wirkt auf den Menschen diese sechseckig bildende Kraft. Die ist in der Biene drinnen. Das kann man an ihren Wachszellen anschauen. Und dadurch ist der Honig eben von solcher Wohltat. Deshalb ist es richtig, was ich Ihnen erwähnt habe: daß beim Kinde vorzugsweise die Milchkraft wirkt, aber man kann sie verstärken durch den Honig, und daß beim Erwachsenen vorzugsweise die Honigkraft wirkt. Aber wenn der Mensch schon älter geworden ist, muß man diese Honigkraft durch die Quarzkraft verstärken, wie ich es Ihnen gesagt habe. Es kann aber immer noch helfen, weil ja die Kräfte der ersten Kindheit noch in ihm sind, eine Honig-Milchkur. Eine bloße Honigkur kann ihm auch helfen. Die Wohltat der Honigkur bleibt ganz unbestritten.

Das weiß die Praxis nämlich sehr gut, und man müßte sich nur dadurch, daß man diese Dinge den Leuten recht klar macht, darauf verlegen, eben gerade immer die richtigen Honigmengen im Handel zu haben. Und da sind die Menschen nun sehr geneigt, sich betrügen zu lassen, ich meine jetzt nicht im gewöhnlichen kriminellen Sinne, sondern, ich möchte sagen, durch die Kulturverhältnisse sich betrügen zu lassen. Wenn Sie irgendwo hingegangen sind auf Reisen in die Hotels und haben Honig verlangt, da war das dann oftmals kein Honig, dann war das Zuckerhonig, also doch etwas, was künstlich erzeugt war! Ja, hätten die

Leute gewußt, daß das nicht dasselbe ist, daß da keine Rede davon ist, daß diese sechseckig wirkende Kraft da ist, dann hätten sie sich nicht vorgemacht, daß dieser nachgemachte Honig ebenso wirkt wie der Bienenhonig. Mit Bienenhonig könnten Sie natürlich auch die Mäuse füttern. Er würde ihnen sehr gut schmecken. Aber von diesem künstlichen Honig würden sie auch sehr bald zugrunde gehen, wenn auch nicht in ein paar Tagen.

Das ist etwas, was ich in bezug auf den Artikel über Honig-Milchkuren sagen möchte.

Nun ist mir noch eine interessante Sache zugekommen, über die ich auch sprechen und hören möchte, was Sie selber dazu zu sagen haben, und was Ihnen auch Herr Müller dazu zu sagen hat. Sie werden sehen, es kommen so viele Fragen in Betracht, daß es schon der Mühe wert ist, daß wir das nächste Mal noch einmal darüber diskutieren. Sie können dann Ihre Fragen stellen und Herr Müller oder ich selber werden antworten. Ich will jetzt nur noch kurz auf zwei Dinge eingehen. Es wird Ihnen etwas sonderbar vorkommen, aber ich bin eigentlich gespannt darauf, was Sie dazu sagen werden.

Schriftliche Frage: In altbäuerischen Imkerkreisen ist man davon überzeugt, daß zwischen dem Bienenvater und seinen Pfleglingen gewisse seelische Beziehungen bestehen. So sagt man: Wenn der Bienenvater stirbt, so muß sein Tod sofort jedem Bienenvolk angezeigt werden. Unterbleibt diese Anzeige, so sterben sämtliche Völker im Laufe des nächsten Jahres. Daß ein gewisser Seelenrapport zwischen beiden besteht, deutet die Erfahrungstatsache an, daß, wenn man in einer ärgerlichen oder zornigen Seelenstimmung eine Arbeit an den Bienen vornehmen will, man viel mehr von den Bienen verstochen wird, als wenn man dieselbe Arbeit in einer ruhigen, harmonischen Seelenstimmung ausführt. Kann der vorangeführten Ansicht alter Imker etwas Tatsächliches zugrunde liegen?

Dr. Steiner: Nun wäre es ja interessant, wenn uns Herr Müller in einfacher Weise sagen würde, ob er solche Sachen für ganz aus der Luft gegriffen hält. Solche Dinge sind bei den bäuerlichen Bienenzüchtern im Gebrauche, daß sie den Tod anzeigen, nicht wahr. Aber diesen Seelenrapport, diese Beziehung zwischen dem Bienenvater und den Bienen, den meine ich jetzt. Darüber könnte Herr Müller vielleicht etwas sagen.

Herr *Müller* erzählt von zwei Fällen in Basel und Zürich in bezug auf solche Dinge. In einer Familie war die Frau gestorben, die sehr viel an den Bienen mitgearbeitet hatte, und in der Zeit von einem Jahre sind sämtliche Bienenvölker eingegangen. Ein anderer Fall, der in Basel eingetreten ist, wo auch eine Frau gestorben ist, die sich sehr viel der Bienen angenommen hatte, zeigte genau dasselbe. Es war ein großer Stand; in der Zeit von einem Jahre war der Stand von achtundzwanzig Völkern auf sechs Völker reduziert. Wie das mit der Zeit an und für sich zusammenhängt oder auch mit den Bienen, das kann man sich nicht erklären. Man kann in dem einen Fall nicht nachweisen, daß die Bienen irgendeine Krankheit gehabt haben; vielleicht war es eine seelische Beziehung.

Dr. Steiner: Wollen wir uns einmal an etwas erinnern, was ich Ihnen von der Beziehung des Menschen zu den Tieren auch einmal gesagt habe. Sie werden vielleicht gehört haben, ich habe es Ihnen auch schon erwähnt: Vor einiger Zeit war viel die Rede von sogenannten rechnenden Pferden, Pferden, welche also die Frage gekriegt haben zum Beispiel: Wieviel ist vier und fünf. Dann zählte man: eins, zwei, drei, vier, fünf, sechs, sieben, acht, neun – das Pferd stampfte auf mit dem Fuß. Nicht unbeträchtliche solcher Rechnungen haben die Pferde gemacht. Sie haben vielleicht gehört, daß ganz besonders die Elberfelder rechnenden Pferde berühmt geworden sind. Kommissionen sind da hingereist und haben die Sache untersucht und so weiter. Ich habe die Elberfelder Pferde nicht selbst gesehen, aber ich habe ein anderes Pferd, das sogenannte rechnende Pferd des Herrn von Osten gesehen, das ebensogut rechnen konnte. Und daran konnte man sich eine ganz genaue Ansicht bilden, was da eigentlich zugrunde liegt.

Die Menschen haben sich ja sehr den Kopf zerbrochen über diese rechnenden Pferde. Es ist ja auch etwas ganz Schreckliches im Grunde genommen, daß da plötzlich die Pferde anfangen sollten zu rechnen. Und sie rechneten so fix, daß die Rechenmaschine wirklich schon fast zuschanden kam dabei. Nun, meine Herren, wenn das in die Pädagogik überginge und man da die Pferde rechnen lehren könnte, das könnte eine wilde Konkurrenz werden für die Buchhalter und für die Leute, die zum Rechnen angestellt werden! Es ist also natürlich eine schlimme Geschichte mit den rechnenden Pferden.

Aber gerade die Wissenschaft hat sich bei diesen rechnenden Pferden in einer unglaublichen Weise blamiert. Darauf kann man ja leicht kommen: Wirklich rechnen kann ja natürlich das Pferd nicht, und man muß suchen, wie es kommt, daß das Pferd bei neun stampft. Es ist natürlich eine vollständige Idiotie, zu glauben, das Pferd könne rechnen. Das hat auch der Privatdozent *Pfungst*, der sich gelehrt mit der Sache beschäftigt hat, gewußt, daß das Pferd nicht rechnen kann. Aber er hat eine Theorie aufgestellt. Er sagte: Dieser Herr von Osten macht jedesmal, wenn er zählt, eine kleine Miene im Gesicht, und die Linien im Gesicht, diese Miene, beobachtet das Pferd. Und auf die Miene hin stampft es. – Nun hat er sich gleich den Einwand gemacht: Ja, aber dann müßte er sich ja eigentlich hinstellen und den Herrn von Osten ansehen und auf die Miene aufpassen, die das Pferd bemerkt, um zu stampfen. Da hat er sich auch hingestellt, aber nichts gesehen. Da wurde er nicht irre an seiner Theorie, sondern da sagte er: Die Miene ist so kleinwinzig, daß ich sie nicht sehen kann, aber das Pferd kann sie sehen. – Nun, meine Herren, daraus folgt, daß ein Roß mehr sehen kann als ein Privatdozent. Sonst folgt gar nichts daraus.

Aber so lag die Sache nicht. Wenn man nun geisteswissenschaftlich geschult ist und sich die Sache anschaute, dann legte man nicht den Wert auf irgendeine kleine Miene, sondern die Sache verlief so: Da stand auf der einen Seite das Pferd, da stand der Herr von Osten und hatte ein bißchen das Pferd am Zügel. Und in der rechten Rocktasche hatte der Herr von Osten lauter kleine Zuckerstückchen. Und nun gab der Herr von Osten dem Pferd fortwährend kleine Zuckerstückchen. Das leckte daran und fand es süß und liebte den Herrn von Osten sehr. Immer mehr liebte es ihn mit den Zuckerstückchen dann, und dadurch bildete sich eine herzliche Beziehung zwischen dem Pferd und dem Herrn von Osten. Und Herr von Osten brauchte nicht eine kleine Miene zu machen, sondern brauchte bloß zu denken: Bei neun stimmt die Sache – dann spürte das das Pferd, weil die Tiere eine viel feinere Empfindung haben für das, was um sie herum vorgeht. Sie spüren, was da im Kopfe vorgeht, wenn es auch gar nicht zu einer kleinen Miene kommt, die ein Roß sehen könnte und ein Mensch nicht; das Pferd spürt, was vorgeht im Gehirn, wenn er denkt: neun; dabei stampft das Pferd. Hätte das Pferd nicht den Zucker bekommen, dann hätte sich die Liebe beim Pferd ein bißchen in Haß verwandelt, und da hätte es nicht mehr gestampft.

Also sehen Sie, beim Tier ist eine feine, feine Empfindung vorhanden für Dinge, aber nicht für kleine Mienen, sondern für Dinge, die tatsächlich nicht sichtbar sind, also bei dem Pferd Hans für das, was im Inneren des Gehirnes des Herrn von Osten vorgeht. Solche Dinge muß man eben beobachten; dann weiß man, daß in der Tat die Tiere wunderbar fühlen.

Denken Sie sich einmal, Sie gehen in einen Bienenschwarm hinein und haben eine heillose Angst. Ja, das fühlen die Bienen, daß Sie Angst haben; das ist nicht zu leugnen. Was heißt denn das: Sie haben Angst? – Sie wissen: Wenn man Angst hat, dann wird man blaß. Bei der Angst wird man blaß. Und wenn man blaß wird, geht das Blut zurück. Es geht nicht nach außen in die Haut herein. Wenn die Biene nun herankommt an einen Menschen, der Angst hat, dann spürt die Biene im Menschen mehr als sonst, wenn das Blut drinnen wäre in der Haut, diese sechseckig wirkende Kraft und möchte gerade den Honig oder Wachs gewinnen von Ihnen. Währenddem, wenn der Mensch gleichmütig vorgeht und sein Blut gleichmäßig durch die Adern fließen hat, da merkt die Biene etwas ganz anderes. Da merkt sie, daß das Blut diese selbe sechseckig wirkende Kraft hat.

Nun denken Sie sich, wenn der Mensch zornig ist, im Zorn unter die Bienen geht: Ja, der Zorn macht Sie rot. Da kommt gerade viel Blut hin; das Blut will die sechseckig wirkende Kraft aufnehmen. Die Biene merkt das in ihrem feinen Gefühl und glaubt, Sie wollen sie ihr wegnehmen, diese Kraft, und sticht Sie. Das sind eben feine Empfindungen für Naturkräfte, die da spielen, die da drinnen sind.

Und dazu kommt dann die Gewöhnung. Denken Sie sich: Ein Bienenvater, der geht ja für die Bienen nicht bloß so wie sonst ein Mensch zum Bienenstock hin, sondern die Bienen fühlen – wenn ich mich des Ausdrucks bedienen darf – die ganze Ausdünstung, sie fühlen, wie der beschaffen ist. Daran gewöhnen sich die Bienen. Stirbt er, so müssen sie sich umgewöhnen. Und das bedeutet für die Bienen außerordentlich viel. Denken Sie doch nur einmal, was Sie selbst bei Hunden finden: Wenn der Herr starb – das hat es schon gegeben –, sind sie aufs Grab gegangen und dort gestorben, weil sie sich nicht an einen anderen Herrn gewöhnen konnten. Also warum soll man bei den Bienen, die doch einen solchen feinen chemischen Sinn haben, nicht voraussetzen können, daß sie alles wahrnehmen, daß sie sich an den Bienenvater so gewöhnen, daß sie sich nicht gleich wieder umgewöhnen können an einen anderen? Es liegt also durchaus etwas Bedeutsames zugrunde.

Aber Sie können sagen: Ist denn das bei Hunden und Pferden ebenso wie bei diesen kleinen winzigen Tieren, den Insekten? – Nun, Sie werden vielleicht dieses nicht beobachtet haben, aber es ist dennoch wahr: Man findet Menschen, die haben, wie man sagt, eine besonders glückliche Hand im Blumenaufziehen. Alles gedeiht ihnen, wenn sie einen Blumenstock haben und Pflanzen und so weiter. Ein anderer pflegt ihn ebenso – es wird nichts. Das ist die Ausdünstung, die der Mensch hat, die von dem einen Menschen günstig auf die Blumen wirkt, bei anderen ungünstig. Bei manchen geht es gar nicht, daß sie Blumen ziehen. Und das Ungünstig-Wirken geschieht vorzugsweise gerade auf die Kraft in der Blume, die den Honig erzeugt, auf die Kraft, die die Blume versüßt. Und so kann man sagen: Sogar auf die Blumen wirkt der Mensch, und er wirkt im eminentesten Sinne gerade auf die Bienen.

Man braucht sich also darüber nicht zu wundern, sondern man muß nur die Tatsachen, die sich ergeben, zusammenhalten; dann wird man schon sehen, daß die Sachen wirklich so sein können. Man wird auch in der Praxis darauf Rücksicht nehmen können.

Zweite Frage: Nach einer alten Bauernregel heißt es: Wenn es am 3. Mai, der Kreuzauffindung, regnet, so wasche es den Honig aus den Blüten und von den Bäumen, so daß es in dem betreffenden Jahre keinen Honigertrag gibt. Meine Beobachtungen während der letzten vier Jahre scheinen darzutun, daß an dieser Regel etwas Wahres ist. Ist so etwas überhaupt möglich?

Dr. Steiner: Ja, meine Herren, das ist etwas, was uns ganz tief in Naturwirkungen hineinführt. Sehen Sie, daß es just der Kreuzauffindungstag ist, daß es just der 3. Mai ist, das ist von einer geringeren Bedeutung. Aber es kommt darauf an, daß es diese Jahreszeit ist, die vorzugsweise in diesen Tagen tätig ist. Was bedeutet denn das, daß es in dieser Zeit, Anfang Mai, regnet? Ich habe Ihnen einmal gesagt, daß der Frühlingsanfangspunkt jetzt im Sternbild der Fische ist. Im Sternbild der Fische bleibt die Sonne bis ungefähr zum 23. April. Dann kommt die Sonne beim Umgang in das Sternbild des Widders. Die Sonnenstrahlen kommen also anfangs Mai aus einer ganz anderen Weltecke heraus als zu anderen Zeiten. Nehmen Sie also an, anfangs Mai, also am 3. Mai, ist es schön, sagen wir. Was bedeutet das? Das bedeutet: Am 3. Mai hat die Sonne eine starke Kraft über alles Irdische. Alles, was auf der Erde vor sich geht, geht unter der Sonnenkraft vor sich, wenn es schön ist. Was bedeutet es nun, wenn es am 3. Mai, also anfangs Mai, regnet? Das bedeutet: Die Erde hat die höchste Kraft und vertreibt die Sonnenwirkung.

Das alles hat aber eine ungeheure Bedeutung für das ganze Pflanzenwachstum. Wenn die Sonnenkraft gerade dann, wenn die Sonnenstrahlen aus der Widdergegend herkommen, so wirken kann, daß sie ihre ganze Gewalt auf die Blumen verlegen kann, dann entwickeln die Blumen diese süße Substanz, die im Honig zum Vorschein kommt. Dann finden die Bienen Honig. Wenn aber die Erde die höhere Gewalt hat, wenn Regen ist zu dieser Zeit, dann können die Blumen sich nicht unter den Sonnenstrahlen entwickeln, die vom Widder hereinkommen, sondern müssen auf Späteres warten oder werden überhaupt unterbrochen in dem, was sie schon entwickelt haben. Da entwickeln die Blumen nicht ordentlich Honig und dann finden die Bienen keinen Honig.

Gerade so etwas wird einem erklärlich, wenn man weiß, daß alles dasjenige, was auf Erden vorgeht, wie ich es Ihnen immer wieder gesagt habe, unter dem Einfluß des Weltenalls steht, desjenigen, was außerhalb der Erde ist. Regen bedeutet eben, daß die Sonnenkraft vertrieben wird. Schönes Wetter bedeutet, daß die Sonnenkraft ihre volle Gewalt entfalten kann. Und es kommt darauf an, nicht daß die Sonnenkraft im allgemeinen kommt, sondern daß die Sonnenkraft gerade just aus der Ecke heraus kommt, nicht wo wir jetzt hinschauen, sondern gerade da vom Widder her. Aus jeder Ecke kommt die Sonnenkraft wieder anders. Die Sonne allein macht es nicht, sondern das macht es, daß die Sonne von vorne scheint auf die Erde und da hinten im Weltenall der Widder steht. Das, was der Widder der Sonne gibt, das nimmt sie erst auf, und dann gibt sie es weiter als Sonnenstrahlen. Das ist etwas ganz anderes, ob im Anfang des Mai oder am Ende des Mai die Sonne ihre Strahlen auf die Erde schickt. Zu Anfang Mai wirkt eben noch die volle Kraft des Widders. Am Ende des Mai wirkt schon die Stierkraft. Da kommt dann dasjenige, was nicht mehr mit derselben Kraft auf die Pflanzen wirken kann, was die Pflanzen verhärtet, vertrocknet, was namentlich bewirkt, daß sich nicht mehr diese Kraft der Honigbildung in den Pflanzen bilden kann.

So ist etwas in den alten Bauernregeln zum Vorschein gekommen, was schon seine Gründe hat, und man sollte sie daher wohl beachten. Natürlich, ich habe es schon einmal gesagt, das Bewußtsein von solchen Dingen ist verlorengegangen und dadurch sind wir in Aberglauben verfallen. Und man kann natürlich, wenn man nicht mehr unterscheiden kann, in Aberglauben verfallen. Dann haben Bauernregeln ungefähr denselben Wert wie: Kräht der Hahn auf dem Mist, ändert sich das Wetter oder es bleibt, wie es ist. – Aber das ist nicht bei allen Regeln der Fall, sondern manches beruht auf einer tiefen Weisheit, die man dann erforschen muß. Die Bauern, die die Bauernregeln verwendet haben, sind manchmal ganz gut damit gefahren! Sie sehen also, eine tiefere Anschauung führt auch wieder dazu, daß man die Bauernregeln wieder verwenden kann.

Nächsten Mittwoch weiter.

ELFTER VORTRAG

Dornach, 5. Dezember 1923

Herr *Erbsmehl* macht geltend, daß in der heutigen Bienenzucht der Bienenvater in erster Linie auf die Rentabilität bedacht sei. Es gehe also nur auf das Materielle hin. In der «Schweizerischen Bienen-Zeitung» Nummer 10 vom Oktober 1923 heißt es: «Der Honig ist zu einem großen Teil ein Luxusartikel, und diejenigen, welche ihn kaufen, können einen rechten Preis zahlen.» Es wird später in der gleichen Nummer ein Beispiel erzählt, daß ein gewisser *Baldensberger,* der durch Spanien reiste, bei einem Bienenzüchter eine Anzahl blühender Kinder vorfand, von denen der Bienenzüchter ihm auf die Frage, wohin er seinen Honig verkaufe, sagte: Hier sind meine Kunden. – Hier in Europa geht man darauf aus, viel aus dem Honig herauszuschinden. Ein Unternehmer, der viele Arbeiter hat, schaut darauf, möglichst viel herauszuschinden. So ist es mit den Bienen auch.

Ferner wird gefragt, ob etwas daran sei, daß behauptet wird, daß das Mondlicht einen gewissen Einfluß auf Honigbildung oder Nektarbildung der Blumen habe (Nummer 11 der «Bienen-Zeitung».)

Herr *Müller* erwidert, daß Herr Erbsmehl ja aus der Imkerzeitung sehe, daß das ein kleiner Imker ist, der seinen Honig nicht weiterverkaufe. Erbsmehl wisse noch nicht, was heutzutage Bienenzucht heißt und was alles damit zusammenhängt und daß man infolgedessen auch rechnen muß. Wenn man nicht mit der Rentabilität rechne, wie in anderen Fällen auch, so müsse man die Bienenzucht eben aufstecken. Und der Honig würde, wenn man ihn nicht auf diese Weise durch künstliche Zucht hervorbringe, gar nicht in dem Maße da sein. Es gibt manchmal nur ein bis zwei Kilo Honig, unter Umständen noch etwas Tannenhonig, den man herausnehmen muß, wenn man die Völker gesund halten will. Das ist alles. Nachher ist ein schlechtes Jahr, und es reicht nicht aus bis April, Mai. Lebensfähig bleibende Völker muß man mit Hilfe künstlicher Auffütterung – Zucker, Kamillentee, Thymian und etwas Salzzusatz – durchbringen. Die Stunden werden ganz genau notiert in einem modernen Stand, wieviel der Imker an Zeit aufgebracht hat, fünfeinhalb Stunden, die Stunde wird mit 1 Franken oder 1.50 berechnet; da ist der Honig auf 7 Franken zu stehen gekommen. Man muß auch mit Abschreibungen rechnen; der Wabenbau geht einem verloren, man muß etwas ersetzen. Das Anwesen muß sich doch rentieren. Wenn der Imker immer auf dem alten Standpunkt stehen bleibt, so kommt er nicht vorwärts. Herr Erbsmehl kann das ja; aber wenn ich einen großen Stand habe, muß ich mir berechnen und sagen, es ist schon Defizit gemacht worden bei 6 Franken. Die amerikanischen Imker stellen sich auch genau auf denselben Standpunkt.

Er könne nicht begreifen, daß nach achtzig bis hundert Jahren die Völker eingehen sollen. Er könne nicht gut begreifen, inwiefern Herr Doktor das meine, in fünfzig oder hundert Jahren könne die künstliche Zucht Not leiden.

In bezug auf den zweiten Punkt, was das Anzeigen des Todes des Bienenvaters bei den Bienen betrifft, habe er ja auch schon erwähnt, daß der größte Teil eines Bienenstandes beim Tode des Pflegers eingegangen sei. Wie das zugehe, könne er nicht begreifen.

In bezug auf nicht echten Bienenhonig in Hotels möchte er sagen, daß erstklassige Hotels viel den amerikanischen Bienenhonig kaufen. Wenn Bienen mit diesem Honig gefüttert werden, gehen sie kaputt. Und das ist doch auch Bienenprodukt.

Dann über das Stechen der Bienen: Schweiß ist das Schlimmste, was es für Bienen gibt. Wenn man pfeifende oder schnarrende Töne hört, ist es ratsam, stehenzubleiben.

In bezug auf die Frage, wie weit ein Bienenstich Einfluß auf den Menschen haben kann, ist mir ein Beispiel bekannt, das ich erzählen will. Ein kräftiger Mann, noch stärker als Herr Binder ist, wurde von einer Biene gestochen. Er rief: Haltet mich, ich bin von einer Biene gestochen! – Er war außerordentlich empfindlich dagegen. Es war ein Mensch, der etwas herzleidend ist. Vielleicht wird Herr Doktor da noch etwas erwähnen, inwiefern ein Bienenstich von besonderer Gefahr sein könnte.

Zum Beispiel sagt man: Drei Hornissenstiche töten ein Roß. – In meinem Bienenhaus fand ich vor einiger Zeit ein Hornissennest. Ich hatte die Brut weggenommen. Die Hornissen waren so feig, daß sie nicht gestochen haben im Dunkeln; im Freien hätten sie es vielleicht getan.

Dr. Steiner: Gehen wir zunächst einmal, damit wir möglichst rationell über die Dinge reden, auf das Wiedererkennen des Bienenvaters durch die Bienen ein.

Sie haben ein Urteil gefällt, das, solange man die Sache mit dem Verstand betrachtet, natürlich ganz berechtigt ist. Aber nun will ich Ihnen etwas sagen. Denken Sie sich, Sie haben einen Freund; den lernen Sie, sagen wir, im Jahre 1915 kennen. Dieser Freund bleibt hier in Europa und Sie gehen nach Amerika und kommen im Jahre 1925 wieder zurück. Der Freund ist meinetwillen in Arlesheim. Sie kommen nach Arlesheim, begegnen dem Freund und erkennen ihn wieder. Was ist aber inzwischen vorgegangen? Ich habe Ihnen ja auseinandergesetzt: Der Stoff, die Materie, die Substanz, die in dem menschlichen Körper ist, die ist nach sieben, acht Jahren vollständig ausgetauscht. Es ist gar nichts mehr davon da. So daß also der Freund, wenn Sie ihn nach zehn Jahren wiedersehen, nichts in sich hat von all dem, wirklich nichts in sich hat von dem, was Sie vor zehn Jahren an Materie an ihm gesehen haben. Und doch haben Sie ihn wiedererkannt. Und wenn wir ihn äußerlich anschauen, dann schaut er ja allerdings so aus, wie Sie wissen, daß er eine zusammenhängende Masse ist. Er schaut schon so aus. Aber wenn Sie ihn jetzt durch ein genügend großes Vergrößerungsglas anschauen würden, den Freund, da würden Sie sehen: Da fließt in seinem Kopf eine Blutader. Ja, schön, diese Blutader schaut so aus, wenn man sie mit dem gewöhnlichen Auge oder mit einem kleinen Vergrößerungsglas anschaut. Aber wenn man sich ein riesiges Vergrößerungsglas denkt, da schaut das, was da als Blut ist, nicht mehr so aus; da besteht es aus lauter Pünktchen, die so ausschauen wie kleine Tiere. Aber diese Pünktchen sind nicht in Ruhe, die zittern fortwährend. Und wenn Sie das anschauen, dann hat das eine verfluchte Ähnlichkeit mit einem schwärmenden Bienenschwarm!

Der Mensch schaut nämlich, wenn man ihn genügend vergrößert in seiner Substanz, ganz genau so aus wie ein Bienenschwarm. Wenn man das durchschaut, so müßte es einem eigentlich unverständlich erscheinen, daß einen ein Mensch nach zehn Jahren wiedererkennt, denn kein einziges von diesen kleinen bewegten Pünktchen ist noch da. Seine Augen haben ganz andere Punkte. Es sind ganz andere kleine Tierchen da drinnen, und dennoch erkennt einen der Mensch wiederum.

Also ist es absolut nicht notwendig, daß diese einzelnen kleinen Tierchen und Pflänzchen, aus denen wir bestehen, das machen, daß wir uns wiedererkennen, sondern der ganze Mensch erkennt uns wieder; und der Bienenstock ist eben nicht nur das, was man so und so viele tausend Bienen nennt, sondern der Bienenstock ist ein Ganzes, ein ganzes Wesen. Was einen wiedererkennt oder nicht wiedererkennt, das ist der ganze Bienenstock.

Wenn Sie statt Vergrößerungsgläsern Verkleinerungsgläser hätten, so würden Sie alle diese Bienen zusammenbringen können und würden sie ebenso verbinden können wie einen menschlichen Muskel. Also das ist es gerade, was man bei der Biene beachten muß, daß man es nicht nur mit den Einzelbienen zu tun hat, sondern daß man es mit demjenigen, was ja absolut zusammengehört, was ein Ganzes ist, zu tun hat. Und das kann man mit dem bloßen Verstand nicht erfassen. Da muß man schon das Ganze als solches anschauen können. Und deshalb ist gerade dasjenige, was Bienenstock und so weiter ist, so ungeheuer lehrreich, weil der Bienenstock ganz widerlegt die Überlegungen, die wir machen. Die Überlegungen sagen uns eigentlich immer, es müßte anders sein. Aber im Bienenstock gehen die wunderbarsten Dinge vor sich. Es ist nicht so, wie wir es mit dem Verstand uns zunächst denken. Also dasjenige, was da stattfindet, daß tatsächlich diese Veränderung, der Tod des Bienenvaters, auf den Bienenstock einen gewissen Einfluß hat, das ist ja nicht abzuleugnen. Das ist da. Das ergibt die Erfahrung. Wer wirklich nicht nur mit einer einzigen Bienenzucht zu tun gehabt hat, sondern viele Bienenzüchtereien gesehen hat, der nimmt das schon wahr.

Und ich kann Ihnen sagen: Es ist mir zum Beispiel die Bienenzucht in der mannigfaltigsten Weise, gerade während ich ein Bube war, außerordentlich nahegetreten, und ich konnte mich dazumal außerordentlich interessieren schon aus dem Grunde, weil mich dazumal die finanziellen Sachen, die ökonomischen Fragen, die wirtschaftlichen Fragen gerade bei der Bienenzucht weniger interessiert haben als heute oder als später, und zwar aus dem Grunde, weil der Honig schon dazumal so teuer war, daß bei der Armut meiner Eltern wir uns eben keinen Honig haben kaufen können. Wir haben nämlich allen immer von den Nachbarn geschenkt bekommen, zu Weihnachten meistens, und haben so viel geschenkt bekommen im Laufe der weiteren Jahreszeit, daß man das ganze Jahr Honig gehabt hat. Er ist verteilt worden. Da hat mich die ökonomische Frage gar nicht so interessiert, weil ich in meiner Bubenzeit furchtbar viel, soweit es nötig war, geschenkten Honig gegessen habe. Warum kann das sein? Heute würde man unter den gleichen Verhältnissen gar nicht so leicht geschenkten Honig kriegen. Aber damals in der Nachbarschaft meines Elternhauses waren die Bienenzüchter zumeist Landwirte und haben die Bienenzucht in die Landwirtschaft hineingestellt.

Das ist etwas ganz anderes, als wenn der einzelne der Herren eine Bienenzucht sich anlegt und im übrigen ein Arbeiter ist, der von seinem Lohn leben muß. Innerhalb der Landwirtschaft wird die Bienenzucht getrieben, ohne daß man es überhaupt merkt. Da kommt die Arbeitszeit sozusagen überhaupt nicht in Betracht, denn das ist etwas, was da übrigbleibt. Gerade bei der Landwirtschaft ist es so, daß das immer übriggeblieben ist, die Zeit irgendwo anders erspart oder eine andere Arbeit auf eine andere Zeit verlegt worden ist und so weiter. Jedenfalls ist da der Honig zwischendurchgegangen, und man hatte eigentlich die Vorstellung: Der Honig ist etwas so Wertvolles, daß man es überhaupt nicht bezahlen kann. – Und das ist in gewissem Sinne sogar tatsächlich richtig, weil es sich wirklich darum handelt, daß unter den heutigen Verhältnissen ja alles, was es überhaupt gibt, unter falschen Preisverhältnissen ist. Heute sollte man im Grunde genommen über die Preisverhältnisse gar nicht anfangen zu diskutieren, denn es ist alles unter falschen Preisverhältnissen, und es muß in viel umfassenderer Weise gerade über den Preis auf nationalökonomischer Grundlage diskutiert werden. Es kommt nicht viel dabei heraus, wenn man über den Preis der einzelnen Lebensmittel diskutiert, und der Honig ist ein Lebensmittel, nicht nur ein Genußmittel oder Luxusartikel. In einer gesunden sozialen Ordnung würde sich schon auch selbstverständlich ein gesunder Honigpreis ergeben. Daran ist gar nicht zu zweifeln.

Aber dadurch, daß wir heute überhaupt nicht in gesunden sozialen Verhältnissen leben, kommen alle Fragen in eine ungesunde Stellung hinein. Sehen Sie, es ist ja heute auch so, daß Sie auf große Gutswirtschaften kommen. Ja, meine Herren, was Ihnen da der Wirtschaftsverwalter sagt – in der Regel ist es kein Bauer, sondern ein Wirtschaftsverwalter auf großen Gütern –, was Ihnen der sagt über die Menge Milch, die er von seinen Kühen bekommt: das ist horribel. Er bekommt so viel Liter Milch im Tag, daß derjenige, der die Kuhnatur kennt, weiß: Das ist unmöglich, daß man von der Kuh so viel Milch gewinnt. Man gewinnt sie aber doch! Man gewinnt sie ganz sicher doch. Bei manchen ist es so, daß sie meinetwillen fast auf das Doppelte hinaufkommen von dem, was eine Kuh eigentlich geben kann in der Milchproduktion. Dadurch wird das Gut ungeheuer rentabel, selbstverständlich. Und man kann nicht einmal sagen, daß man irgendwie stark bemerken könnte, daß die Milch nun nicht dieselbe Kraft hätte wie eine Milch, die unter natürlichen Verhältnissen kommt. Also man kann zunächst gar nicht nachweisen, daß da etwas Schlimmes geschieht.

Aber ich will Ihnen zum Beispiel folgendes sagen. Wir haben Versuche gemacht mit einem Mittel gegen die Maul- und Klauenseuche beim Rind, wie wir ja in den letzten Jahren viele solche Versuche gemacht haben. Diese Versuche sind auf großen Wirtschaften angestellt worden, aber auch auf kleinen Bauernwirtschaften, in denen es nicht zu einer so großen Milchbereitung der Kühe gekommen ist wie in den großen Wirtschaften. Man konnte natürlich manches erfahren, weil man ja ausprüfen mußte, wie das Mittel bei der Maul- und Klauenseuche wirkt. Es ist dann nicht zu Ende gekommen, weil offiziell die Leute nicht darauf eingehen wollten und man heute alle möglichen Konzessionen braucht und so weiter. Aber das Mittel hat sich außerordentlich gut bewährt. Und etwas verändert wird es ja auch in solchen Mitteln in sehr günstiger Weise angewendet, wie im sogenannten «Staupe-Heil», in dem Mittel gegen die Hundestaupe.

Wenn Sie diese Versuche machen, da finden Sie folgendes. Da sehen Sie, daß Kälber, die von Kühen kommen, die zuviel dressiert werden auf zuviel Milch-Geben, wesentlich schwächer sind. Sie können das an der Wirkung des Heilmittels sehen. Da wird gewissermaßen die Wirkung oder Nichtwirkung ungeheuer vergrößert. Das Kalb wächst ja allerdings dann heran, wenn es nicht an der Maul- und Klauenseuche zugrunde geht. Aber ein Kalb, das abstammt von einer Kuh, die Sie überfüttern und dadurch auf zuviel Milch drängen, ein solches Kalb ist schon schwächer als Kälber, die von Kühen stammen, die weniger auf Milch dressiert werden. Sie können es sehen bei der ersten, zweiten, dritten, vierten Generation. Da ist es so klein, daß es fast nicht bemerkt wird. Diese Milchzüchterei gibt es erst kurze Zeit; aber das weiß ich sehr gut: Wenn man so fortfährt, wenn eine Kuh über dreißig Liter Milch im Tag geben soll, wenn man sie so fort malträtiert, dann geht überhaupt die ganze Kuhwirtschaft nach einiger Zeit absolut zugrunde. Da ist gar nichts zu machen.

Nun, nicht wahr, so schlimm ist es natürlich bei der künstlichen Bienenzucht aus dem Grunde nicht, weil die Biene ein Tier ist, das immer sich selbst wieder hilft, weil die Biene ja viel näher der Natur steht, als die Kuh es kann, wenn sie so gezüchtet wird. Es ist noch nicht einmal so schlimm, wenn in dieser Weise die Kühe malträtiert werden mit Milchzüchten und Sie bringen sie trotzdem auf die Weide. Aber das tun ja diese großen Wirtschaften auch schon nicht mehr. Diese Wirtschaften haben lediglich Stallfütterung. Die Kuh wird ganz aus ihren natürlichen Verhältnissen herausgerissen.

Das kann man sich bei der Bienenzucht nicht leisten. Durch ihre Natur bleibt die Biene mit der äußeren Natur zusammen. Sie hilft sich also wiederum. Und dieses Helfen, dieses Sich-selbst-Helfen, das ist beim Bienenstock als solchem etwas ungemein Wunderbares. Da kommen wir jetzt auf das, was Herr Müller gesagt hat von den Hornissen, die er manchmal da drinnen findet in seinem Bienenstand, und die ihn nicht gestochen haben, währenddem, wenn einem sonst sich eine Hornisse nähert, es eine schlimme Sache sein kann.

Da will ich Ihnen noch etwas anderes sagen. Ich weiß nicht, ob Sie selber schon die Erfahrung gemacht haben – diejenigen, die Bienenzüchter sind, werden das wissen –, aber es kann sein, daß sie in die Notwendigkeit versetzt sind, einmal einen Bienenstock leer zu haben. Ja, sehen

Sie, da habe ich einmal gesehen, wie in einem solchen leeren Bienenstock so etwas Merkwürdiges drinnen war wie ein solcher Knollen (es wird gezeichnet). Man wußte zunächst gar nicht, was das eigentlich ist. Die Bienen hatten da, scheinbar aus gar keinem Grund, einen solchen Knollen gemacht. Aus allerlei, aus dem auch ihre sonstigen Produkte hergestellt sind, hatten sie solch einen Knollen gemacht. Einfach wie ein großer Stein war da ein Knollen aus allerlei Harzen, Pechen, leimartiger Substanz – die bringen ja die Bienen auch mit –, aus Wachs und so weiter; aus dem hatten sie da einen großen Knollen gemacht. Ja, meine Herren, da war ich neugierig einmal, was denn da eigentlich los sei, und habe diesen Knollen auseinandergenommen – bums, war eine tote Maus drinnen, eine richtige tote Maus!

Diese Maus war in den Bienenstock hereingekommen, war darinnen gestorben, und nun denken Sie sich, was für eine furchtbare Sache der Leichengeruch von einer toten Maus für die Bienen gewesen wäre! Da hatte der ganze Bienenstock in einem außerordentlichen Falle den Instinkt, diese tote Maus mit einer Schale zu umgeben. Als man die Schale auseinandernahm, hat es schon furchtbar gestunken; aber der Gestank, der blieb eingeschlossen in der Schale. Sie sehen, da lebte in dem ganzen Bienenstock nicht nur der Instinkt, Zellen zu bauen, die Jungen zu füttern, sondern da lebte auch der Instinkt für das, was zu tun ist, wenn, was nicht gewöhnlich ist, eine Maus hineinkommt. Und da die Bienen nicht in der Lage waren, die tote Maus hinauszubringen, so halfen sie sich selber und machten eine Schale darum. Von anderen habe ich gehört, daß namentlich Schnecken, Nacktschnecken, die in dieser Weise in den Stock hineinkommen, inkrustiert werden. In dem Bienenstock leben nicht nur die gewöhnlichen Instinkte, sondern da leben richtige Heilinstinkte drinnen. Die sind außerordentlich wirksam.

Nun, wenn da im Bienenstock drinnen ein Hornissennest ist, da machen die Bienen zwar nicht ein solches festes Gerüste, aber sie umgeben dieses Hornissennest fortwährend mit der Absonderung ihres Giftes, und dadurch verlieren die Hornissen die Energie, die Kraft, überhaupt loszugehen. Geradeso wie die Maus, die tote Maus da drinnen nicht mehr einen Geruch nach allen Seiten schickt, so lebt die Hornisse, wenn sie auch nicht fest inkrustiert wird, doch fortwährend in den

Dämpfen, mit denen die Bienen sie umgeben, damit sie schwach wird, ihnen nichts mehr tut. So verliert die Hornisse ganz die Kraft, die Energie, und kann sich nicht mehr wehren, wenn man an sie herankommt.

Es ist schon so, daß man nur zurechtkommt mit den Bienen, wenn man über den bloßen Verstand hinausgeht und mit einer gewissen inneren Anschauung die Sachen tatsächlich verfolgt. Es ist ja ganz wunderbar, dieses Bild. Und deshalb muß man sagen: Der Bienenstock ist eben durchaus ein Ganzes. Er ist als Ganzes aufzufassen. Aber bei einem Ganzen erscheint der Schaden durchaus nicht momentan.

Wer den Menschen gut kennt, der kann zum Beispiel folgendes sich sagen: Irgendein Mensch – es gibt solche – ist mit fünfundsechzig, sechsundsechzig Jahren noch ziemlich frisch; ein anderer ist nicht mehr frisch, weil er an innerlichen Verkalkungen der Blutadern und so weiter leidet. Dieses sich anzuschauen und in Zusammenhang mit dem zu bringen, was in der Kindheit sich vollzogen hat, das ist außerordentlich interessant.

Man kann zum Beispiel einem Kinde Milch geben, die von Kühen herrührt, die zuviel Nahrung aufnehmen, die mit dem Kalkboden zu tun hat. Dadurch kann das Kind schon mit der Kuhmilch, mit der es genährt wird, etwas von dem Kalkboden bekommen. Das zeigt sich vielleicht gar nicht gleich. Und nun kommt irgendein Mediziner von der heutigen Sorte, zeigt einem ein solches Kind, das mit Kuhmilch aufgezogen ist, auch vom Kalkboden, und ein anderes, das mit Muttermilch aufgezogen ist, und er sagt: Das macht gar keinen Unterschied – und dergleichen. Aber das Kind, das mit Muttermilch aufgezogen ist, ist mit fünfundsechzig, sechsundsechzig Jahren noch frisch, das Kind, das mit Kuhmilch aufgezogen ist, das verkalkt mit fünfundsechzig, sechsundsechzig Jahren! Das ist, weil der Mensch ein Ganzes ist und was in einem Zeitraum wirkt, noch in viel späterer Zeit nachwirkt. Etwas kann in einem Zeitraum ganz gesund sein; dennoch wirkt es nach. Und das ist es, was ich meine, wenn ich sage: Es läßt sich aus dem heutigen Bestand überhaupt gar nichts schließen darauf, was die künstliche Bienenzucht bedeutet oder nicht, sondern das muß man nach fünfzig, sechzig Jahren oder meinetwillen hundert Jahren ins Auge fassen. Daß heute einer sagt: Ich begreife das nicht, daß das in fünfzig, sechzig oder hundert Jahren anders sein soll –, das ist ganz selbstverständlich. Daß man das heute gar nicht einsehen will – das ist gerade so, wie es mir einmal auf einem Gute passierte. Sie können versichert sein: Ich bin einst in aller Gutmütigkeit fast totgemacht worden, als ich dort nur anfing, davon zu reden, daß man auf einem Gute nicht so viel Milch gewinnen sollte; denn die Kuhzucht wird viel schneller leiden, wird in einem Vierteljahrhundert ruiniert sein.

Man kann heute gegen die künstliche Bienenzucht gar nichts haben, weil wir schon einmal in Verhältnissen leben, in denen auf sozialem Gebiete gar nichts gemacht werden kann. Aber eingesehen werden muß es, daß es etwas anderes ist, ob man der Natur ihren Lauf läßt und sie nur in richtige Bahnen bringt, oder wenn man etwas Künstliches in die Sache hineinbringt. Aber ich will mich da gar nicht gegen das, was Herr Müller gesagt hat, irgendwie aufbäumen. Das ist ganz richtig: Man kann das heute noch nicht feststellen, sondern man muß das vertagen. Wir wollen uns in einem Jahrhundert wieder sprechen, Herr Müller, und wollen sehen, was Sie dann für eine Ansicht haben. Das ist etwas, was heute gar nicht entschieden werden kann. Das ist die Sache.

Herr Erbsmehl weist noch einmal darauf hin, daß bei heutigen Bienenzüchtern alles auf Rentabilität gehe.

Dr. Steiner: Je mehr Sie finden, daß einer nebenbei die Bienenzucht betreibt, ist er mehr der Ansicht dieses Spaniers, den Sie angeführt haben. Das heißt, heute ist es vielleicht im allgemeinen nicht mehr so, aber vor fünfzig, sechzig Jahren hat der Landwirt nicht viel gegeben auf das, was er von den Bienen eingenommen hat. Das war immer etwas, womit er eigentlich nicht gerechnet hat. Er hat ihn entweder verschenkt, oder wenn er ihn verkauft hat, den Honig, hat er das Geld, das er eingenommen hat, seinen Kindern in die Sparbüchse gegeben oder so etwas ähnliches. Heute sind die Verhältnisse ganz anders geworden. Wie kann man sich eigentlich vorstellen, daß jemand, der auf Zeit arbeitet oder spricht von etwas, was ganz auf die Zeit eingestellt worden ist, nicht dazu kommen sollte, auf die Rentabilität zu sehen? Er kommt eben dazu durch die ganzen Verhältnisse.

Nicht wahr, es gibt heute Bienenzüchter, die müssen, wenn sie Arbeiter sind, die Arbeit unterlassen für einige Zeit, müssen Urlaub nehmen, wenn sie ihre Bienenzucht in der richtigen Weise betreiben wollen, oder nicht? (– Sicher! –) Nun, dann rechnen sie sich selbstverständlich aus, was sie da – an einer ganz anderen Arbeit – nicht bekommen haben.

Denken Sie doch nur einmal: Die Bienenzucht, die ist so alt, daß heute aus äußeren Gründen kein Mensch mehr sagen kann, wie die Bienenzucht war, als sie noch ganz wild war. Die Leute kennen überhaupt nur unsere Bienen, die europäischen Honigbienen meine ich; sie kennen nur die Hausbienenzucht. Ich glaube, in den Naturgeschichten steht sogar bei der Biene, die allgemein in Europa verbreitet ist, «Die Gemeine Hausbiene» als Name angeführt. Also man kennt eigentlich nur die Hauszucht der Bienen. Das ist etwas sehr Bemerkenswertes, daß man nur die Hauszucht kennt. Man kennt nicht, wie das eigentlich war, als die Natur selber noch gearbeitet hat. Also die Bienenzucht ist etwas sehr Altes. Bei so sehr alten Sachen ergibt sich der Preis aus ganz anderen Grundlagen als bei dem, woran man heute meistens arbeitet. Denken Sie doch nur einmal, daß die Leute heute meistens an Sachen arbeiten, bei denen man sehr leicht zurückverfolgen kann, wann sie entstanden sind. Da haben Sie zwei Preisbildungen. Das geht in das graueste Altertum zurück bei den Bienen. Die haben nicht die Preise wie die in der Metall- oder Holzindustrie, die zurückgehen auf ein paar Jahrzehnte. Erst gesunde soziale Verhältnisse werden da zeigen, wie sich der Preis des Honigs gestalten muß, wie der Preis, der da zustande kommen muß, aus ganz anderen Verhältnissen heraus entstanden ist.

Man stellt sich heute gar nicht vor, wie schwer es ist, über Preisbildung zu reden. Um über die Preisbildung zu reden, dazu gehört eine ganz tiefe Kenntnis der realen Verhältnisse. Vor kurzem ist mir einmal etwas ganz Wunderbares mit der Preisbildung passiert, das ich Ihnen erzählen möchte, weil es ganz interessant ist.

Da hat ein Universitätsprofessor, den ich kenne, ein Buch über Nationalökonomie geschrieben. Das Buch hat er mir – ich war auf einer Vortragsreise – gegeben. Ich blieb dann längere Zeit da, konnte darüber sprechen, habe gesagt, ich werde mir das Buch da und dort anschauen können, natürlich nicht das ganze Buch gleich lesen können, wenn ich zwei, drei Tage an dem Orte bin. Nun, ich habe mir das Buch angeschaut und zu ihm folgendes gesagt: Ich habe bemerkt – was mir ja nicht immer sympathisch ist, aber bei Ihnen ist es mir ganz sympathisch gewesen, daß es da war –, Sie haben in dem Buch einen Index, wo die Worte von Sachen drinnenstehen, die Sie behandelt haben. Nun habe ich gleich nachgeschaut unter dem Schlagwort: Preis – da war nichts! Da war überhaupt nichts!

Also der Mann hat ein nationalökonomisches Buch geschrieben und da steht überhaupt nichts vom Preis drinnen! Ja, meine Herren, das ist sehr charakteristisch. Heute sind die Nationalökonomen überhaupt nicht imstande, das wichtigste nationalökonomische Problem auch nur zu sehen. Das lassen sie aus, die Preisbildung. Und auf die Preisbildung kommt es an. Alles hängt von der Preisbildung ab. Das sieht man eben nur nicht. Wenn einem so etwas passiert, dann zeigt sich das in ganz besonderem Maße.

Deshalb ist es schon so, daß man sagen muß: Auch da muß man sich eben darauf verlassen, daß nach und nach doch eingesehen wird, daß man gesündere soziale Verhältnisse herbeiführen muß. Dann wird man, glaube ich, überhaupt nicht mehr so viel über Rentabilität oder Nichtrentabilität sprechen. Dies sind Begriffe, die mit der Konkurrenz zu tun haben, wenn auch nicht mit der Konkurrenz der Gleiches Produzierenden, aber mit der Konkurrenz der Verschiedenes Produzierenden.

Wenn Sie in meine Jugend zurückschauen und da die Bienenzucht nehmen in der Gegend, wo ich gerade war, wo eigentlich nur die Bauern Honigbienen gezüchtet haben – ja, diese Bauern, die waren wohlbeleibte Leute. Da kann ich nicht einmal sagen, die waren wie einer der Ihrigen hier; denn es ist keiner so dick hier, wie die Bauern waren. Da war der Honigpreis so, daß nicht einer sich darauf eingelassen hätte, bloß Bienen zu züchten, um für Geld seinen Honig zu verkaufen. Wenn sich dann der Bienenzüchter neben den Bauern hingestellt hätte, ja, das wäre dann so gewesen (Zeichnung S. 192): Das wäre der Bauer und das der Bienenzüchter gewesen! Das wäre gar nicht gegangen! Der Bauer hat eben mit seiner Bienenzucht gar nicht gerechnet, und der Bienenzüchter hätte rechnen müssen. Also das wäre gar nicht gegangen. Und so muß man eben, sobald man auf die Rentabilität kommt, gründlich die nationalökonomischen Bedingungen kennen und in Betracht ziehen.

Jetzt will ich Ihnen noch ein paar Dinge beantworten, die sich im Anschluß an das vorige ergeben haben.

Fragesteller: Es gibt Leute, die gar keinen Honig vertragen können. Sie bekommen sogleich Magenbeschwerden davon. Gibt es ein Mittel, um diese nachteilige Wirkung des Honigs in Damm zu halten?

Dr. Steiner: Nun, solche Leute, die keinen Honig vertragen können, das sind in der Regel Leute, die sehr früh zur Sklerose, zur Verhärtung des ganzen Körpers neigen, so daß der Stoffumsatz im Körper überhaupt langsam vor sich geht. Dadurch können sie den Honig, der darauf ausgeht, gerade den Stoffwechsel schneller zu machen, nicht vertragen. Weil sie selber einen zu langsamen Stoffwechsel haben, will der Honig ihn schneller haben, und da kommen sie in Zwiespalt mit ihrem eigenen Stoffwechsel, weil der Honig einen schnellen Stoffwechsel haben will, und dann bekommen sie Magenbeschwerden, die sich in allerlei ausdrücken. Etwas Honig sollte eigentlich jeder Mensch genießen können, das heißt, nicht nur genießen können, sondern er sollte auch dazu die innere Fähigkeit haben.

Wenn man Menschen hat, die den Honig nicht vertragen können, sollte man vor allen Dingen nachsehen, wo da eigentlich die Ursachen liegen. Man muß dann nicht daran denken, daß man ein allgemeines Mittel finden kann, sondern man muß, je nachdem der Mensch durch dieses oder jenes zu einem verhärteten Körper getrieben wird, dieses oder jenes kurieren. Es kann sich zum Beispiel folgender Fall ergeben.

Sagen wir, ein Mensch kann den Honig nicht vertragen; er bekommt

Magenbeschwerden. Nun frägt man sich: Hat dieser Mensch dadurch seine Magenbeschwerden beim Honig, daß er, sagen wir, zu der Kopfsklerose neigt, wie man sagt, zu der Verkalkung der Kopfvenen, der Kopfarterien, der Kopfgefäße? – Dann kann es sein, daß er in einem gewissen Alter seines Lebens den Honig nicht verträgt. Nun wird man einen solchen Menschen mit irgend etwas, was ein Phosphorpräparat ist, heilen müssen. Dann wird er anfangen, den Honig zu vertragen, wenn man ihn heilen kann.

Es kann aber auch sein, daß man merkt, bei einem Menschen, da liegt es in der Lunge. Dann muß man eben nicht ein Phosphorpräparat, sondern ein Schwefelpräparat nehmen. Das ist es, was ich auf diese Frage antworten kann. Es handelt sich darum, nicht im allgemeinen zu sagen, ein Mensch kriegt Magenbeschwerden von Honig, wie begegnet man diesen? – sondern man muß sich sagen: Wenn einer in irgendeinem Lebensalter Honig nicht vertragen kann, so ist das eine Krankheit. Ein gesunder Mensch kann eben Honig vertragen. Wenn er Honig nicht verträgt, so ist er krank, und da muß man die Krankheit suchen und muß sie heilen.

Honig nicht vertragen können, bedeutet natürlich nicht so viel, wie wenn einer Zucker nicht vertragen kann, Diabetes mellitus, Zuckerkrankheit bekommt. Das ist natürlich ärger, wenn einer Zucker nicht vertragen kann, denn dann ist er krank, mehr krank, als wenn er Honig nicht vertragen kann. Da ist er auch krank, und man muß seine Krankheit kurieren.

Fragesteller: Wie die meisten Insekten, fliegen auch die Bienen in der Dunkelheit stets auf Kerzen- oder Lampenlicht zu. Von erfahrenen Imkern ist mir wiederholt versichert worden, daß die Bienen viel weniger auf elektrisches Licht reagieren. Wenn man mit einer leuchtenden elektrischen Taschenlampe sich den Bienen naht, bleiben sie ganz ruhig, als ob sie das Licht gar nicht wahrnehmen. Erst nach einiger Zeit werden sie unruhig. Petrol- oder Kerzenlicht lockt sie viel rascher und in größerer Menge an. Gibt es eine Erklärung für dieses Verhalten?

Herr Müller sagt, daß er dasselbe auch schon bemerkt habe.

Dr. Steiner: Nun, meine Herren, Sie werden noch in dem alten Bau gesehen haben, daß die Kuppeln in verschiedenen Farben ausgemalt waren. Diese Farben sind aus reinen Pflanzenstoffen hergestellt gewesen. Und diese Herstellung aus verschiedenen Pflanzenstoffen, die hat zuletzt ergeben, daß, wenn in die Kuppel hinein Sonnenlicht geschienen hätte, wenn man also diese selben Farben einige Zeit – es würde ja etwas lange gedauert haben, vielleicht Monate, vielleicht Jahre – dem Sonnenlicht ausgesetzt hätte, so wären sie ganz verblaßt. Sie hätten nichts mehr drinnen gesehen, was gemalt war. Dagegen dem elektrischen Licht ausgesetzt, sind sie geblieben. Wir haben deshalb auch bei diesen Farben so gearbeitet, daß sie ein Maler, der bei Sonnenlicht gearbeitet hätte, überhaupt zunächst nicht hätte brauchen können. Unter Sonnenlicht wären sie ganz verblaßt. Dagegen unter elektrischem Licht sind sie geblieben.

Sie sehen also, daß das Sonnenlicht, das ja auch chemische Wirkungen in sich hat – und Sie haben ja gesagt, daß die Biene das bemerkt –, in ganz anderer Weise wirkt als das elektrische Licht. Das elektrische Licht wirkt also tatsächlich auf alles Stoffliche viel verhärtender, löst es nicht so auf. Dadurch bekommt die Biene im elektrischen Licht zunächst etwas wie einen ganz kleinen, leisen Starrkrampf, den sie im Sonnenlicht nicht bekommt. Und dann natürlich erholt sie sich wieder.

Das ist dasjenige, was ich darüber sagen wollte.

Fragesteller: Was den Einfluß der Tierkreiszeichen auf die Honigerzeugung betrifft: In bäuerlichen Kreisen legt man noch einen großen Wert darauf, so zum Beispiel beim Aussäen des Samens, wenn der Mond im Zeichen der Zwillinge steht und so weiter. Es handelt sich nun darum, ob man das Beurteilen der einzelnen Tierkreiszeichen nach äußerlichen Merkmalen tut, oder ob da etwas zugrunde liegt.

Dr. Steiner: Diese Dinge sind natürlich heute niemals richtig wissenschaftlich behandelt. Aber man kann sie wissenschaftlich behandeln. Auf den Bienenstock als solchen hat das, was ich Ihnen gesagt habe, Einfluß. Die Biene ist in gewisser Weise, namentlich die Königin, ein Sonnentier, und da hat auf die Biene selber dasjenige, was die Sonne selbst durchmacht, indem sie durch den Tierkreis durchgeht, den größten Einfluß. Aber die Bienen sind ja natürlich abhängig von dem, was sie in den Pflanzen vorfinden. Und da ist es schon so, daß mit dem Durchgehen des Mondes durch das Tierkreiszeichen das Säen, das Ausschleudern des Samens außerordentlich viel zu tun haben kann, und es handelt sich darum, was die Bienen für vorbereitete Stoffe in den Pflanzen vorfinden. So daß also solche Dinge durchaus nicht ganz aus der Luft gegriffen sind; aber so, wie es gewöhnlich dargestellt wird, ist es natürlich dilettantisch dargestellt. Die Dinge müssen erst wissenschaftlich vertieft werden.

Damit haben wir für heute unsere Zeit erschöpft. Was noch zu sagen ist, werden wir am nächsten Samstag um neun Uhr verhandeln. Ich denke mir, daß noch viele etwas auf dem Herzen haben. Die Bienenzucht ist etwas so Schönes und Nützliches, daß man gar nicht zuviel darüber fragen kann. Fragen Sie nur untereinander, und fragen Sie Herrn Müller und mich. Ich denke, es wird sich schon auch eine sanfte, milde Ausgleichung der Gegensätze finden. Wir brauchen ja nicht gleich so stachelig zu werden wie die Bienen selber, können das alles in Milde abmachen. Aber wir sollen auch mit unseren Fragen voll herausrücken.

ZWÖLFTER VORTRAG

Dornach, 10. Dezember 1923

Herr *Dollinger* möchte fragen wegen der Waben. Es gäbe Leute, die essen die Waben mit und in den Wirtshäusern wurden sie früher manchmal auf den Tisch gegeben. Er möchte wissen, ob das schädlich sei, die Waben mitzuessen.

In bezug auf die Bienenkrankheiten meint er, daß sie früher nicht so stark gewesen seien wie heute, wo die Ausbeuterei größer sei.

Herr *Müller* sagt, Waben zu essen sei eine Liebhaberei. Es handle sich dann natürlich nicht um künstliche Waben, sondern um Waben vom natürlichen Bau.

Was die Bienenkrankheiten betreffe, so kämen sie nicht durch Ausbeutung, sondern sie seien einfach früher nicht so viel ästimiert worden; es gab nicht so viele dünne Völker, und so hat man nicht so darauf achtgegeben. Von England aus habe eine Bienenkrankheit nach der Schweiz Einzug gehalten, die es vorher hier gar nicht gegeben habe.

Herr *Erbsmehl* meint, daß dies vielleicht auf künstlichen Dünger zurückzuführen sei. Die Blumen würden ja krank davon.

Dr. Steiner: Was die beiden Dinge betrifft, so ist folgendes darüber zu sagen. Es ist ganz richtig, daß dieses Mitessen der Waben, wenn es die Menschen tun, eine Art Liebhaberei ist. Bei solchen Dingen kommt es natürlich darauf an, zu entscheiden, wie es den Menschen bekommt. Das ist aber eine Frage, die natürlich lediglich medizinisch zu beantworten ist. Es ist nur möglich, über diese Frage etwas zu sagen, wenn man Menschen, die die Waben, also das Wachs mitessen, wirklich in ihrem Gesundheitszustand beobachtet. Ich muß gestehen, daß ich zwar schon verschiedene Leute kennengelernt habe, die Waben mitgegessen haben, aber sie haben sie immer wieder ausgespuckt, nachdem sie den Honig herausgesogen haben. Und Beobachtungen von Menschen, die größere Mengen Wachs mit dem Honig verzehrt haben, sind mir noch nicht gelungen.

Was man vermutungsweise sagen kann, das wäre eben dieses: Die Menschen vertragen verschiedenes, nicht jeder dasselbe. Und es könnte Menschen geben, die einfach durch den Wachsgenuß eine Art Magenkrankheit sich zuziehen würden; die müßte man davon abhalten. Es könnte aber auch Menschen geben, die das Wachs ganz ungehindert verdauen und die Reste über die Ausscheidungen abgeben. Bei denen könnte man allerdings dann sagen, daß dadurch, daß sie das Wachs mitessen, also den Honig möglichst lange an dem Wachs daranlassen, wenn das Wachs schon im Körper drinnen ist, für den Honig mehr eine Darmverdauung stattfindet, während sonst der Honig erst, wenn er aus dem Darm draußen ist, bei den Lymphgefäßen und so weiter verdaut würde. Nun, da könnte man sagen: Das hängt wiederum von dem Gesundheitszustand der Menschen ab. Es gibt eben solche, die mehr mit dem Darm, und andere, die mehr mit den Lymphgefäßen verdauen. Man wird gar nicht sagen können, das eine ist gut und das andere ist schlecht, sondern es richtet sich das nach dem Menschen. Sicheres könnte man nur sagen, wenn man einfach eine Anzahl von Menschen Honig mit Waben essen ließe und eine Anzahl Honig ohne Waben, und dann untersuchte, wie sich diese beiden Dinge zueinander verhalten.

Bei den Bienenkrankheiten ist die Sache so, wie überhaupt bei Krankheiten, daß Rücksicht auf das genommen werden muß, was Herr Müller gesagt hat. Es ist beim Menschen sogar auch so, daß man früher gewisse Dinge gar nicht beachtet hat, während man sie heute sorgfältigst studiert, also auch beim Menschen, wie Sie sagten, nicht ästimiert hat, und heute beachtet man sie.

Aber es spielt noch etwas wesentlich anderes mit. Der ehemalige Bienenzüchter, der hatte eigentlich sehr viele Instinkte. Er tat sehr viel, ohne daß er sagen konnte, warum. Diese Instinkte hat die Menschheit heute verloren. Heute will man überall wissen, warum. Und gerade, um dieses Warum zu entscheiden, dazu ist notwendig, daß man recht gründlich auf die Sache eingehen kann. Und das kann das heutige Wissen gewöhnlich noch nicht. Der ehemalige Bienenzüchter, der hat einen starken Instinkt gehabt, die Bienen, ich möchte sagen, ganz persönlich zu behandeln, richtig persönlich zu behandeln. Und nun müssen Sie bedenken: Es ist schon darinnen ein gewisser Unterschied, wie man früher Körbe gegeben hat und jetzt Kisten gibt. Die Kisten bestehen aus Holz. Holz ist etwas ganz anderes als dasjenige, aus dem früher die Bienenkörbe geflochten waren, aus Stroh und dergleichen. Auch ist das Stroh so, daß es aus der Luft noch als Stroh ganz andere Stoffe anzieht als das abstrakte Holz. Also es ist schon ein Unterschied in dieser äußeren Behandlung.

Nun, wenn ich das alles zusammenfasse, was der Bienenzüchter früher getan hat, namentlich dadurch, daß er einen starken Instinkt dafür gehabt hat: Er hat manchmal gar nicht gewußt, warum er das tut, aber er hat seine Bienenstöcke an einen ganz bestimmten Platz hingestellt, an einen Platz, wo oftmals von der oder jener Seite der Wind hergekommen ist und dergleichen. Heute stellt man sie aus Nützlichkeitsgründen irgendwohin, wo man Platz hat und dergleichen. Die klimatischen Dinge berücksichtigt man auch noch, aber nicht mehr so stark.

Herr Müller sagt, daß er sie sehr stark berücksichtige. Er hätte seinen Bienenstand auf einem Höhenzug, wo er fast gar keinen Nordwind, weniger Ostwind oder dergleichen hätte.

Dr. Steiner: Das Holz ist für solche Dinge eben weniger empfindlich als das Stroh. Ich agitiere wiederum nicht für Strohkörbe, aber solche Dinge sind eben da und die wirken auch sehr stark, worauf es sicher ankommt bei der Biene, wenn sie ihre ganze innere Arbeit verrichtet. Es ist eine ungeheure Arbeit, die in ihrem Körper vorgeht, wenn sie den Honigseim einsammelt und dann zum Honig selber, der genossen wird, in sich selber umwandelt. Das ist eine riesige Arbeit. Die muß die Biene leisten. Wodurch? Dadurch, daß ein ganz bestimmtes Verhältnis ist zwischen zweierlei Säften bei der Biene. Das eine ist der Magensaft und das andere ist der Blutsaft. Wenn man eine Biene untersucht, so hat man den weißlichen Magensaft, aus dem sie besteht, und den etwas rötlichen Blutsaft, aus dem sie besteht. Das sind im wesentlichen die zwei Teile, aus denen das Bienenwesen besteht. Alle anderen Teile sind ja angeordnet sozusagen aus den Wirkungen von Magensaft und Blutsaft.

Nun handelt es sich aber darum, daß ein ganz bestimmtes Verhältnis zwischen dem Magensaft und dem Blutsaft besteht. Die unterscheiden sich nämlich ganz bedeutsam voneinander. Der Magensaft ist nämlich sauer, das, was man in der Chemie sauer nennt. Und der Blutsaft ist dasjenige, was man in der Chemie alkalisch nennt, das heißt nicht sauer, sondern er kann nur angesäuert werden. Er ist also nicht sauer. Wenn der Magensaft nicht die genügende Säure hat, so geht gleich in der Biene etwas vor sich, wodurch sie in ihrem inneren Organismus gestört wird beim Honigmachen. Und der Blutsaft, der wird wieder nur dadurch stark genug gemacht, daß die entsprechenden klimatischen Verhältnisse, Lichtverhältnisse, Wärmeverhältnisse und so weiter da sind.

Es wird eben sehr stark darauf ankommen, wenn man solcher Krankheiten, die als neuere Bienenkrankheiten aufgetreten sind, entsprechend Herr werden will, daß man die richtige Einwirkung auch trifft auf das richtige Verhältnis vom Magensaft zum Blutsaft der Biene. Das wird man – weil die Bienenzucht nicht mehr so einfach betrieben werden kann, wie sie einmal betrieben worden ist – nicht erreichen können durch klimatische Verhältnisse und Wärmeverhältnisse, weil die nicht mehr so stark wirken auf die neueren Bienenstöcke, sondern man wird eben untersuchen müssen, was eigentlich am günstigsten auf das Bienenblut wirkt. Und da wird es sich wahrscheinlich darum handeln, daß in der Zukunft die Bienenzüchter werden darauf sehen müssen, daß die richtige Blutbereitung bei den Bienen immer vorhanden ist. Und da kommt es auf folgendes an.

Nicht wahr, es gibt ja Jahre, in denen die Bienen darauf angewiesen sind, den Honig fast ausschließlich von Bäumen zu holen. In diesen Jahren ist die Blutzusammensetzung der Biene außerordentlich gefährdet. In diesen Jahren werden die Bienen auch leichter krank als in anderen Jahren. Und da wird es sich darum handeln, daß der Bienenzüchter in der Zukunft eine Art von ganz kleinem – man braucht ja nicht viel – Glashaus anlegt, in dem er solche Pflanzen künstlich züchtet, die die Bienen zu einer bestimmten Jahreszeit gerade lieben und die sie haben müssen, so daß man wenigstens ein kleines Blumenbeet hat, auf das man die Bienen zum Beispiel im Mai auslassen kann. Sie suchen es dann schon von selber auf, wenn die betreffenden Pflanzen, die sie haben sollten, in jenem Mai gerade verkümmern und nicht da sind.

Also auf diese Weise, daß man durch eine künstliche Pflanzenzucht in der Umgebung des Bienenstockes nachhilft, wird man solchen Krankheiten ganz sicher einmal beikommen. Solche Dinge zum Beispiel empfehle ich. Es sind zunächst nur Vorschläge; aber sie werden sich ganz gewiß bewähren, denn sie sind aus der Kenntnis der Bienennatur entnommen. Dem Bienenzüchter werden sie, wenn sie einmal probiert werden, sehr gute Früchte tragen. Sie werden sehen: Es werden die Krankheiten der Bienen dadurch bekämpft. Aber man muß eben, um praktisch vorzugehen, alle Zusammenhänge berücksichtigen.

Das ist etwas, was ich heute nicht behaupte, sondern von dem ich nur sage: Aus dem Wesen der ganzen Biene heraus ergibt sich das sehr leicht, und man könnte solche Versuche mit Pflanzen machen, die man künstlich züchtet, während sie zu irgendeiner Jahreszeit verkümmern, nicht da sind, und würde dadurch den Gesundheitszustand der Bienen wahrscheinlich sehr heben. Das sind eben solche Sachen, von denen ich ganz überzeugt bin: Sie werden herauskommen, wenn man auch wirklich wiederum in naturhafter Weise auf die Sachen eingeht. Denn es kann sich heute ja nicht darum handeln, die Geschichte wiederum auf einen früheren Zustand zurückzuschrauben. Man braucht ebensowenig, wie man im politischen Leben Reaktionär zu sein braucht, auf einzelnen anderen Gebieten Reaktionär zu sein. Das braucht man nicht, sondern man muß mit dem Fortschritt mitgehen. Aber es handelt sich darum, was man eben macht, wenn man aus dem Alten einfach herauskommt, damit das wiederum ausgeglichen wird durch etwas anderes, was die Sache wiederum zurückgibt. Das ist dasjenige, was ich in bezug auf diese Sache zu sagen habe.

Herr Müller sagt, daß die Imker jetzt schon auf das künstliche Blumenzüchten hinarbeiten. Zum Beispiel würden die gelben Krokusse in großen Massen angepflanzt, speziell um den Bienen Blüten zu verschaffen, ebenso andere Pflanzen, die so kleine gelbe Blüten haben und so weiter, auch amerikanischen Klee pflanze man sehr viel an, der ungefähr zwei Meter hoch wird und das ganze Jahr blüht. Er wird erst im Herbst abgehauen; vorher läßt man die Blüte für die Bienen. Das wäre dasjenige, was notwendig wäre.

Dr. Steiner: Gewiß, anfangen tut man schon mit solchen Sachen, aber man kennt viel zu wenig die Zusammenhänge. Das, was Sie zuerst gesagt haben, ist daher ein guter Weg, der fortgesetzt werden kann.

Dasjenige, was Sie mit dem amerikanischen Klee anführten, der das ganze Jahr blüht, ist etwas, von dem man abkommen wird, weil dieser nicht eine Blutsverbesserung bewirkt, sondern durch den amerikanischen Klee werden die Bienen für eine kurze Zeit aufgestachelt. So wie wenn man einen Menschen mit Alkohol kuriert, so ist es beim amerikanischen Klee; die Bienen sind dann aufgestachelt, für einige Zeit etwas zu leisten. Aber das muß sorgfältigst berücksichtigt werden, daß man nicht ganz Fremdartiges an die Bienen heranbringen darf, denn die Bienen sind ihrer ganzen Natur nach an eine gewisse Gegend gebunden, also an eine gewisse Gegend gewöhnt. Das geht schon daraus hervor, daß die Bienen aus anderen Gegenden ganz anders ausschauen. Es gibt diese mitteleuropäische Biene, die auch hier schon erwähnt wurde, die Gemeine Hausbiene. Die Italienische Biene sieht ganz anders aus, die Krainer Biene wieder ganz anders. Die Bienen sind sehr stark an die Gebiete gewöhnt, und man kann gar nicht auf die Dauer helfen, wenn man ihnen Honigseim überliefert aus ganz fremden Gebieten. Da haben sie sehr viel zu tun mit ihrem eigenen Körper, da fängt es an zu rumoren, denn sie wollen ihn umwandeln, daß er so werde, wie es dort ist, wo der Klee herkommt. Es wird sich herausstellen, daß man ein paar Jahre Erfolg hat, aber nachher hat man schon die Schererei. Sie sagen ganz richtig, es sind noch keine ordentlichen Angaben da. Aber es wird sich herausstellen, und man wird es dann unterlassen, oder aber man wird es machen, wie man es beim Wein gemacht hat. Beim Wein haben die Leute die folgende Erfahrung gemacht: Sie wissen, in den siebziger, achtziger Jahren trat plötzlich die Reblaus auf, die den Weinstock in weiten Gegenden Europas zerstörte. Ich habe mich dazumal sehr viel gerade auch mit dieser Sache beschäftigen können, weil ich einen guten Freund hatte, der Landwirt war, und der auch eine landwirtschaftliche Zeitung herausgab und sich sehr viel mit dieser Frage beschäftigte. Da haben die Leute darüber nachgedacht, warum die amerikanischen Reben noch keine Rebläuse haben, ungefährdet sind. Aber wozu ist es gekommen? Es ist dazu gekommen, daß eigentlich mit den Mitteln, mit denen man bei amerikanischen Reben die Rebläuse bekämpfen kann, man sie bei europäischen Reben nicht bekämpfen konnte. Und die Folge davon war, daß, wenn man auch angefangen hat, amerikanische Reben zu pflanzen, es gelang, die amerikanischen Reben gesund zu halten, aber die europäischen Reben gingen trotzdem zugrunde. Man war darauf angewiesen, überhaupt den europäischen Rebbau aufzugeben und den ganzen Weinbau zu amerikanisieren. Dann ändert sich die ganze Rebenzucht um, und es wird etwas anderes daraus. Es ist auch vielfach etwas anderes geworden in sehr vielen Gegenden.

Man kann nicht so mechanisch denken, sondern man muß sich darüber klar sein, daß etwas seiner ganzen Natur nach an eine bestimmte Lokalität eingewöhnt ist. Das muß berücksichtigt werden. Sonst kann man zwar augenblickliche Erfolge erzielen, aber nicht etwas Dauerndes.

Ist sonst noch etwas, was Sie fragen möchten, oder sind alle anderen Herren nur geneigt, den Honig zu essen, aber nicht gerade so furchtbar viel über ihn zu diskutieren? Vielleicht fällt dem einen oder dem anderen noch etwas ein!

Ich will nun doch noch mit einigen Strichen, möchte ich sagen, zurückkommen auf das eigentliche Wesen dieser Honigbereitung bei den Bienen. Denn es ist doch im Grunde etwas außerordentlich Wunderbares, daß es da so kleine Wichte gibt, die imstande sind, dasjenige, was sie aus den Blüten oder überhaupt aus den Blumen, aus den Pflanzen heraussaugen, umzuwandeln in diesen außerordentlich gesunden Honig, der noch eine viel größere Rolle in der menschlichen Ernährung spielen könnte, als er heute spielt, wenn man wirklich ganz einsehen würde, wie ungeheuer wichtig der Honiggenuß ist. So zum Beispiel würde ich es, wenn man mehr einwirken könnte auf die ganze, ich möchte sagen, soziale Medizin, außerordentlich günstig finden, wenn Menschen gerade in der Verlobungszeit, also schon vorbauend, Honig essen würden. Denn sie würden dann keine rachitischen Kinder bekommen, weil im Honig diese Kraft liegt, wenn er weiter durch den Menschen verarbeitet wird, auf die Fortpflanzungskraft zu wirken, nämlich den Kindern dann ordentliche Formen zu geben. Auf den Knochenbau des Kindes hinüber wirkt der Honiggenuß der Eltern, namentlich der Mutter.

Solche Dinge werden sich ergeben, wenn man überhaupt tiefere Zusammenhänge in diese Dinge einmal hineinbringt; statt all den Kinkerlitzchen, die heute in den wissenschaftlichen Zeitschriften stehen, wird eben einmal, wenn man über diese Dinge etwas wissen wird, stehen: Was ist gut in einer solchen Lebenszeit zu essen? Was ist gut in einer anderen Lebenszeit zu essen? – und so weiter. Ja, das wird den Menschen ungeheuer nützen, denn der Gesundheitszustand der Menschen wird dadurch wesentlich zunehmen und vor allen Dingen auch der Kraftzustand der Menschen. Das einzige, was man dabei sagen kann, das ist das, daß die Leute eigentlich eine solche Sache furchtbar wenig würdigen; denn derjenige, der keine rachitischen Kinder hat, ist zwar sehr zufrieden darüber, aber er denkt nicht darüber nach, er nimmt es als etwas Selbstverständliches. Nur der klagt, der rachitische Kinder hat. Und so möchte ich sagen: Gerade die nützlichsten medizinisch-sozialen

Maßregeln stehen eigentlich lange an, wenn sie das herstellen, was die Leute als ihr Normales betrachten sollten.

Aber einzusehen, daß man nach dieser Richtung hin ungeheuer Günstiges wirken kann, ist das doch, und ich glaube schon, wenn sich die Meinung bilden würde, daß man dadurch, daß man Geisteswissenschaft treibt, auf solche Dinge kommt, so würden die Menschen in echtem Sinne nach dem Geiste hinschauen, viel mehr, als sie es vielfach jetzt tun, wenn ihnen nur angeraten wird, nicht wahr: Ihr sollt beten, dadurch kommt das oder jenes. – Das erkennt man aus dem Geiste heraus. Ja, meine Herren, diejenigen Dinge, die man eben auch aus dem Geiste heraus erkennen kann und die die heutige Wissenschaft nicht kennt, das sind eben solche Dinge, daß man wissen kann, in welcher Zeit, also sagen wir in der Verlobungszeit, der Honig eine besondere Nützlichkeit hat und so weiter.

Ich sage, das ist etwas ganz Wunderbares, daß die Biene diesen für das Leben außerordentlich nützlichen Honig aus der allgemeinen Natur eigentlich heraussaugt und in sich umwandelt. Nun werden Sie verstehen, worinnen eigentlich dieses ganze Entstehen des Honigs beruht, wenn ich Ihnen denselben Vorgang in ganz veränderter Gestalt bei Nachbarn, Verwandten der Bienen zeige, bei den Wespen. Aber bei den Wespen bekommt man keinen für die Menschheit in derselben Weise fruchtbaren Honig, obwohl man mit demjenigen, was die Wespen bereiten, in der Medizin auch sehr viel ausrichten kann. Aber es ist schon etwas ganz anderes, was die Wespe arbeitet, als wie die Biene arbeitet. Ich werde Ihnen dann später, das nächste Mal, auch von den Ameisen sprechen. Aber betrachten wir zunächst einmal eine gewisse Wespenart.

Es gibt Wespen, die haben die Eigentümlichkeit, daß sie ihre Eier irgendwohin ablegen, in Pflanzen, in Bäume, zum Beispiel in die Blätter, in die Rinde von Bäumen. Es gibt sogar solche, die sie in die Blüten von Bäumen legen. So daß es also so ausschaut (Zeichnung S. 204): Da ist der Baumast, da ist meinetwillen ein Eichenblatt, und nun legt die Wespe mit einem Legestachel – das ist ein Stachel, der innerlich hohl ist – ihr Ei in das Eichenblatt hinein. – Was geschieht jetzt? Jetzt verändert sich da, wo das Wespenei hineingelegt worden ist, das ganze Gewebe des Blattes, das

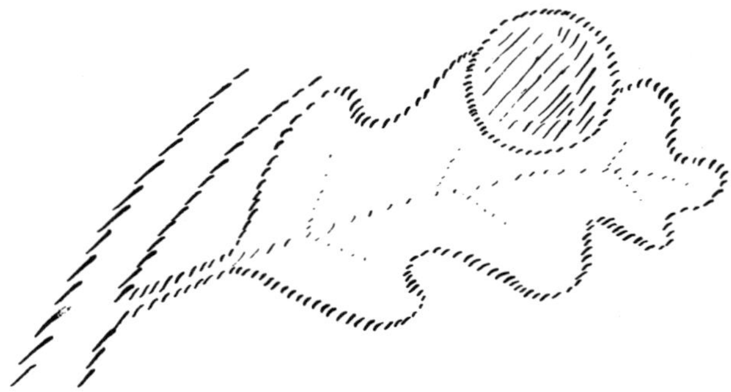

nun rundherum um das Wespenei ist. Das Blatt wäre in ganz anderer Weise gewachsen, wenn das Ei nicht hineingelegt worden wäre. Nun gut. Schauen wir uns jetzt an, was dadurch entsteht, daß das Wespenei hineingelegt worden ist. Da entsteht das, daß hier sich das Pflanzenwachstum ganz verändert, und um das Wespenei herum, herausragend aus dem Blatt, entsteht der sogenannte Gallapfel. Das sind eben diese bräunlich aussehenden Galläpfel, die Sie an den Bäumen finden. Woher sind sie entstanden? Dadurch sind sie entstanden, daß an der Stelle eine Wespe ihr Ei hineingelegt hat, und um das Wespenei herum ist jetzt diese veränderte Pflanzensubstanz. Die hüllt es ganz ein. Dieses Wespenei würde zugrunde gehen, wenn es irgendwo hingelegt würde. Das kann nur dadurch gedeihen, daß zunächst um dieses Ei herum eben diese schützende Substanz ist, die die Gallwespe der Pflanzensubstanz stiehlt. Sie nimmt sie ihr weg.

Sie sehen, die Biene, die legt ihr Ei in die Wabe hinein und sie entsteht aus Maden und so weiter, wird Biene und stiehlt nachher die Pflanzensubstanz und verarbeitet sie in sich selber. Die Wespe macht die Geschichte nun etwas früher. Die Wespe, die nimmt schon, indem sie das Ei legt, der Pflanze die Substanz, die sie braucht, weg. Also die Biene, die wartet mit dem, was sie da tut, etwas länger als die Wespe. Die Wespe tut das früher. Bei den höheren Tieren und beim Menschen ist das so, daß sich das Ei schon im Leibe der Mutter mit einer schützenden Hülle umgibt. Da wird das aus der Mutter genommen, was die Wespe hier aus der Pflanze nimmt. Dieser Gallapfel ist einfach aus der Pflanze herausgebildet, so wie sich um den Eikeim herum im Leibe der Mutter als die Hülle das Chorion bildet, das später mit der Nachgeburt abgeht.

Sie sehen, wie die Wespe mit der Pflanze zusammengeht. In besonders wespenreichen Gegenden kann man das finden, daß die Bäume überall ganz bedeckt sind mit solchen Galläpfeln. Die Wespe lebt zusammen mit den Bäumen. Sie ist darauf angewiesen. Ihr Same könnte gar nicht gedeihen, wenn er nicht diese schützende Hülle sich bilden würde aus den betreffenden Bäumen oder Pflanzen überhaupt. Das kann auch anders aussehen. Es gibt auch Gallbildungen, die nicht wie Äpfel ausschauen, sondern die so herauswachsen, die haarig sind, so ineinander verwoben (siehe Zeichnung). Aber überall ist in der Mitte der betreffende Wespenkeim drinnen. Sie können auch manchmal diese Gallen in

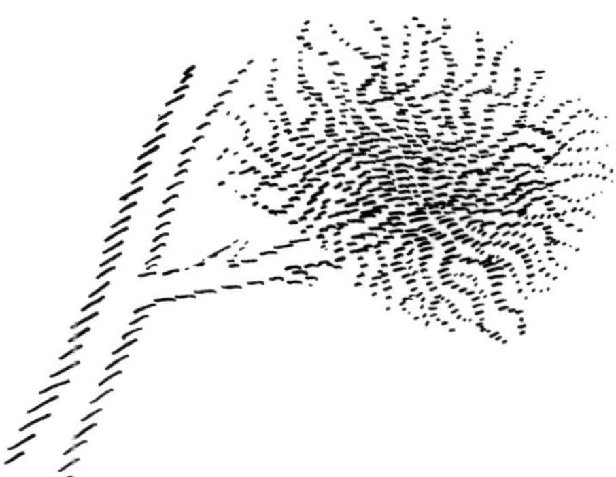

Form von zottigen kleinen Nüssen finden. Das ist etwas, was zeigt, wie die Wespen mit den Pflanzen zusammenleben. Dann, wenn die Wespe reif ist, wenn sie herangereift ist, bohrt sie sich mit ihren Freßzangen durch und kriecht dann als Wespe aus, um, wenn sie eine Zeitlang draußen gelebt hat, wiederum in irgendein Blatt oder dergleichen ihr Ei abzulegen. So daß die Eiablage immer durchgeht durch ein Zusammenleben mit den Pflanzen.

Sie könnten nun vielleicht sagen: Was hat denn das mit der Honigbereitung zu tun? – Meine Herren, das hat mit der Honigbereitung eigentlich sehr viel zu tun, und man kann lernen, wie der Honig zustande kommt, wenn man diese Sache ins Auge faßt. Und da gibt es auch wiederum in der früheren, ich möchte sagen, volkstümlichen Wissenschaft Instinkte, die eine solche Sache berücksichtigen. Sie wissen ja vielleicht: In südlicheren Gegenden, namentlich in Griechenland, spielt die Feigenzucht eine große Rolle. Nun gibt es sogenannte wilde Feigen, die zwar etwas süß sind, aber sie sind so, daß manche Menschen eine noch leckerere Zunge haben und noch süßere Feigen haben möchten, als die wilden Feigen eben Süßigkeit haben. Was tun nun diese Leute?

Nun denken Sie sich, da wäre ein wilder Feigenbaum. Dieser wilde Feigenbaum, der wird ganz besonders geliebt von einer bestimmten Wespenart, die da ihre Eier drinnen ablegt (siehe Zeichnung). Stellen wir uns also vor: Da wäre der wilde Feigenbaum, auf dem Ast eine solche wilde Feige, in die die Wespe ihr Ei ablegt.

Nun, der Feigenzüchter, der ist eigentlich in seiner Art ein ganz schlauer Kerl. Er läßt diese Wespen in den wilden Feigenbäumen, die er besonders dazu anzüchtet, ihre Eier ablegen. Nachher nimmt der Bursche zwei solche Feigen zunächst herunter in dem Zeitpunkte, wo die Wespenlarven drinnen noch nicht bis zu Ende sind, so daß die Wespen also noch lange nicht reif zum Ausschlüpfen sind, aber eine Zeit ihrer Entwickelung schon durchgemacht haben. Nun, was tut er weiter? Er nimmt einen Binsenhalm und bindet diese zwei Feigen, in denen er diese Wespenlarven nicht ganz zur Reife hat kommen lassen, mit diesem Binsenhalm zusammen, so daß sie halten. Jetzt geht er an einen Feigenbaum, bei dem er die Feigen veredeln will und hängt die zwei Feigen, die er mit dem Binsenhalm verbunden hat und worin die Wespen genistet haben, ihre Eier abgelegt haben, an den Feigenbaum an, den er veredeln will. Was geschieht nun?

Da geschieht folgendes: Die Wespen, die spüren das, weil diese Feigen, die er abgerissen hat, die nicht mehr auf dem Feigenbaum darauf sind, jetzt trocken werden; die trocknen aus, die haben nicht mehr den Saft vom Baum. Das spürt innerlich schon die noch gar nicht entwickelte Wespe. Selbst das Ei spürt das. Und die Folge davon ist, daß sich die Wespe mit ihrem Auskriechen furchtbar beeilt. So daß also der Züchter im Frühling anfängt, diese Prozedur zu machen: Er läßt zuerst die Wespe ihre Eier ablegen. Flugs, wenn es so zum Mai kommt, nimmt er diese zwei Feigen herunter und macht damit diese Prozedur. Donnerwetter, denkt sich das Tier, das da drinnen ist, jetzt muß ich mich beeilen! Jetzt kommt ja schon die Zeit, wo die Feige wieder trocken wird! – Das Tier beeilt sich furchtbar, schlüpft viel früher aus, als es sonst ausgeschlüpft wäre. Wäre die Feige hängengeblieben, wäre es im Spätsommer ausgeschlüpft. So muß es im Frühsommer ausschlüpfen. Die Folge aber ist, daß das Tier, weil es im Frühsommer ausschlüpft, eine zweite Brut machen muß, und es legt noch im Sommer Eier, während es sonst erst im Frühjahr gelegt hätte.

Mit diesen Eiern geht die Wespe jetzt an die Feigen, die an dem Baume sind, der veredelt werden soll. Dahinein legt sie die Eier, Späteier, die nicht bis zu ihrer Reife kommen, sich nur bis zu einem gewissen Grade entwickeln. Und was geschieht dadurch? Diese Feigen, in die da die zweite Brut hineingelegt ist, die werden doppelt so süß als die anderen wilden Feigen! Das nennt man die Veredelung der Feigen, daß sie doppelt so süß werden.

Was ist denn da geschehen? Da ist das geschehen, daß die Wespen, die eben verwandte, aber andere Tiere sind als die Bienen, schon im Ei dasjenige aus der Pflanze herausgenommen haben, was zum Honig werden kann. Und wenn man in geschickter Weise, wie der Feigenzüchter, der da seine zwei wilden Feigen mit den Wespeneiern drinnen mit seinem Binsenhalm zusammenbindet und da hinaufschwingt auf den Baum, so daß sie da drinnen hängen, wenn man sie in geschickter Weise veranlaßt, auch wiederum in die Pflanze hineinzuweben, was sie aufgenommen haben aus der anderen Pflanze, so läßt er sie den Honig in die Pflanze, in die er sie gehängt hat, in diese veredelten Feigen, nun als Süßigkeit hineingeben. In diese veredelten Feigen kommt die Süßigkeit dadurch hinein, daß der Honig in ganz feiner Verteilung einfach durch die Wespe hineingetan worden ist. Das ist auf dem Umweg der Natur geschehen.

Sie sehen also: Da haben wir aus der Natur gar nichts herausgenommen, sondern drinnengelassen die Honignatur. Die Wespe kann den Honig nicht so zubereiten wie die Biene, weil ihre Organisation dazu gar nicht taugt. Aber sie kann, wenn man sie zu diesem Umwege zwingt, von einer Feigenfrucht während ihrer Fortpflanzung in die andere Feigenfrucht die Süßigkeit ihres Honigseims herübertragen. Dann macht sie die zweite Feige, die veredelte, süß. Und es ist da drinnen eine Art von Honigsubstanz. Also Sie sehen: Da kommen wir auf etwas ganz Besonderes. Bei diesen Wespen stellt sich das heraus, daß sie einen Körper haben, der es nicht dazu bringt, der Natur den Honigseim wegzunehmen und ihn in ihrem eigenen Körper zu Honig umzuändern. Aber sie können in der Natur selber das befördern, daß von einer Feige zu der anderen hinüber eine Art Honigbildung stattfindet.

Die Biene ist also ein Tier, das einen wespenähnlichen Körper so weit entwickelt, daß sie das nun abgesondert von dem Baum und so weiter machen kann, was bei der Wespe in dem Baum selber drinnengelassen werden muß. Wir müssen sagen: Die Biene ist ein Tier, das mehr in sich von der Kraft behält, die die Wespe nur hat, solange sie ganz jung ist, solange sie Ei oder Made ist. Die Wespe verliert im späteren Alter die honigerzeugende Kraft, die Biene behält sie und kann sie ausüben als erwachsenes Tier. – Ja, bedenken Sie, meine Herren, was das bedeutet, daß man da hineinschauen kann in die ganze Natur und sich sagen kann: In den Pflanzen drinnen steckt der Honig, steckt diese nach der Zuckersüßigkeit hingehende Substanz. Die steckt da drinnen. Sie kommt auch zum Vorschein dann, wenn man nur die richtigen Wege nimmt, wenn man die Natur nur unterstützt dadurch, daß man die Wespe in der richtigen Zeit zu dem Baum, den man veredeln will, hinüberkommen läßt.

Hier in unseren Gegenden lassen sich solche Sachen nicht machen, überhaupt in der jetzigen Zeit ist das gar nicht mehr möglich, zu machen. Aber es gab einmal in der Erdenentwickelung eine Zeit, da hat man die Möglichkeit gehabt, Wespen, die man heute und die man auch schon vor zweitausend Jahren nur so verwendet hat, daß man sie, wie der schlaue Mensch, nicht wahr, zu einer zweiten Brut veranlaßt hat, diese Wespen ausschlüpfen zu lassen, hat ihnen dann die Möglichkeit gegeben, Eier abzulegen in den Feigen, die nun auch gepflückt waren, und dadurch ist es nach und nach gelungen, aus den Wespen die Bienen herüberzuzüchten. Die Biene ist nämlich ein Tier, das herübergezüchtet ist aus Wespen in ganz alten Zeiten. Und heute, wie gesagt, kann man noch sehen, wie durch die Tiertätigkeit, also durch die Wespentätigkeit, diese Honigbereitung in der Natur selber vorkommt.

Und daraus können Sie auch sehen, wie es sich nun damit verhält, daß die Bienen in einer bestimmten Weise ihren Honig in Waben absetzen. Die Wabe, die ist im wesentlichen aus der Wachssubstanz bestehend. Ja, diese Wachssubstanz, die ist nicht nur dazu notwendig, daß der Honig im allgemeinen abgesetzt wird, sondern die Biene kann den Honig nur bereiten, wenn ihr ganzer Körper in der richtigen Weise arbeitet. Sie muß also Wachs absondern.

Nun, der zweite Feigenbaum, in dem von selber die Süßigkeit entsteht, der ist auch wachsreicher als der wilde Feigenbaum. Und gerade dadurch unterscheidet sich der veredelte Feigenbaum von dem wilden, daß er wachsreicher ist. Da macht die Natur selber diesen Zusatz von Wachs. So daß die veredelte Feige, die süße Feige an einem Baum gedeiht, der sich von selbst innerlich in einer gewissen Weise wachsreicher macht. Da können Sie schon dasjenige vorgebildet finden, was in der Bienenzucht auftritt.

Aber wenn Sie nun ganz genau zu Werke gehen, dann können Sie bei der veredelten Feige den Stamm nehmen, ihn durchschneiden, und Sie bekommen nun, wenn Sie nachsuchen, merkwürdigerweise solche Zeichnungen (siehe Zeichnung), wie Wachszellen. Aus diesem Wachs,

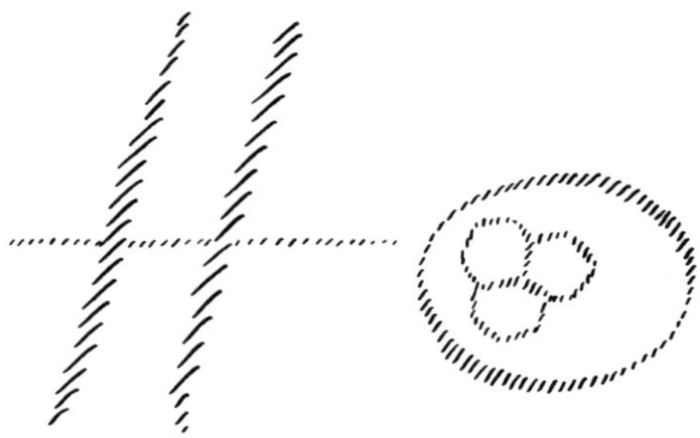

das sich in dem Stamm drinnen absetzt, bilden sich solche Gewächse, nämlich eine Art von Bienenzellen. Die veredelte Feige wird wachsreicher, und da drinnen im Stamm ordnet sich das Wachs auch in einer Art von Zellform an. So daß man sagen könnte: Schauen wir uns diese Feigenveredelung an, dann haben wir da eine nicht aus der Natur herausgeschlüpfte Honigzucht, nur daß der Honig in der Feige drinnen bleibt.

Die Biene, die zieht das, wenn ich so sagen darf, an die Öffentlichkeit heraus, was da, bei der veredelten Feige, innerhalb der Natur selber bleibt. Die Biene zieht es an die Öffentlichkeit heraus. Dadurch wird das Wachs, das sonst im Stamm drinnen geblieben wäre und da eine Art von Naturzellen gebildet hätte, die nur nicht so deutlich sind, nicht so massiv sind, die nur so angedeutet sind und gleich wieder verschwinden, heraufgetrieben in die Feige. Die ganze Wachs- und Honigbildung ist dann in der Feige drinnen. Diese ganze Bienenzucht, die da drinnen ist, die ist im Baume selber, so daß die ganze Natur ein Bienenzüchter ist.

Was hat die Biene zunächst getan? Die Biene hat zunächst ein Ei abgelegt, hat das Ei in den Bienenstock hineingelegt, das Ei ist reif geworden. Jetzt braucht sie nicht die Substanz da zu einem Gallapfel zu verwandeln, sondern nimmt gleich aus der Pflanze heraus den Honigseim. Sie geht auch nicht an den anderen Baum, der wachsreicher wird, sondern macht sich gewissermaßen das, was sich sonst im Stamme bildet, den Wabenzusammenhang, von sich selber und legt da den Saft hinein, der jetzt als Honig da ist, während er bei der veredelten Feige als Saft die ganze Feige ausfüllt. So daß man sagen kann: Es geht eben in der Öffentlichkeit das vor sich, was in der Natur sonst im Bereich der Bäume bleibt, zwischen den Bäumen und den Wespen selber ausgemacht wird. – Und daran sehen Sie wirklich ganz klar, was Sie eigentlich vor sich haben, wenn Sie einen Bienenstock mit seinen so kunstvoll aufgebauten Wachswabenzellen haben. Es ist eigentlich ein wunderbarer Anblick – nicht wahr, Herr Müller? – Ein wunderbarer Anblick muß diese künstliche Zusammensetzung dieser Wachswabenzellen sein. Und da drinnen nun Honig!

Ja, meine Herren, schauen Sie sich das an. Dann sagen Sie sich: Donnerwetter, die Biene, die stellt eigentlich in ihren wunderbaren Wachswabenzellen eine Art von künstlich aufgebautem Baumstamm mit seinen Verästelungen dar! In den Baum selber geht sie nicht hinein, ihre Eier abzulegen, aber sie baut sich draußen etwas wie ein Bild des Baumes, und statt daß sie die Feige daran wachsen läßt, setzt sie den Honig schon in die fertigen Waben hinein. Wir haben also in diesem durch die Biene eine Art von Nachbild des künstlich veredelten Feigenbaumes gemacht.

Das ist tatsächlich ein Blick in das Innere der Natur, der Ihnen zeigen wird, wie man von der Natur selber lernen kann. Aber man muß eben von der Natur lernen können. Die Menschen werden noch viel von der Natur lernen. Aber sie müssen erst den Geist in der Natur sehen; dann werden sie solche Sachen lernen. Sonst, nicht wahr, steht man und hält Maulaffen feil, wenn man nach dem Süden reist und sieht da den schlauen Kerl, der seine angestochenen Feigen zusammenbindet mit dem Binsenhalm und sie dann hinaufschleudert auf den wilden Feigenbaum – hält Maulaffen feil wie die Reisenden, selbst wenn es Wissenschafter sind, die nicht wissen, warum er das tut: Weil er damit die Bienenarbeit spart, indem ihm die Natur schon den Honig in die Feigen hineintut. Und die Feigen sind in ähnlicher Art in der Gegend, wo sie gedeihen, gesund wie der Honig, weil der Honig in ihnen schon in seinem Anfangsstadium vorhanden ist.

Das sind die Dinge, die man sich schon einmal vergegenwärtigen soll, wenn man etwas so Wichtiges und Einschneidendes besprechen will wie die Bienenzucht. Ich glaube, daß man dadurch allmählich in gewisser Weise schon zu etwas richtigeren Anschauungen vordringen wird.

Frage und Antwort

R. Hahn: Nach dem Vortrag trat ich an Herrn Dr. Steiner mit der Frage heran, was die Ursache der Bienenfaulbrut sei. Er meinte, Bestimmtes darüber könnte er erst dann sagen, wenn er die Krankheit wirklich untersucht hätte. Aber wahrscheinlich handle es sich bei der Bienenfaulbrut um eine fehlerhafte Zusammensetzung der Harnsäure der Bienenkönigin. Er sagte dann noch: «Nicht wahr, auch die Biene hat ja Harnsäure in ihrem Organismus; es wird schon so sein, daß die fehlerhafte Zusammensetzung der Harnsäure die Ursache dieser Erkrankung ist.»

Über die in dem gleichen Vortrag erwähnte Herüberzüchtung der Biene aus der Wespe sagte er auf eine bezügliche Frage etwa: «Dieser Vorgang hat in der alten Atlantis stattgefunden, wo die einzelnen Tierformen noch nicht so fest in sich abgeschlossen waren wie heute, wo noch keine so feste Grenze zwischen den einzelnen Arten war. Heute wäre eine solche Herauszüchtung nicht mehr möglich.»

DREIZEHNTER VORTRAG

Dornach, 12. Dezember 1923

Es wird gefragt, was für eine Verwandtschaft es zwischen Bienen und Blumen gibt, was die beiden so verbindet, und was der Honig dem Menschen sein sollte und ist. Dann wird noch einmal auf die Eiablage zurückgegriffen.

Dr. Steiner: Nun, meine Herren, darüber wollen wir im heutigen Vortrag noch einmal sprechen. Die Sache ist diese: Wir haben dieses Befruchten der Königin beim Befruchtungsflug. Da ist also die Königin zunächst befruchtet worden. Dann haben wir die Zeit in Betracht zu ziehen, die verläuft von der Eiablage, bis das Insekt vollständig fertig ist, bis die Biene da ist. Diese Zeit, die beträgt bei der Königin 16 Tage, bei der Arbeitsbiene 21 Tage, bei der Drohne 22 bis 24 Tage. Also diese drei Gattungen von Bienen sind zunächst verschieden voneinander dadurch, daß sie zu verschiedener Zeit fertig werden. Was ist da zugrundeliegend? Wenn aus einer Bienenmade eine Königin wird, so wird sie es namentlich dadurch, daß die Made von den Bienen selber in einer bestimmten Weise gefüttert wird. Sie werden ja etwas anders gefüttert von den Bienen, die Königinnen; dadurch wird das Wachstum beschleunigt.

Nun ist die Biene ein Sonnentier, und die Sonne braucht ungefähr so viel Zeit, um sich einmal um sich selber herumzudrehen, wie eine Drohne braucht, um sich zu entwickeln. So daß also die Königin nicht abwartet mit ihrer Entwickelung, bis die Sonne sich vollständig umgedreht hat, das heißt, sie bleibt ganz im Bereich von einer einzigen Sonnenumdrehung. Dadurch kommt sie dazu, sich so zu entwickeln, daß sie ganz unter den Einfluß der Sonne gelangt. Dadurch wird sie eben eine eierfähige Biene. Also alles das, was Eierfähigkeit ist, das steht unter dem Einfluß der Sonne respektive des Weltalls auch.

In dem Augenblicke, wo nun so gefüttert wird, daß die Biene sich so schnell entwickelt, daß sie, wie bei der Arbeitsbiene, fast eine ganze Sonnenumdrehung durchmacht, da kommt die Biene schon näher unter den Einfluß der Erdenentwickelung. Je mehr die Sonne weitergeht, desto mehr kommt die Biene unter den Einfluß der Erdenentwickelung. Jetzt ist die Arbeitsbiene zwar noch sehr stark ein Sonnentier, aber schon etwas ein Erdentier. Und jetzt ist die Drohne, die ungefähr so lange sich entwickelt wie die Sonne zu einer ganzen Umdrehung braucht, ein vollständiges Erdentier; die macht sich also von der Sonne los.

Nun haben wir dreierlei. Wir haben die Sonnenkönigin; wir haben die Arbeitsbiene, in der wir noch außerirdische Kräfte haben, und wir haben die Drohnen, die nichts mehr haben von der Sonne, die ganz Erdentiere sind. Alles, was sonst geschieht, geschieht nicht unter dem Einfluß der Erdenkräfte, sondern nur die Befruchtung selber.

Nun ist das Eigentümliche dieses. Betrachten Sie nur einmal die Befruchtungsflucht. Die niederen Tiere haben nämlich die Befruchtung gar nicht gern; sie wollen sich ihr entziehen. Das können wir überall nachweisen. Daher ist es eigentlich eine Flucht, die die Königin anstellt zur Sonne. Denn die Befruchtung findet ja nicht statt, wenn es trübe ist. Und da müssen die Drohnen, die das Irdische in das Sonnenhafte hineinbringen wollen, sogar kämpfen in der Luft. Und diejenigen, die dann schwach sind, bleiben zurück. Nur diejenigen, die die letzte Kraft behalten und so hoch fliegen können wie die Königin, die können die Befruchtung leisten.

Dadurch aber, meine Herren, daß die Königin befruchtet ist, ist noch nicht jedes Ei befruchtet, sondern nur ein Teil der Eier in der Königin wird befruchtet; das werden Arbeitsbienen oder Königinnen. Ein Teil wird nicht befruchtet im Leibe der Königin; das werden Drohnen. Wenn also die Königin gar nicht befruchtet wird, entstehen lauter Drohnen. Wenn die Königin befruchtet wird, dann entstehen Drohnen [aus den unbefruchteten Eiern] oder Arbeitsbienen und Königinnen, weil der Keim befruchtet wird, also das Himmlische in ihm mit dem Irdischen in Berührung kommt.

So daß also schon auch dann, wenn neben den Drohnen Arbeitsbienen sind, die Drohnen davon herrühren, daß sie also am meisten dem Irdischen dann ausgesetzt sind, weil eben eine Befruchtung nicht stattgefunden hat. Sie müssen eben dann erst recht dem Irdischen ausgesetzt werden, damit sie überhaupt lebensfähig bleiben. Sie müssen länger ernährt werden und so weiter. Befriedigt Sie das?

Fragesteller: Ich habe vor Jahren einmal gehört, daß wenn einen eine Biene oder eine Wespe sticht und man Rheumatismus hat, so soll der Rheumatismus zurückgehen.

Dr. Steiner: Da komme ich auf eine Frage zurück, die vielleicht am letzten Montag nicht berücksichtigt worden ist. Herr Müller hat von einem Manne erzählt, der, wie es scheint, etwas herzkrank gewesen ist, umgefallen ist von einem Bienenstich.

Herr *Müller:* Der Arzt riet ihm, die Bienenzucht aufzugeben, da es sonst noch sein Tod wäre!

Dr. Steiner: Die Herzkrankheit, die bezeugt ja nichts anderes, als daß bei diesem Menschen die Ich-Organisation nicht ordentlich eingreift. Da kommt in Betracht, was Sie aus meinen Vorträgen kennengelernt haben. Sie wissen, wir haben vier Teile beim Menschen unterschieden: Erstens den gewöhnlichen physischen Leib, den man angreifen kann, zweitens den Ätherleib, drittens den astralischen Leib und viertens die Ich-Organisation. Diese Ich-Organisation greift ins Blut ein, und diese Ich-Organisation treibt eigentlich das Blut, und wie das Blut getrieben wird, so schlägt das Herz. In den Büchern finden Sie überall eine ganz falsche Darstellung. Da finden Sie dargestellt, wie wenn das Herz eine Pumpe wäre und von da das Blut überall hingepumpt würde in den ganzen Körper. Das ist Unsinn, weil in Wirklichkeit das Blut nicht gepumpt, sondern von der Ich-Organisation selber getrieben wird und infolgedessen überall in Bewegung kommt.

Wenn jemand behauptet, daß das Herz es ist, welches das Blut treibt, dann soll der Betreffende auch gleich behaupten, wenn er irgendwo eine Turbine anbringt, so treibe die Turbine das Wasser. Jedermann weiß, daß das Wasser die Turbine treibt. Geradeso hat der Mensch solche Widerlagen. Da schlägt das Blut an und treibt das Herz. Nur daß das Blut einmal hinstößt, und indem der Sauerstoff mit dem Kohlenstoff sich verbindet, stößt es zurück; dadurch schnappt es einmal vor, einmal zurück. Dadurch entsteht der Herzstoß. Also es ist so, daß in der Blutzirkulation unmittelbar die Ich-Organisation des Menschen eingreift.

Nun ist es so, daß diese Ich-Organisation eigentlich im Bienengift drinnen auf eine geheimnisvolle Weise enthalten ist. Dasjenige, meine

Herren, was Sie haben als die Kraft, die in Ihrem Blute zirkuliert, das ist auch im Bienengift drinnen. Und es ist interessant, daß die Biene das Bienengift in sich drinnen braucht. Die Biene braucht das Bienengift nicht etwa bloß aus dem Grunde, damit sie stechen kann. Das kommt nur zufällig noch dazu, daß sie auch stechen kann. Die Biene braucht das Bienengift in sich selber, weil die Biene dieselbe Zirkulationskraft braucht, die der Mensch im Blut hat.

Der Bienenstock, habe ich Ihnen gesagt, ist wie ein ganzer Mensch. Nun denken Sie sich, Sie kriegen das Bienengift in den Leib hinein, das heißt also ins Blut. Es geht gleich, wie jedes Gift, das in den Leib kommt, ins Blut über. Nun denken Sie, Sie seien ein normaler Mensch. Ihr Blut wird dadurch mehr in Bewegung kommen. Dadurch kommen Entzündlichkeiten, aber Ihr Herz wird es vertragen. Ist aber einer herzkrank und es wird die Ich-Organisation durch das Gift verstärkt, so schlägt das auf eine etwas kranke Herzklappe auf, und die Folge davon ist, daß ein Mensch ohnmächtig werden oder gar sterben kann. Das ist der Fall, den Herr Müller erzählte.

Nun aber ist es das Eigentümliche: Alles dasjenige, was einen Menschen krank machen oder töten kann, kann ihn auch heilen. Und das ist ja die große Verantwortlichkeit, die man bei der Bereitung von Heilmitteln hat, weil es gar keine richtigen Heilmittel gibt, die nicht, wenn sie falsch angewendet werden, dieselben Krankheiten hervorbringen können, die man mit ihnen heilen kann. Wenn Sie also bei einem Menschen eine gewisse Ohnmacht oder gar den Tod durch das Bienengift hervorbringen können, was geschieht denn da? Ja, sehen Sie, wenn ein Mensch ohnmächtig wird, so zieht sich aus seinem physischen Leib der astralische Leib und namentlich das Ich zurück, geht heraus wie im Schlafe, aber im Schlafe auf gesunde, in der Ohnmacht auf krankhafte Weise. In der Ohnmacht bleibt das Ich nämlich stecken, im Schlaf geht es ganz heraus. Wenn der Mensch eine schwache Ich-Organisation hat, bringt er es nicht wieder hinein. Man muß ihn rütteln und schütteln, damit er aus der Ohnmacht aufwacht, seine Atmung stärker machen und dergleichen. Man muß da irgendwelche künstlichen Dinge anwenden. Sie wissen ja auch: In solchen Fällen muß man die Vorderarme des Menschen nehmen, sie über der Brust kreuzen, zurücklegen, und dann wiederum nach vorne. So macht man diese künstliche Atmung bei einem Ohnmächtigen. Diese künstliche Atmung besteht immer darinnen, daß man eben durchaus die Ich-Organisation wiederum richtig in den Organismus hineinbringen will.

Nehmen Sie nun aber an: Es hat jemand Rheumatismus oder selbst Gicht oder auch andere Ablagerungen im Körper. Da ist es so, daß man versuchen muß, die Ich-Organisation zu verstärken. Denn warum hat man Rheumatismus oder Gicht? Weil die Ich-Organisation zu schwach ist. Sie bringt das Blut nicht in die richtige Bewegung. Sie muß angeeifert werden. Wenn das Blut nicht in der richtigen Bewegung ist, zu langsam zum Beispiel fließt für den betreffenden Organismus, dann lagern sich überall kleine Kristalle ab, und die gehen dann in die Umgebung der Blutadern hinein. Diese kleinen Kristalle bestehen aus Harnsäure. Die füllen den ganzen Körper aus. Das ist die Gicht oder der Rheumatismus. Da ist die Ich-Organisation zu schwach.

Gebe ich jetzt dem Menschen die richtige Dosis von Bienen- oder Wespengift, wird seine Ich-Organisation verstärkt. Nur darf man nicht zuviel geben, sonst kann die Ich-Organisation sich nicht behaupten. Wenn man aber just so viel gibt, daß die Ich-Organisation verstärkt wird, kann man mit Bienengift oder Wespengift ein sehr gutes Heilmittel erzeugen. Nur muß man es mit einem anderen Mittel vermischen. Solche Dinge werden gemacht. Es ist zum Beispiel das alte sogenannte Tartarusmittel in einer ähnlichen Weise, allerdings aus anderen Substanzen, fabriziert.

Also man kann immer gerade durch diese Giftstoffe Arzneimittel herstellen, wie zum Beispiel hier zur Verstärkung der Ich-Organisation. Aber wenn man solch ein Heilmittel anwendet, muß man den betreffenden Patienten kennen. Sagen wir zum Beispiel, jemand hat Gicht oder Rheumatismus. Die erste Frage ist diese: Ist sein Herz gesund, das heißt, funktioniert sein Herz gut unter der Einwirkung der Blutzirkulation? – Ist dieses der Fall, dann kann man ihn heilen mit Bienen- oder Wespengift. Ist sein Herz nicht gesund, dann muß man da unterscheiden. Bei den nervösen Herzkrankheiten, bei denen schadet es nicht so viel, aber wenn man eine Herzkrankheit hat, die von einem Klappenfehler kommt, muß man schon sehr vorsichtig sein mit einem solchen Mittel. Es schlägt schon sehr stark an auf die Klappe, auf das Herz, mit Bienen- oder Wespengift. Ist die Klappe krank, dann können unter Umständen diese Heilmittel gar nicht verwendet werden. Das ist eben die Sache. Daher ist es so gefährlich, im allgemeinen zu sagen, irgendein Mittel ist ein Mittel gegen diese oder jene Krankheit. Sie können ganz gut sagen: Ich mache ein Präparat, ein Heilmittel. In das tue ich Wespengift oder auch Bienengift hinein – solch ein Heilmittel haben wir sogar –, vermische es mit irgendwelchen Bindemitteln, mit gelatineartigen oder anderen Bindemitteln aus Pflanzen heraus, dann wird es in die Ampulle gegeben, und dann wird es eingeimpft, geradeso wie der Bienenstich auch eingeimpft wird. Nur ist die Reaktion beim Bienenstich eine furchtbar viel größere. Und man kann dieses Heilmittel fabrizieren und kann sagen: ein Heilmittel gegen Rheumatismus.

Ja, meine Herren, das ist nicht die einzige Sorge, die man hat, sondern die Sorge ist diese, ob der Kranke das Heilmittel verträgt nach seinem allgemeinen organischen Gesundheitszustand. Diejenigen Mittel, die eben tiefer in den Organismus hineingehen, müssen eigentlich erst gegeben werden, wenn man den Kranken wirklich nach seinem allgemeinen Gesundheitszustand geprüft hat. Das muß man alles wissen, wie es mit seinem Gesundheitszustand steht. Wenn Sie daher irgendwo Mittel finden, die einfach allgemein angepriesen werden als diese oder jene Mittel, dann sind sie meistens solche Mittel, die wenig schaden können und doch nützen. Solche Mittel können in den Handel kommen. Man kann auch einverstanden damit sein, wenn in Wirklichkeit auch etwas unangenehme Folgen dabei sind. Das Kurieren hat immer unangenehme Folgen. Der Kranke muß dann immer die Nachkur erst überwinden, wenn man ihn kuriert bei einer Krankheit.

Heute lassen sich ja sehr viele Leute kurieren, die in Wirklichkeit nicht krank sind. Und vor dem Krieg war dies noch viel mehr der Fall. Die Ärzte leiden ja in den valutakranken Ländern am meisten, weil die Menschen sich jetzt nicht mehr so viel kurieren lassen. Früher haben sich die Gesunden, Leichtkranken, Kranken, Allerschwerstkranken kurieren lassen; jetzt können sich nur die Schwerstkranken in mitteleuropäischen Ländern kurieren lassen!

Wenn nun einer ein furchtbar starker Kerl ist und er kriegt Rheumatismus – meistens ist es dann kein richtiger Rheumatismus, sondern es sind gichtartige Zustände –, dann kann ein Bienenstich, wie Herr Burle gesagt hat, außerordentlich günstig auf ihn wirken. Er kann geheilt werden, weil er die Reaktion verträgt.

Nur ist es meistens so, daß ein gewöhnliches Menschenkind, wenn es Rheumatismus hat, zwar eine richtige Dosis Bienengift, die man ihm zubereitet, auch richtig als Heilmittel natürlich vertragen kann, auch damit kuriert werden kann. Aber von einem ganzen Bienenstich wird in der Regel eine so starke Entzündung eintreten, daß dann die Entzündung abgeheilt werden muß, das Bienengift womöglich rasch beseitigt werden muß, und dann wird für den Rheumatismus von dem Bienengift nicht mehr viel übrigbleiben können. Das wird beim normalen Menschen schon durchaus so sein, daß da nicht viel übrigbleiben kann.

Aber nehmen wir jetzt folgenden Fall. Der Rheumatismus kann ja auch in der folgenden Weise eintreten: Ein Mensch arbeitet nicht viel, ißt aber sehr viel. Da wird er meistens auch ein recht gesundes Herz haben, wenn er nicht viel arbeitet, viel ißt, so lang, bis die Geschichte anfängt sengerig zu werden.

Das Herz ist nun ein außerordentlich widerstandsfähiges Organ und läßt sich eigentlich erst im Lauf von Jahren, wenn es nicht durch Vererbung oder von Jugend auf verdorben ist, von innen aus verderben. Aber solch ein Mensch, der außerordentlich viel ißt, der trinkt dann auch zum Essen viel Alkohol. Dadurch wird die Ich-Organisation angeregt, die Blutzirkulation sehr heftig. Da kann das Herz mit seinen Stößen gar nicht mehr nachkommen. Es lagert sich Gift, Harnsäure und so weiter überall ab. Da ist unter Umständen sein Herz noch lange recht stark, und überall sitzt schon Gicht und Rheumatismus. Da kann unter Umständen ein Bienenstich sogar außerordentlich gute Dienste leisten bei einem solchen Menschen.

Herr *Burle:* Ich weiß nicht, ob bei dem Menschen, von dem man das sagt, zu gleicher Zeit ein bißchen Alkoholismus vorhanden war.

Dr. Steiner: Sie meinen, Sie haben es nicht untersucht?

Sie sehen, daß man gerade, wenn man solche Heilmittel hat wie das Bienengift – und das ist ein starkes Heilmittel –, sich ganz klar darüber werden muß, daß man auf den Gesundheitszustand des ganzen Menschen eine außerordentlich große Aufmerksamkeit verwenden muß.

Herr Müller sagt, daß er Rheumatismus durch Erkältung bekommen habe, ihn mit Sonne behandelt habe, wodurch er verschwunden sei; diesen Sommer habe er sich wieder etwas eingestellt. Er war auch des Glaubens, daß man durch Bienenstiche helfen könne; aber er habe einmal einen unglücklichen Tag gehabt, an dem er an beiden Beinen gestochen worden sei und etwa zweiunddreißig Bienenstiche gehabt habe. Der einzige Nachteil, den er empfunden habe, sei gewesen, daß er acht Tage wie in Regenbogenfarben gewesen sei. Es gebe auch nicht immer Schwellungen. Der menschliche Körper ist eben verschiedenartig gebaut. Wie schon ausgeführt: Der eine kann bei einem Bienenstich sich den Tod holen, während er zum Beispiel schon sechzig Stiche gehabt habe, ohne daß das Herz schneller geschlagen hätte. Der eine sei halt widerstandsfähiger wie der andere.

Dr. Steiner: Als Sie die vielen Bienenstiche bekommen haben, haben Sie da schon lange mit Bienen gearbeitet?

Herr Müller: Viele Jahre!

Dr. Steiner: Sie erinnern sich vielleicht nicht daran, wie Sie das erste Mal gestochen wurden. Wenn einer zum ersten Mal gestochen wird, bekommt er mehr oder weniger die Wirkung zu spüren. Der Mann, von dem Sie erzählt haben, ist sicher das erste Mal von einer Biene gestochen worden. Und wenn man so ein Gift einmal im Leibe gehabt hat, also im Blut, wird man immer mehr und mehr fähig, gegen dieses Gift aufzukommen, immer mehr und mehr immunisiert, wie man sagt. Wenn einer also im Anfang seiner Bienenzucht ein bißchen gestochen worden ist und er ist sonst ein herzgesunder Mensch, so hat das auf ihn so gewirkt, daß er immer unempfindlicher und unempfindlicher wird. Wenn man weiß, man ist gesund, kann man es sogar so machen, daß man einmal von einer Biene gestochen wird, damit man dann weiter sich stechen lassen kann; es treten dann die Erscheinungen ein, man kriegt also Regenbogenfarben und so weiter, aber es läuft an der Außenseite ab. Das Blut ist immunisiert. Das hängt nicht nur von der Organisation ab, sondern davon, was man vorher ins Blut hineingebracht hat. Es wundert mich, daß der Arzt, der das beobachtet hat, was Sie erzählt haben, ihm nicht gesagt hat: Das zweite Mal wird es nicht so schlimm wirken, und das dritte Mal wird er immunisiert sein. – Aber vielleicht war er so stark herzkrank, daß man ihn nicht der Gefahr aussetzen konnte. Das muß man auch berücksichtigen.

Nicht wahr, heute ist es nur eine gefährliche Geschichte, weil es auch Ärzte gibt, die meinen, jeder Bienenvater müßte erst, bevor er anfängt, geimpft werden. Wenn die Leute in den Krieg ziehen, so werden sie mit allen Giften durchsetzt. Das ist ja auch wieder nicht etwas, was man empfehlen kann. Das geht natürlich auch nicht, weil das Blut zu einer Art von Unratbildung werden kann. Es wird ja das Blut immer etwas verschlechtert dadurch, daß man diese Sachen in sich bekommt. Das gleicht sich nach einiger Zeit wiederum aus. Nach einiger Zeit ist das Blut allerdings gesund, aber es ist geschützt gegen neue Gifte, die von derselben Art sind.

Herr Müller: In bezug auf Drohnen und dreierlei Eier: Herr Doktor hat schon so weit alles erledigt, nur ein Punkt ist vielleicht Herrn Doktor nicht bekannt. Wenn der Bienenstock, wie man meint, ganz gesund ist, so treten Zeiten ein, wenn die Königin minderwertig ist, oder wenn die Königin zu alt wird, wo die ganze Eiablage, die die Königin legt, in Drohnen übergeht. Er sei nach seinen dreißigjährigen Erfahrungen überzeugt davon, daß das der Fall sein kann, daß die Königin in ihrem minderwertigen Zustand, bei Krankheit oder Altersschwäche, noch in der Lage ist, das eine oder das andere gute Ei zu legen, daß aber die Mehrzahl aller Eier Drohneneier seien.

Dann, wie sich das verhält mit der Honigfabrikation der Bienen, wie die ihn erzeugen, ob der Imker mit Zucker nachhelfen müßte? Aus den Ausführungen, die hier gepflogen worden sind, ist hervorgegangen, daß der Imker keinen Zucker gebrauchen darf oder soll. Wenn jemand während der Tracht Zucker füttert, kommt er auf die Schwarze Liste – wie es ist, wenn man einen Arbeiter nicht mehr haben will, der sich mißliebig gemacht hat.

Mit ausländischem Honig habe er schlechte Erfahrungen gemacht.

Dr. Steiner: Das ist natürlich schon ganz richtig, daß man da auch nicht dasselbe Produkt bekommt, wenn man Zucker in künstlicher Weise verwendet. Und wenn es ja doch so sein soll, daß irgend jemand noch extra Zucker neben dem Honig genießen will, kann er das ja selber tun. Geradeso wie man nicht jemandem Wasser in den Wein hineintun soll, mit der Begründung, die Leute sollen nicht so starken Wein trinken, sondern es handelt sich darum, daß man dasjenige kriegt, was auf der Etikette steht. Das muß schon so sein. Und so ist in dieser Beziehung auch die gegenseitige Kontrolle der Imker am allerbesten, weil die auch am allermeisten davon verstehen.

Was die Sache mit den Drohnen betrifft, möchte ich doch auch noch dieses sagen. Es kann schon vorkommen, daß man von vornherein eine Vermutung hat, daß die Bienenkönigin nicht ordentlich befruchtet worden ist und zuviel Drohnen ausschlüpfen. Dann könnte man, wenn man es den Bienen nicht selber überlassen will – wenn zuviel Drohnen ausschlüpfen, werden die Bienen das nicht tun, diese Versuche sind gemacht worden –, durch eine besonders starke Fütterung noch erreichen, daß sie früher auskriechen, nicht erst mit dreiundzwanzig, vierundzwanzig Tagen, sondern mit zwanzig, zweiundzwanzig Tagen. Dann können die Drohnen auch noch zu etwas vertrottelten, aber doch ähnlichen Bienen werden wie die Arbeitsbienen. Nur wird es auf die Dauer nicht gehen. Man sieht nur daraus, wie die Zeit einen Einfluß hat.

Das sind natürlich Dinge, die wahrscheinlich in der praktischen Bienenzucht gar nicht gemacht werden. Aber theoretisch sind die Dinge so. Man kann schon sagen: Es wirkt sehr stark, wie man füttert, und es ist auch durchaus nicht in Abrede zu stellen, daß es in dem einen oder anderen Falle einmal gelungen ist, aus einer Arbeitsbiene eine spärlich eierlegende Biene zu bekommen, wenn auch keine richtige Königin.

Das alles zeigt, wie verwandelbar solch ein Tier ist. Aber das hat auf die praktische Bienenzucht nicht viel Einfluß.

Herr Müller: Man nennt das Afterkönigin. Das ist eine Krankheit im Bienenstock.

Dr. Steiner: In der praktischen Bienenzucht ist es von keiner großen Bedeutung. Aber im Bienenstock ist eben die Tendenz, daß das Volk selber durch die besondere Fütterungsmethode so etwas machen kann wie aus einer sonst bloß arbeitenden Biene eine eierlegende Biene. Das ist eine Art Krankheit. Der Bienenstock ist eine Einheit. Es ist dann der ganze Bienenstock krank. Geradeso wie wenn Sie eine Gans nudeln. Dann werden die Leberkräfte ganz besonders stark entwickelt, und die Leber wird übergesund und der ganze Organismus wird krank. Wenn man eine Arbeitsbiene dazu bringt, daß sie eine Königin wird, ist sie eigentlich eine übergesunde Arbeitsbiene, aber der ganze Bienenstock ist dann als krank zu betrachten.

Vielleicht fällt Ihnen in der Zukunft sonst noch etwas ein. Wir können immer wieder darauf zurückkommen. Ich möchte nun zu dem, was sich an die Frage des Herrn Dollinger anschließt, heute noch ein paar Worte sagen.

Wir können genau unterscheiden unter den Insekten, die bienenähnlich sind, die also im weiteren Sinne bienenähnlich sind: Bienen, Wespen und Ameisen. Diese Tiere sind miteinander verwandt, und ich habe ja schon das letzte Mal auf die interessante Geschichte mit den Gallwespen, die ihre Eier in die Bäume und dergleichen ablegen, hingewiesen und gezeigt, daß da eine Art innerer Honigbereitung durch diese Wespen stattfindet. Es gibt aber auch andere Wespenarten als Gallwespen. Diese anderen Arten sind wieder ähnlicher den Bienen, indem sie eine Art Waben bauen.

Da gibt es zum Beispiel eine interessante Wespenart, die in der folgenden Weise baut: Wenn da zum Beispiel irgendwo ein etwas steifes Blatt an einem Ast ist, so holt sie sich aus der Umgebung, wo sie hinfliegt, sagen wir ganz kleine Teile, die sie von Baumrinden und dergleichen oder von sonstigen Dingen abbeißt; die durchdringt sie mit ihrem Speichel, macht zunächst ein paar Stiele aus dieser Substanz. Dann, wenn sie diese Stiele gemacht hat, macht diese Wespe immer weiter diese Prozedur, durchzieht sie mit ihrem Speichel und macht an diesen Stielen daran dasjenige, was ganz ähnlich aussieht wie ein einzelnes Glied einer Bienenwabe. Aber wenn man die Substanz untersucht, dann ist es doch anders. Die Bienenwabe besteht aus dem, was Sie alle als Wachs kennen. Wenn Sie aber dieses nehmen von der Wespe: es ist gräulich, was da entsteht, und das ist sehr ähnlich dem, was wir als Papier bereiten. Es ist wirklich eine Art Papiermasse. Da setzt die Wespe dann eine zweite, dritte, vierte Zelle daran, und die sind da oben aufgehängt. Jetzt decken sie sie zu, nachdem sie belegt sind, also die Eier abgelegt sind. Und jetzt, während also die Eiablagerung noch immer andauert, macht die Wespe hier kurioserweise mit ihrem Papier so eine Schleife daran (Zeichnung S. 224) und dann wiederum eine Art Deckel; auf der einen Seite läßt sie es offen, da ist ein Flugloch, da können sie hier hinein- und herausfliegen und diese Zellen bedienen.

Dann setzt sie weiter Zellen auf, macht es wiederum so, deckelt es wieder ab, setzt wiederum eine Schleife an, hier wiederum einen Deckel, hier ein Flugloch. Es kann ein ganzer langer Zapfen sein, wie ein Tannenzapfen. Sie baut sich solch ein tannenzapfenähnliches Gebilde, das aber, im einzelnen nur aus Papiermasse bestehend, dem Bienennest ähnlich ist.

Andere Wespennester sind ja, wie Sie wissen, noch mit einer Haut umschlossen. Die Wespennester haben alle mögliche Gestalt.

Jetzt bedenken Sie einmal, was da eigentlich stattfindet. Fragen Sie mich, was die Biene tut, um ihre Zellen aus Wachs zu machen, da muß ich Ihnen sagen: Die Biene fliegt auf Blumen oder auf dasjenige, was an den Bäumen ähnlich ist; mit den Rindenbestandteilen, den Holzbestandteilen gibt sich die Biene weniger ab. Im wesentlichen geht sie an das Blütenhafte, höchstens noch an das, was vom Blütenhaften ein bißchen im Blatthaften steckt, aber da schon weniger.

Es gibt nun einen Fall, wo solche höheren Insekten, wie die Bienen, an etwas anderes gehen als die Blüten – an Holzbestandteile und dergleichen gehen sie nicht, aber sie gehen noch an etwas anderes, was ihnen sogar außerordentlich fein schmeckt unter Umständen –, die Bienen weniger, aber namentlich die Wespen und namentlich stark die Ameisen. Den Ameisen und den Wespen, denen schmeckt nämlich gerade, während sie auf der einen Seite die härteren Bestandteile, die schon verholzten Bestandteile zu ihrem Bau verwenden, besonders, entgegen den Bienen, der Saft, der da herrührt von den Blattläusen. Das ist sehr interessant. Denn ja härter der Stoff ist, die Substanz, die diese Tiere für ihren Bau verwenden, desto mehr lieben sie nun nicht bloß den Blütensaft, sondern das, was auf der Blüte darauf ist, dasjenige, was noch am ähnlichsten der Blüte ist: nämlich die Blattläuse. Das sind außerordentlich edle Tiere – verzeihen Sie, wenn ich jetzt mehr in der Ameisensprache spreche, in der Menschensprache würde ich das auch nicht so nennen –, solch eine Blattlaus ist in der Ameisensprache ein edles Tier. Das ist ganz Pflanzenblüte. Was es als Saft absondert, ist eigentlich [für die Ameisen] der feinste Honig, den es geben kann. Bei den Wespen merkt man zum Beispiel, die sind auf Blattläuse schon ein bißchen Feinschmecker.

Aber wenn wir nun zu den Ameisen kommen: Die Ameise hat nicht die Kraft, es zu einem solchen Nest zu bringen; die Ameise macht es wieder anders. Die Ameise schichtet zum Beispiel Erde auf, und in dieser Erde finden Sie überall Gänge, eine ganze Wirrnis von Gängen. Die setzt sich dann fort. Und durch diese Gänge schleppen nun die Ameisen dasjenige herbei, was sie nun auch an härteren Stoffbestandteilen von Pflanzen, Rindenbestandteilen und so weiter gebrauchen können. Aber namentlich lieben die Ameisen dasjenige, was schon abgestorben ist am Holz. Die Ameisen suchen das, was sie nun brauchen, um diesen Bau, den sie aus Erdstückchen aufführen, weiter auszubauen. Da gehen sie namentlich an solches Holz, wo man einen Baum schon abgesägt hat und der untere Holzstock bleibt drinnen. An dieses, was schon ganz hartes Mark und Rinde geworden ist, darauf gehen sie namentlich, das schleppen sie herbei, und aus dem bauen sie sich das Nest aus.

Biene: Blumensaft: Wachszellen

Wespe: Blumensaft, Tiersaft: härtere Zellen

Ameise: Tiersaft: keine Zellen

Also die Ameisen verwenden das Allerhärteste zu ihrem Bau. Das kriegen sie nicht mehr bis zum Zellenbau. Der liegt ihnen schon ferner. Sie verwenden zu hartes Material. Sie können sehen, die Bienen verwenden dasjenige Material, das in den Blumen selber drinnen ist. Sie machen sich ihre Wachszellen daraus, sind aber dadurch darauf angewiesen, die Nahrung selber aus diesem Saft der Blüte zu bekommen.

Bei den Wespen ist es schon ein härteres Material, das sie verwenden zu solchem Zellenaufbau, der dann papierähnlich ist. Das ist ein härteres

Material, aber es ist ja dünn und dadurch ist es natürlich gebrechlicher als eine Honigwabe; aber es ist eben in sich härter.

Die Wespe fängt schon an, Feinschmecker zu werden für Blattläuse; aber sie nährt sich schon auch noch auf Bienenart von dem, was in den Pflanzen drinnen ist. Die Ameisen aber, die überhaupt so hartes Material verwenden, daß sie also nur noch Gänge in der Erde machen können, daß sie Höhlen bauen, nicht mehr Waben mit den Zellen bauen, die lieben ganz besonders die Blattläuse. Und bei den Ameisen kommt es vor, daß sie die ganzen Blattläuse abfangen und in ihren Bau hineinschleppen, und dann können Sie im Ameisenhaufen die Blattläuse finden.

Das ist sehr interessant. Wenn man in ein Dorf geht, hat man eine Häuserreihe und dahinter sind überall Kuhställe, da sind die Milchkühe drinnen, da gewinnt man die Milch. Bei den Ameisen ist es ganz ähnlich:

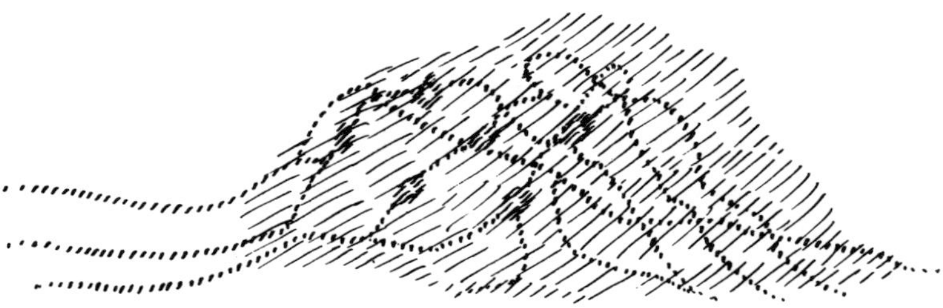

Überall im Ameisenhaufen finden Sie kleine Bauten, da sind die Blattläuse drinnen. Für die Ameisen sind das die Milchkühe. Es ist nur eine entsprechend niedrigere Prozedur, was die Ameisen machen. Sie haben da ihren kleinen Kuhstall, aber es sind nicht Kühe drinnen, sondern Blattläuse. Die Ameisen gehen an die Blattläuse heran und streicheln sie mit den Fühlern. Das tut der Blattlaus außerordentlich wohl, und sie läßt dann ihren Saft von sich. Und die Folge ist, daß die Ameise den Saft aufsaugen kann, den sie durch das Streicheln der Blattlaus bekommen hat. Das Allerwichtigste, was sie zu ihrer Nahrung braucht, bekommt sie dadurch, daß sie den Saft der Blattlaus durch Streicheln erhält. Es ist ja bei den Kühen auch so etwas Ähnliches; sie müssen nur stark gestreichelt werden. Aber die Blattläuse werden von den Ameisen richtig gemolken. Und sie werden abgefangen an den Blumen und Blättern, wo sie sich ansetzen, und werden von den Ameisen sehr gut gepflegt.

Und so kann man sagen: Das ist ja herrlich, daß es Blattläuse gibt. Es ist nämlich herrlich, daß es Blattläuse gibt, wenn in der Umgebung Ameisenhaufen sind. Da werden die Blattläuse sorgfältig von den Ameisen abgelesen und werden dann im weiteren im Kuhstall der Ameisen verwertet. Das ist eine sehr geistreiche Einrichtung in der Natur, daß da bei den kleinen Tieren ein richtiger Kuhhandel um die Blattläuse stattfindet.

Nun, die Ameise, die so hartes Material zu ihrem Bau verwendet, die kann sich auch nicht mehr eigentlich mit dem bloßen Blumensaft begnügen. Die muß schon das zu ihrer Nahrung benützen, was der Blumensaft dem Tier schon gegeben hat. Der Blumensaft muß da schon durch das Tier durchgegangen sein. So daß man sagen kann: Bei der Biene ist es reiner Blumensaft noch, bei der Wespe, da ist es Blumensaft und Tiersaft, dafür härtere Zellen. Bei der Ameise ist das eigentlich Nährende nur noch der Tiersaft; daher keine Zellen mehr. Die Ameise hat nicht mehr die Kraft, Zellen zu bilden, sie muß überall, wenn sie auch aus Blumen noch etwas gewinnt, diesen Zusatz aus dem kleinen Tierstall haben; sonst kann sie nicht leben.

Sie sehen, was da eigentlich für eine interessante Beziehung zwischen den Blumen und diesem Getier ist. Die Bienen, die gebrauchen den Blumensaft rein. Die anderen, Wespen und namentlich Ameisen, die sind schon darauf angewiesen, diesen Blumensaft zu ihrer Nahrung durch die Tiere durchgehen zu lassen. Dafür können sie dann zum Aufbau ihres Gehäuses das verwenden, was nicht mehr Blumensaft ist.

Es ist wirklich ein großer Unterschied zwischen der Wabe der Biene im Wachs, dem Nest der Wespe im Papier und dem Ameisenbau, der nur noch von außen gebaut werden kann und es nicht mehr bis zu der Zelle bringt. Dafür ist in der Nahrung der große Unterschied.

VIERZEHNTER VORTRAG

Dornach, 15. Dezember 1923

Guten Morgen, meine Herren! Ich werde heute noch in der Betrachtung fortfahren, die wir das letzte Mal an die Frage des Herrn Dollinger geknüpft haben. Wenn sich noch etwas anderes ergibt, können wir ja das auch noch erledigen. Ich bin das letzte Mal, um diese Frage zu beantworten, von der Betrachtung der Ameisen ausgegangen. Wir können ja sagen, das sind verwandte Tierarten: Bienen, Wespen, Ameisen; nur zeigen sie in ganz verschiedener Weise die Lebensweise, die wir an ihnen beobachten. Und aus all dem kann man eigentlich außerordentlich viel für den Haushalt in der Welt überhaupt lernen. Denn je mehr man auf diese Tiere und ihre Lebensweise eingeht, desto mehr kommt man darauf, wie weise alles gerade in der Arbeit und in dem, was diese Tiere zustande bringen, eingerichtet ist.

Ich habe Ihnen ja das letzte Mal erzählt, wie die Ameisen ihren Bau aufführen, wie sie ihn entweder aus Erdhügeln, die ja aus Erde selbst bestehen, zusammensetzen, oder aus kleinen Splitterchen, die sie aus vermodertem oder hartem, nicht mehr lebendigem Baumholz zusammentragen, aus anderen Dingen, die sie daruntermischen. Dann machen sie sich ihren Erdhügel. In diesem Erdhügel sind dann die mannigfaltigsten Gänge drinnen, nach denen sie sich in ganzen Scharen, in solchen Prozessionen bewegen. Man sieht sie dann aus den Löchern herauskommen, irgendwohin in die Umgebung gehen und dasjenige sammeln, was sie sammeln wollen.

Es kommt aber auch vor, daß diese Tiere sich nicht erst Baue aufrichten, sondern dasjenige benützen, was schon da ist. Nehmen Sie zum Beispiel an, man hat einen Baum geschlagen. Da ist der Stock noch in der Erde, von dem der Baum weggeschlagen ist. Und dann kommt eine solche Ameisenkolonie und legt da drinnen irgendwo eine Kammer an, bohrt sich hinein, legt eine Kammer an, bohrt alle möglichen Gänge, die dann hinausführen (siehe Zeichnung). Da schichten sie vielleicht ein bißchen Erde auf, machen einen Gang, einen anderen Gang, wieder einen dritten und so weiter. Die Gänge sind dann noch ineinander ver-

bunden. Es ist ein ganzes Gewirre von Gängen da drinnen. Da bewegen sich die Ameisen, holen sich dasjenige, was sie zu ihrem Bau und Futter brauchen, aus der Umgebung.

Sehen Sie, meine Herren, davon zu sprechen, daß das alles der Instinkt der Tiere ist – nun ja, gut, das ist ja ganz schön, aber es ist nicht viel damit gesagt. Denn wenn das Tier keinen solchen Baumstamm zur Verfügung hat, dann richtet es sich einen Sandhügel auf. Wenn es gerade einen geeigneten Baumstamm findet, dann richtet es sich in der Weise ein, daß es sich die Arbeit also erspart, die dazu gehört, einen Hügel aufzurichten. Also das Tier richtet sich nach den einzelnen Fällen. Und da ist es sehr schwer, zu sagen, das Tier hat einen allgemeinen Instinkt. Der würde ja dahin gehen, daß das Tier alles so macht, wie es eben in seinem Instinkt ist. Aber das Tier richtet sich nach den äußeren Verhältnissen. Das ist das Wichtige.

Bei uns kommt das weniger vor, aber sobald man in südlichere Gegenden kommt, da ist es mit den Ameisen eine ganz besondere Plage. Denken Sie sich, irgendwo steht ein Haus, und in irgendeiner Ecke, wo die Hausbewohner das lange nicht bemerken, sind Ameisen, die sich eingefunden haben, tragen allerlei Zeug aus der Umgebung hin, Erdkörner, kleine Holzsplitter und bauen sich irgendwo, wo man lange nicht hinkommt mit dem Reinemachen, zunächst ein ganz kleines Gemach, das nicht bemerkt wird. Und von da aus legen sie ihre Gänge an in die Küche, in die Vorratskammer, auf ganz komplizierten Wegen, und holen sich das, was sie zum Futter und sonst brauchen, aus der Küche und Vorratskammer, so daß es in südlicheren Gegenden vorkommt, daß ein solches Haus eigentlich ganz durchdrungen ist von einem Ameisenhaufen. Sicher, man weiß gar nicht, daß man da als Kamerad von einem solchen Ameisenhaufen wohnt, merkt es erst, wenn man zufällig einmal dahin kommt oder sieht, daß irgend etwas angefressen ist in der Vorratskammer, findet erst da die Ursprungsstelle, wenn man einem solchen Gang entlanggeht.

Wiederum ist da mit dem Instinkt nicht sehr viel getan, denn man müßte dann sagen: Die Natur hat in diese Tiere den Instinkt hineingelegt, gerade just in diesem Hause einen Bau aufzuführen. Das muß doch so aufgeführt werden, daß es just in das Haus hineinpaßt. – Also Sie sehen, diese Tiere, die handeln da nicht eigentlich aus bloßem Instinkt heraus, sondern da ist Weisheit drinnen.

Aber wenn man wiederum so eine einzelne Ameise prüft, so kommt man nicht darauf, daß sie besonders weise ist. Dasjenige, was sie dann tut, wenn man sie von ihrer Kolonie absondert, und was man sie dann verrichten läßt, das nimmt sich nicht besonders weise aus. Die Folge davon ist, daß man daran zu denken hat, daß da nicht die einzelne Ameise den Verstand hat, sondern der ganze Ameisenhaufen als solcher. Der ganze Bienenstock als solcher ist weise. Und die einzelnen Ameisen drinnen im Ameisenhaufen, die sind es nicht, die den einzelnen Verstand haben. So wird also da in einer außerordentlich interessanten Weise gearbeitet.

Es gibt aber noch viel, ich möchte sagen, noch viel interessantere Sachen, die da vorkommen. Es gibt sogar eine Ameisenart, die macht es in folgender Weise. Die richtet irgendwo auf der Erde so eine Art Wall auf (siehe Zeichnung) – da ist er erhöht –, da bildet sie dann einen Kreis,

und da ist die umgebende Erde. Da bohrt sie sich dann hinein. Da drinnen sind die Ameisen. Das kann auch so werden, daß es wie ein feuerspeiender Berg aufgesetzt ist. Da drinnen sind die Gänge, und die gehen dann in die Umgebung.

Nun, diese Ameisen machen dann etwas ganz Besonderes. Diese Ameisen beißen alle diejenigen Gräser und Pflanzen, die da in der Umgebung sind, weg bis auf eine einzige Grasart. Alles, was nicht diese einzige Grasart ist, das beißen sie weg. Und manchmal ist es so, daß sie überhaupt alles wegbeißen, so daß dann in der Mitte so eine Art Hügel ist, und ringsherum schaut es aus wie fein gepflastert. Denn dadurch, daß sie alles abbeißen, wird die Erde etwas dichter. Es ist dann sehr dichte Erde. Also da hat man so einen Ameisenhaufen und ringsherum etwas wie gepflastert; ganz glatt, wie ein Asphaltpflaster schaut es aus, nur heller.

Nun gehen dann diese Ameisen in die Umgebung und holen sich eine bestimmte Grasart, und die bauen sie an. Sobald der Wind andere Samen hinträgt – flugs beißen sie die Geschichte ab, wenn sie herauskommt, werfen sie aus dem Gebiet hinaus, das sie glatt gemacht haben, und in dieser ganzen Umgebung wächst nichts als diese einzige Grasart. Da hat sich also die Ameise eine Art Besitztum angelegt und richtig ringsherum die Grasart angebaut, die ihr gerade paßt. Und sie läßt nichts anderes da, wirft es heraus, beißt alles weg. Diese Grasart, die da wächst, die bekommt ein ganz anderes Aussehen, als das betreffende Gras draußen hat. Denn das Gras draußen wächst zum Beispiel in lockerem Boden. Da schaut es ganz anders aus. Dieser Boden ist durch die Ameisen aber hart gemacht, so daß das Gras, das da wächst, das durch die Ameisen angepflanzt ist, ganz harten Samen hat, kieselsteinharten Samen hat.

Ja, meine Herren, solche Ameisenhaufen kann man finden: Ringsherum eine ganze Landwirtschaft – ackerbautreibende Ameisen sind das! So hat sie *Darwin* genannt, der die Sache besonders beobachtet hat. Man findet also ringsherum diese ganze Wirtschaft, den Boden so wie kleine Reiskörner, die Samen aber furchtbar hart. Dann, wenn die ganze Sache fertig ist, kommen die Ameisen heraus, beißen die Geschichte da oben ab und tragen sie in ihren Bau hinein. Sie bleiben dann eine Zeitlang drinnen; da sieht man sie wieder nicht. Aber da sind sie tätig in ihrem Bau drinnen. Alles das, was sie nicht brauchen können, was da an den Früchten, die so kieselsteinhart sind, als kleine Halme daran ist, das beißen sie davon ab, und nach einiger Zeit kommen die Ameisen heraus, laufen da drüber (Zeichnung S. 230) und werfen das alles aus ihrem Acker heraus, was sie nicht brauchen können, behalten in ihrem Ameisenhaufen nur den kieselsteinharten Samen, den sie dann mit ihren sehr harten Kiefern teilweise eben als Futter benützen, teilweise auch, um da drinnen weiterzubauen. Sie sind richtige Bauern; sie sehen sich an, ob sie das gerade brauchen können, was in der Nachbarschaft ist. Was sie nicht brauchen können, werfen sie wieder heraus. Schließlich machen es ja die Menschen auch nicht viel anders. Sie machen außerordentlich fein dasjenige, was sie für sich brauchen, diese ackerbautreibenden Ameisen.

Das ist eine Art, von der man sich sagt: Was geht denn da eigentlich vor im Grunde? – Sehen Sie, da wird ja im Grunde eine ganz neue Grasart gebildet! So kieselsteinharte Reiskörner, wie sie da wachsen, die gibt es sonst nicht. Die werden nur durch die Ameisen erzeugt. Und diese Ameisen verarbeiten sie wieder. Was geht denn da eigentlich vor? Bevor wir an dies herantreten, wollen wir die Geschichte noch von einer anderen Seite betrachten.

Gehen wir wieder zu den Wespen zurück, da finden wir, wie ich Ihnen schon sagte, solche Tiere, die ihre Eier in Baumblätter, Baumrinden hineinlegen, wodurch dann die sogenannten Galläpfel herauswachsen, aus denen sich wiederum die jungen Wespen entwickeln.

Es kann auch anders sein. Es gibt solche Raupen, die ungefähr so ausschauen (es wird gezeichnet). Die kennen Sie alle, solche Raupen, die eigentlich ganz dicht mit Haaren bedeckt sind; ganz stachelig sind sie. Solch einer Raupe kann das Folgende passieren. Da kommen eine oder mehrere Wespen von besonderer Art und legen einfach in diese Raupe hinein ihre Eier. Wenn diese Eier reif sind, schlüpfen aus den Eiern die Maden aus. Die Maden sind ja die erste Gestalt, in der sowohl die Bienen wie die anderen Insekten dieser Art erscheinen.

Bei den Ameisen ist es ja auch so. Sie wissen, wenn man einen Ameisenhaufen abträgt, findet man darinnen die weißen sogenannten Ameiseneier, die man gewissen Singvögeln zum Futter gibt. Aber diese Ameiseneier sind nicht wirkliche Eier, sondern Puppen. Die Eier sind klein, und aus diesen sind erst wieder Maden herausgekommen. Man nennt die Puppen mit Unrecht Ameiseneier.

Wenn nun die Wespe ihre Eier in die Raupe hineinlegt, ist es sehr merkwürdig. Ich habe Ihnen schon einmal davon erzählt. Die Maden, die herausschlüpfen, sind sehr gefräßig. Nun sind aber in dieser Raupe unzählige drinnen. Diese Maden sind gefräßig, fressen aus dem Leib der Raupe heraus ihre Nahrung. Und da ist es etwas sehr Merkwürdiges – wie gesagt, ich habe es Ihnen schon einmal erzählt –: Sobald eine der Wespenmaden den Magen der Raupe anfressen würde, müßte die ganze Wespengeschichte da drinnen zugrunde gehen, könnte nicht weiterleben. Wenn das Organ, was zum Beispiel Auge oder so etwas Herzartiges ist, oder das da der Raupe zur Verdauung dient, wenn das angefressen würde, ginge das Leben gar nicht weiter. Diese kleinen Wespenmaden, die zeigen den Verstand, nichts anzubeißen oder anzufressen, was die Raupe braucht zu ihrem Fortkommen, sondern nur die Organe anzubeißen oder anzufressen, die man lange Zeit verletzen kann. Das Tier stirbt nicht, wird nur höchstens krank. Aber die Wespenmade kann drinnen weiterfressen.

Also weise ist es eingerichtet, daß diese Wespenmaden eben nichts von dem anfressen, was die Raupe zugrunde richten kann. Vielleicht werden Sie das auch schon gesehen haben, wie die Maden dann, wenn sie reif sind, da herauskommen. Sie kriechen heraus, und die ganze Raupe war eigentlich die Pflegemutter, mit ihrem eigenen Leib die Pflegemutter dieser ganzen Brut. Die kriechen jetzt heraus, entwickeln sich draußen weiter zu Schlupfwespen und suchen nun ihre Nahrung von Blumen und so weiter. Und dann, wenn sie reif sind dazu, legen sie wiederum ihre Eier in solche Raupen hinein ab.

Nun können Sie sagen: Da ist aber eigentlich etwas furchtbar Gescheites drinnen! – Und in der Tat, ich sagte Ihnen schon, man kommt, wenn man diese Dinge beobachtet, immer mehr und mehr in die Bewunderung hinein. Das ist gar nicht anders. Man kommt in die Bewunderung hinein und frägt sich dann: Was ist eigentlich in diesem Ganzen für ein Zusammenhang? – Gehen wir jetzt einmal, ich möchte sagen, der Sache auf den Grund. Wir sagen uns zunächst: Da sind aus der Erde herauswachsend die Blumen. Da sind die Raupen vorhanden. Und da kommen nun diese Insekten, fressen sich voll an Blumen und an Raupen, pflanzen sich dann wiederum fort. Immer beginnt die Geschichte von neuem. Und uns Menschen erscheint es nun zunächst so, als ob eigentlich diese ganze Insektenwelt auch wegbleiben könnte. Gewiß, wenn man die Biene anschaut, so sagen wir Menschen uns: Die Bienen liefern uns den Honig und daher ist die Bienenzucht für uns nützlich. Schön, aber das ist vom Standpunkte der Menschen aus gesehen. Und wenn die Bienen Räuber sind, die einfach den Blumen den Honig wegnehmen, und wir Menschen das dann benützen, um uns von diesem Honig zu nähren oder sogar uns mit diesem Honig zu heilen, dann ist das für uns höchst günstig; aber vom Standpunkte der Blumen schaut das so aus, als wenn es bloß eine Räuberei wäre, und wie wenn wir Menschen bloß an der Räuberei teilnehmen würden. Es fragt sich also: Ist der Standpunkt der Blumen derjenige, der etwa so sagt: Da außen sind diese Räuber – Bienen, Wespen, Ameisen –, die nehmen uns unseren Saft weg, und wir könnten viel besser gedeihen, wenn die uns nicht unseren Saft wegnehmen würden?

Das ist ein Standpunkt, den der Mensch gewöhnlich bei den Blumen voraussetzt. Und Sie können sogar viele Lamentationen hören bei Unkundigen, die da besagen: Ach, die armen Blumen, ach, die armen Viecher, die Raupen! Da kommen diese schrecklichen Schmarotzer, nähren sich davon, machen alles mögliche, wodurch den Blumen etwas weggenommen wird. – So ist es aber nicht. So ist es ganz und gar nicht, sondern die Sache ist ganz anders. Wenn man nämlich an eine Blume herankommt und man sieht da das Insekt, sagen wir eine Biene, sitzen und aus der Blume oder aus den Weiden den Saft heraussaugen, dann muß man sich sagen: Wie wäre es mit der Pflanze, wenn die Biene oder Wespe oder ein anderes Insekt nicht herankäme und diesen Saft heraussaugen würde? Wie wäre es dann? – Das ist natürlich eine Frage, die schwerer zu beantworten ist als die Geschichte mit der einfachen Räuberei, weil man da schon in den ganzen Haushalt der Natur hineinblicken muß. Und da ist es so, daß man zu gar keiner Ansicht kommt, wenn man nicht in frühere Zustände der Erdenentwickelung zurückschauen kann.

Die Erde war ja nicht immer so, wie sie heute ist. Wenn überhaupt die Erde immer so gewesen wäre, wie sie heute ist, daß man da draußen toten Kalk, toten Quarz findet, toten Gneis, Glimmerschiefer und so weiter, da herauswachsend aus den heutigen Samen die Pflanzen, da die Tiere und so weiter – wenn die Erde immer so gewesen wäre, könnte überhaupt das Ganze nicht sein, könnte gar nicht sein! Die Menschen, die eigentlich ihre Wissenschaft nur bei demjenigen anfangen, was heute da ist, die geben sich einer vollständigen Täuschung hin; denn das kann überhaupt nicht bestehen. Meine Herren, derjenige, der die Geheimnisse, die Gesetzmäßigkeiten der Erde aus dem sucht, woraus die heutige Wissenschaft sie sucht, der ist geradeso, wie wenn ein Marsbewohner auf die Erde hier herunterkommen würde und keinen Sinn hätte für den lebendigen Menschen, und nur in eine Totenkammer ginge und sich da die Toten anschaute. Diese Toten könnte es ja nicht geben, wenn sie nicht zuerst lebendig gewesen wären! Den Marsbewohner, der noch keinen lebenden Menschen gesehen hätte und nur die Toten sieht, den müßte man erst zu den Lebendigen hinführen. Dann würde er sich sagen können: Nun ja, jetzt verstehe ich, daß die Toten eine solche Form haben, aber früher habe ich es nicht verstanden, weil ich nicht das Lebendige, das vorangegangen ist, kannte. – Und so muß man, wenn man die Gesetze der Erdenentwickelung kennenlernen will, zu früheren Zuständen zurückgehen. Sehen Sie, der jetzigen Erde ist eine ganz andere Gestaltung vorangegangen. Ich habe sie immer Mondgestaltung genannt, und in meinem Buch «Die Geheimwissenschaft im Umriß» ist sie Mondgestaltung genannt, weil der heutige Mond ein Rest ist von dieser alten Erde. Und ebenso sind andere Zustände der Erde vorangegangen. Die Erde hat sich verwandelt, war ursprünglich etwas ganz anderes.

Nun gab es einmal auf der Erde einen solchen Zustand, daß solche Pflanzen und solche Insekten, wie die unsrigen jetzt sind, überhaupt nicht vorhanden waren, sondern die Sache war so: Sehen Sie, da war, sagen wir, dasjenige, was sich mit der heutigen Erde vergleichen läßt. Da heraus wuchsen, sagen wir, pflanzenähnliche Gebilde, aber solche pflanzenähnliche Gebilde, die fortwährend verwandelt werden, die fortwährend andere Formen bekommen, wie die Wolken. Es waren solche Wolken da in der Umgebung der Erde (es wird gezeichnet). Aber es waren nicht solche Wolken, wie die heutigen Wolken draußen sind, die tot sind, scheinbar wenigstens tot sind, sondern es waren lebendige Wolken, wie die heutige Pflanze lebt. Wenn Sie sich vorstellen würden, die heutigen Wolken gewännen Leben und würden grünlich, dann würden Sie eine Vorstellung haben von der damaligen Pflanzenwelt.

In dieser Beziehung sind ja manche Herren von der Wissenschaft furchtbar komisch. Neulich konnten Sie eine ungemein drollige Zeitungsnotiz lesen. Da ist wiederum einmal eine neue wissenschaftliche Entdeckung gemacht worden, so ganz nach dem heutigen Stil. Es war furchtbar drollig! Da hatte sich nämlich herausgestellt, daß, in einer gewissen Weise hergerichtet, die Milch ein gutes Mittel gegen Skorbut ist, gegen eine sehr häßliche Krankheit.

Nun, meine Herren, was tut ein heutiger Wissenschafter? Ich habe Sie schon aufmerksam gemacht darauf: der analysiert die Milch. Nun findet er, daß in der Milch die und die chemischen Bestandteile sind. Aber ich habe Sie auch aufmerksam darauf gemacht, daß man Mäuse mit irgendwelchen solchen chemischen Bestandteilen, wenn sie in der Milch drinnen sind, nähren kann; wenn man sie ihnen aber allein gibt, dann krepieren die Mäuse nach ein paar Tagen! Das haben die Schüler des Professors *Bunge* eben auch festgestellt und haben eben einfach gesagt: Nun ja, da ist halt ein Lebensstoff drinnen in der Milch und im Honig auch: Vitamin! – Sie wissen, ich habe Ihnen das Beispiel schon einmal angeführt. Es ist gerade so, wie wenn man sagen würde: Die Armut kommt von der Pauvreté. So sagt man hier: Da ist Vitamin drinnen.

Man hat also eine wichtige Entdeckung gemacht: In der Milch sind allerlei Stoffe, die sehr künstliche Namen haben, drinnen. Und nun ist in gewissem Sinne zubereitet, die Milch ein Heilmittel gegen Skorbut. Aber nun ist auf recht gelehrte Weise untersucht worden, ob der Skorbut auch geheilt wird, wenn man diese Dinge mit den gelehrten Namen, die in der Milch drinnen sind, allein den Kranken, den Skorbutkranken gibt. Von nichts wurden sie geheilt, von all den Bestandteilen nicht! Aber wenn die Bestandteile zusammen sind in der besonders zubereiteten Milch, dann können sie den Skorbutkranken heilen. Jeder einzelne Bestandteil für sich, der heilt nicht; nur das Ganze heilt.

Was bleibt denn aber übrig, sagt sich der Gelehrte, wenn man alle diese Bestandteile wegrechnet, was bleibt übrig? – Denn jetzt rechnet er sie alle weg. Daß diese Bestandteile in einem Ätherleib sind, das gibt er nicht zu; aber er rechnet sie alle weg, und was bleibt? Er sagt: Das Vitamin! – Das Vitamin, das also den Skorbut heilen muß, das ist in allen diesen Bestandteilen nicht drinnen. Wo ist es denn also? Und nun kommen die Leute mit der schönen Sache: Das ist nun im Wasser der Milch drinnen, weil es in allem anderen nicht drinnen ist. Und daher ist für den Skorbut das Wasser das Heilende!

Es ist das ungeheuer drollig, aber es ist eine sehr gelehrte Sache heute. Denn wenn das Wasser das Vitamin enthält, so wären wir ja schon mit der Gelehrsamkeit angelangt da, wo die Wolken draußen leben würden. Denn da müßten wir hinausschauen und sagen: In dem Wasser ist überall Vitamin drinnen. Dann wären wir nämlich dort, wie die Erde einmal war. Nur ist es heute nicht mehr so.

Also es war da so, ich möchte sagen, eine Pflanzenheit, eine lebendige Pflanzendecke. Und diese lebendige Pflanzendecke, die wurde überall von der Umgebung herein befruchtet. Es waren auch nicht abgeschlossene Tiere da; da kamen nicht Wespen her, sondern da kam von der Umgebung eben nur solche Substanz, die tierisch lebte (es wird gezeichnet). So daß einmal unsere Erde in einem Zustand war, den man ungefähr so beschreiben könnte: Sie war mit Wolken umgeben, die Pflanzenleben in sich hatten, und an diese Wolken kamen aus dem Umkreis heran andere Wolken; die befruchteten sie, und die waren tierischer Art. Und aus dem Weltenraum kam die Tierheit und von der Erde herauf die Pflanzenheit.

Das hat sich alles verändert. Die damaligen Pflanzen sind zu unseren festbegrenzten Blumen geworden, die aus der Erde herauswachsen, die keine großen Wolken mehr bilden. Aber es ist diesen Blumen das geblieben, daß sie von der Umgebung einen Einfluß erleben wollen. Da wächst aus der Erde heraus eine Rose (es wird gezeichnet). Da ist das Rosenblatt, da ein anderes Rosenblatt, ein drittes und so weiter. Dann kommt eine Wespe. Diese Wespe nagt geradezu aus dem Rosenblatt ein Stückchen heraus, trägt es in ihr Wespennest und baut damit oder gibt den Jungen Nahrung und so fort. Das wird da einfach von der Wespe abgenagt und wird dorthin getragen. Nun, wie gesagt, Wolken sind unsere Rosenstöcke nicht mehr; sie sind scharf begrenzte Dinge geworden.

Aber dasjenige, was da drinnen gelebt hat und was da verbunden war mit dem, was von überall her als Tierheit gekommen ist, das ist trotzdem in den Rosenblättern und -blüten geblieben! Das sitzt da drinnen. In jedem Rosenblatt ist etwas, was gar nicht anders sein kann, als gewissermaßen befruchtet zu werden von der ganzen Umgebung.

Und sehen Sie, meine Herren, dasjenige, was diese Blumen brauchen, was sie ganz notwendig brauchen, das ist ein Stoff, der auch im menschlichen Körper eine große Rolle spielt. Wenn Sie nämlich den menschlichen Körper untersuchen, so finden Sie in diesem menschlichen Körper die verschiedensten Stoffe. Alle diese Stoffe verwandeln sich fortwährend. Aber überall im menschlichen Körper verwandeln sich die Stoffe zuletzt in etwas, was in gewissen Mengen immer im menschlichen Körper enthalten ist. Der menschliche Körper braucht es. Das ist die Ameisensäure.

Wenn Sie hinausgehen zu einem Ameisenhügel und Sie sammeln Ameisen, quetschen sie aus, so kriegen Sie einen Saft. Dieser Saft enthält Ameisensäure und etwas Alkohol. Dieser Saft ist in den Ameisen drinnen. Aber diesen Saft haben Sie in ganz feiner Verteilung auch in Ihrem Körper. Was Sie essen in Ihrem Leben, verwandelt sich immer – nicht ausschließlich, es ist auch anderes natürlich da, aber in geringen Teilen – zu Ameisensäure. Diese Ameisensäure füllt Ihren ganzen Körper aus. Und wenn Sie krank sind und nicht genug Ameisensäure in sich haben, dann ist das für den Körper nämlich etwas sehr Schlimmes. Denn dann kommt Ihr Körper dazu, gerade weil Sie nicht genug Ameisensäure in sich haben – und jetzt komme ich noch auf die Frage des Herrn Müller zu sprechen, zugleich als Antwort darauf –, gichtisch oder rheumatisch zu werden. Er bildet zuviel Harnsäure aus und zu wenig Ameisensäure.

Die Ameisen haben also das in sich, was der menschliche Körper auch braucht. Aber die Ameisensäure, die ist überhaupt etwas, was in der ganzen Natur gebraucht wird. Sie können eigentlich keine Baumrinde finden, ohne daß in der Baumrinde etwas Ameisensäure ist. Im ganzen Baum ist überall, wie im menschlichen Körper, Ameisensäure. In jedem Blatt, überall muß Ameisensäure drinnen sein. Aber nicht nur Ameisensäure muß drinnen sein, sondern verwandt mit der Ameisensäure ist das, was die Wespen haben, auch dasjenige, was die Bienen in sich haben, was dann zum Bienengift wird. Diese Insekten tragen alle einen gewissen Stoff in sich, der giftig ist. Sticht einen eine Biene, bekommt man Entzündungen; sticht einen die Wespe, ja, da geht es einem manchmal recht schlimm. Diese Geschichte mit den Wespenstichen, das ist etwas ganz Schauerliches. Da erzählt der *Brehm* eine niedliche Szene, wie solche Insekten einmal recht schlimm den Menschen und den Tieren mitgespielt haben.

Es war ja wohl so: Ein Kuhhirt, jung war er noch, hatte eine Menge Kühe auf der Weide gehabt, und diese Weide war durchsetzt mit Insektenbauten. Der Hirtenhund lief herum. Plötzlich wird dieser Hirtenhund verrückt, läuft herum wie ein Verrückter, und man weiß gar nicht, was mit ihm ist. Er läuft, was er nur kann, zum Bach in der Umgebung und stürzt sich da hinein in den Bach, schüttelt sich und schüttelt sich. Der Hirtenjunge war ganz bestürzt dadurch, kommt dem Hund zu Hilfe, aber von auswärts. Er springt nicht in den Bach hinein, sondern will ihm von auswärts helfen. Unglückseligerweise stellt er sich auf einen Insektenbau, wie vordem der Hund wohl, und nun stechen ihn diese. Jetzt läuft er nun auch wie verrückt herum und springt zuletzt auch in den Bach hinein. Dadurch nun, daß der Hund weg ist, der Hirte weg ist, kommt nach und nach eine Verwirrung in die Kuhherde. Diejenigen Kühe, die auf einen solchen Insektenbau treten, werden auch gestochen und gebärden sich wie verrückt. Und schließlich ist auch ein großer Teil der Herde in dem Bach drinnen, wie verrückt!

Also solche Stiche von Insekten können einem schon übel mitspielen. Alle diese Tiere haben schließlich so etwas Giftiges in sich. Und schließlich, wenn Sie von einer Ameise gebissen werden, da gibt es auch eine kleine Entzündung, denn da läßt sie die Ameisensäure in die Wunde einfließen. Diese Ameisensäure ist aber wiederum in der richtigen Verdünnung in allem Lebendigen drinnen.

Meine Herren, wenn es nun keine Ameisen, keine Bienen und Wespen gäbe, die eigentlich die Zubereiter dieser Gifte sind, was würde dann geschehen? Dann würde ganz dasselbe geschehen, was mit der Fortpflanzung der Menschheit geschehen würde, wenn Sie plötzlich einmal alle Männer köpften und nur die Frauen auf der Erde ließen. Dann würde sich die Menschheit nicht fortpflanzen können, weil eben der

Samenstock der Männer nicht da wäre. Nun, diese Insekten haben alle extra noch Samen, aber trotzdem ist zu ihrem Leben dasjenige notwendig, was von diesen Giften kommt, denn diese Gifte sind geblieben von dem, was da in der Umgebung des alten Mondes war. Fein verteilt Bienengift, Wespengift, Ameisensäure ist einmal da aus dem Weltenraum über die Pflanzen hereingekommen. Der Rest davon ist noch heute da. Wenn Sie also gehen und sehen irgendwo auf einem Weidenbaum oder auf einer Blume eine Biene sitzen, dann sagen Sie nicht: Das Insekt wird der Blume bloß etwas rauben –, sondern sagen Sie: Während das Bienlein da drauf sitzt und saugt, da ist es der Blume so wohl, daß sie nach der Stelle, wo die Biene saugt, einen Saft hinfließen läßt. Das ist sehr interessant, meine Herren! Wenn die Biene da saugt, läßt die Blume diesen Saft da hinfließen. Und da fließt in diesem Saft, während die Biene der Blume etwas wegnimmt, durch die Biene der Blume hinzu von der Biene Gift. Und auch während die Wespe [Gallwespe] sticht, fließt Wespengift ein; und insbesondere während die Ameise sich hermacht sogar über die Baumstämme und so weiter, die schon gar nicht mehr leben, fließt Ameisensäure ein. Da verbindet sich also, wenn eine Ameise kommt, der Saft der Blume mit dem Ameisensaft. Das ist notwendig. Denn geschähe das nicht, gäbe es nicht diese Bienen, Wespen und Ameisen, die fortwährend über diese Blumenwelt kommen und sie anfressen, so flössen nicht die nötige Ameisensäure und die nötigen Gifte zu diesen Blumen, und die Blumen müßten nach einiger Zeit aussterben.

Sehen Sie, solche Stoffe, die man gewöhnlich Lebensstoffe nennt – ja, diese Lebensstoffe, die schätzt der Mensch. Aber eigentlich sind nur solche Stoffe wie die Ameisensäure wirkliche Lebensstoffe. Wenn der Mensch an die Tollkirsche geht, dann hat er drinnen ein Gift. Das ist ein schädlicher Stoff. Aber was tut die Tollkirsche? Sie sammelt gerade den Geist aus der Weltenumgebung. Die Gifte sind Geistsammler. Daher sind Gifte auch Heilmittel. Und im Grunde genommen werden die Blumen fortwährend immer kränker und kränker, und diese Bienlein und Wespen und Ameisen sind fortwährend kleine Ärzte, die den Blumen die Ameisensäure zubringen, die sie brauchen, und die wiederum die Krankheit ausheilt, so daß man alles wieder heilen kann. Sie sehen: Diese Bienen, Wespen und Ameisen sind nicht bloß Räuber, sondern bringen zu gleicher Zeit dasjenige, was den Blumen die Möglichkeit gibt, zu leben.

Und so ist es schließlich sogar mit den Raupen (es wird gezeichnet). Die würden auch aussterben, würden nach einiger Zeit nicht mehr da sein. Nun ja, Sie werden vielleicht sagen, das ist ja gar kein großer Schaden; dann würden halt diese Raupen aussterben. – Aber von solchen Raupen nähren sich wiederum die Vögel und so weiter! Die ganze Natur steht ja in einem solchen inneren Zusammenhang. Und wenn wir da sehen, wie zum Beispiel die Ameisen mit ihrer Ameisensäure alles durchdringen, dann sehen wir hinein in den Haushalt der Natur. Das ist etwas ganz Großartiges. Überall geschieht etwas, was absolut zur Erhaltung des Lebens und der Welt notwendig ist.

Sehen Sie, da gibt es den Baum. Der Baum hat seine Rinde. Jetzt vermodert diese Rinde, wenn ich den Baum abschlage. Da gibt es Moder (es wird gezeichnet). Nun sagen die Menschen: Lassen wir das ruhig vermodern. – Und die Menschen schauen ruhig zu und lassen im Walde alles das, was da übrig bleibt, vermodern. Was vermodert alles im Jahre an Laubblättern und dergleichen im Walde! Die Menschen lassen das alles vermodern. Aber in der Welt ist das anders eingerichtet. Da sind überall in der Nähe diese Ameisenhaufen. Aus diesen Ameisenhaufen kommt in den Waldesgrund die Ameisensäure hinein.

Wenn Sie hier einen Waldesgrund haben und da einen Ameisenhaufen, so ist es gerade so, wie wenn Sie hier ein Wasserglas voll Wasser hätten; jetzt geben Sie einen Tropfen von irgend etwas hinein, der füllt gleich das ganze Wasser aus. Wenn Sie Salz hineintun, ist gleich das ganze Wasser salzig (es wird gezeichnet). Wenn Sie da einen Ameisenhaufen haben, so geht die Ameisensäure gerade so in den ganzen Waldesgrund, in den Moder hinein, und der ganze Waldesgrund, der schon im Absterben ist, wird von dieser Ameisensäure durchtränkt. Also nicht nur ins Innere der heutigen Pflanzen, die noch leben, und der heutigen Raupen, die noch leben, geht die Ameisensäure hinein, oder auch das Bienen- oder Wespengift, wenn die Biene auf der Blume sitzt und die Blume aufsaugt das, was sie nun kriegt von der Biene, sondern auch in den absterbenden Boden.

Das alles kann man eben nur durch Geisteswissenschaft erkunden.

Denn die andere, die physische Wissenschaft kümmert sich nur um dasjenige, was die Biene der Blume wegnimmt. Aber die Bienen würden nicht jahrtausendelang auf den Blumen sitzen können, wenn diese sie nicht wieder züchteten, indem sie sie anbeißen.

Und so ist es selbst mit dem leblosen Material im Walde. Denken Sie sich nur einmal, meine Herren: Selbst die physische Wissenschaft, wie sie heute ist, nimmt ja an, daß die Erde einmal ganz tot werden wird. Sie würde es auch, denn es müßte ja einmal ein Zustand kommen, wo das Vermoderte überhandnehmen würde und wo die Erde abgestorben wäre. Er wird aber nicht kommen, weil die Erde überall, wo sie vermodert, zu gleicher Zeit durchsetzt wird von dem, was Bienen, Wespen und Ameisen geben. Die Bienen geben es allerdings nur den lebenden Blumen, die Wespen auch fast nur den lebenden Blumen. Aber die Ameisen geben das, was sie da hergeben in der Ameisensäure, zugleich dem vermoderten Toten, und sie regen es dadurch in einem gewissen Grade zum Leben an, und sie tragen dazu bei, daß die Erde in ihren vermoderten Dingen überhaupt lebendig bleibt.

So kann man schon sagen: Man bewundert den Geist, der in alledem drinnen ist. Aber wenn man näher eingeht auf die Geschichte, ja, dann sieht man, daß das alles eine große Bedeutung hat.

Schauen wir jetzt diese ackerbautreibenden Ameisen an, die da ihre kleinen Felder anlegen, die Pflanzen ganz anders herrichten. Ja, der Mensch könnte sich von dem, was da angebaut wird, nicht nähren. Denn wenn der Mensch diese kleinen Reiskörner, die kieselsteinhart sind, genießen würde, würde er erstens merkwürdige Krankheitszustände davon kriegen, weil er dann zuviel Ameisensäure in sich kriegte; aber außerdem würde er sich die Zähne sehr stark ausbeißen, daß eine Zeitlang die Zahnärzte sehr viel zu tun hätten. Nachher aber würde der Mensch elendiglich zugrunde gehen an diesen kieselsteinharten Reiskörnern, die da auf diese Weise gewonnen werden.

Aber die Ameisen, der Ameisenhaufen eigentlich, der sagt sich das Folgende: Wenn wir nur hinausziehen in die freie Natur und dasjenige aus den Pflanzen saugen, was da überall ist, dann kriegen wir in uns viel zu wenig Ameisensäure, und dann können wir auch der Erde wiederum viel zu wenig Ameisensäure abgeben. Also machen wir das, daß wir uns nur diejenigen Pflanzen auswählen, die wir so aufziehen können, daß alles ganz dicht ist, steinhart zusammenhängt, und wir daher viel Ameisensäure aus diesem Dichten herauskriegen. – So daß also diese ackerbautreibenden Ameisen dies machen, damit sie möglichst viel Ameisensäure herauskriegen. Und diese Ameisen sind es wiederum, die viel in die Erde hineinbringen von dieser Ameisensäure. So ist der Zusammenhang.

Sie können also daraus sehen, daß Gifte, wenn sie entzündlich wirken oder dergleichen, eigentlich zugleich die fortwährenden Heilmittel sind gegen das Absterben. Und man kann sagen: Gerade die Biene ist in dieser Beziehung ungeheuer wichtig, damit sich alles in den Blumen erhält, denn es ist eben eine tiefe Verwandtschaft zwischen den Bienen und den Blumen.

Und dieses Erhalten zeigt eigentlich, daß jedesmal, wenn die Insekten sich in dieser Weise in der Erde ergehen, daß da die Erde wiederum aufgegiftet wird, möchte ich sagen. Das ist die geistige Beziehung. Ich möchte niemals, wenn jemand fragt, wie da die geistigen Beziehungen sind, bloß sagen, das ist so und so, sondern ich führe Ihnen dann die Tatsachen an, und aus den Tatsachen können Sie selber beurteilen, ob es einen Sinn hat oder nicht. Denn die Tatsachen verlaufen eben so, daß man sieht, es ist überall Sinn darinnen. Nur erzählen Ihnen das die Leute, die sich heute Gelehrte nennen, nicht. Aber im Leben spielt das eine gewisse Rolle. In unseren Gegenden wird es vielleicht weniger respektiert, aber sobald man mehr nach dem Süden kommt, da kann man schon hören, wie die Bauern, einfache Leute, wiederum mit einer instinktiven Wissenschaft sagen: Diese Ameisenhaufen, die darf man nicht zerstören, denn diese Ameisenhaufen, die tragen dazu bei, daß der Moder nicht so schädlich wird. – Und die ganz Gescheiten in solchen Gegenden, die sagen noch etwas anderes. Wenn man mit denen spazierengeht im Walde, namentlich in einem Walde, wo ein Baumschlag ist, wo also gerade Bäume weggeschlagen sind und die jungen Bäume nachwachsen, da gehen diese Leute – die sind nämlich gescheit, nicht oben, sondern in der Nase; man kann nämlich in der Nase auch gescheit sein – durch solch einen Baumschlag, wo die jungen Bäume wieder nachgezogen werden sollen, kommen an eine Stelle und sagen: Nun, das wird ganz gut gedeihen, da riecht es nicht so moderig wie oftmals, da muß ein

Ameisenhaufen in der Nähe sein, der seine Nützlichkeit erweist. – Das riechen nämlich die Leute; die sind mit der Nase gescheit. Aus solchem Gescheitsein mit der Nase rührt manche volkstümliche Wissenschaft her, die ganz nützlich ist.

Leider hat die neuere Zivilisation bloß die Gehirnkultur betrieben und diese Instinktdinge weggelassen. Aber der Instinkt ist dadurch auch ein bloßes Wort geworden. Die Tiere hier, namentlich in ihren Zusammenrottungen als Bienenstock, als Ameisenhaufen, die wissen nämlich im Grunde genommen das alles. Und das ist durch eine Art von Geruch bewirkt. Und wie gesagt, in mancher instinktiven Wissenschaft, da ist Gescheitheit der Nase drinnen.

Nun, wir werden in der nächsten Woche die Stunde fortsetzen. Ich wollte heute nur sagen: Die Bienen, Wespen und Ameisen nehmen der Natur nicht nur etwas weg als Räuber, sondern geben ihr auch die Möglichkeit, weiter zu leben und zu gedeihen.

FÜNFZEHNTER VORTRAG

Dornach, 22. Dezember 1923

Guten Morgen, meine Herren! Eigentlich müssen wir noch etwas über die Frage des Herrn *Dollinger* sprechen. Er wollte ja in Ihrem Namen wissen – denn das ist wohl für jeden interessant –, wie der Zusammenhang in geistiger Beziehung ist zwischen dieser Herde von Insekten, die sich bewegt, an die Pflanzen herankommt, und dem, was sich in den Pflanzen befindet.

Sehen Sie, meine Herren, ich habe Ihnen ja schon früher gesagt: Es ist um uns überall vorhanden nicht nur so etwas wie Sauerstoff und Stickstoff, sondern es ist in der ganzen Natur vorhanden Verstand, richtig Verstand. Kein Mensch wundert sich, wenn man sagt: Wir atmen die Luft ein –, weil die Luft überall ist und sozusagen die Wissenschaft heute schon so stark in die Schulbücher hineingekommen ist, daß den Leuten gesagt wird: Überall ist Luft, und du atmest die Luft ein. – Aber ich habe zum Beispiel schon Leute gekannt draußen auf dem Lande, die haben das als eine Phantasie betrachtet, weil sie eben nicht gewußt haben, daß draußen Luft ist, ebenso wie die Leute heute nicht wissen, daß überall Verstand ist. Die betrachten es als eine Phantasie, wenn man sagt: Geradeso wie wir mit den Lungen die Luft einatmen, so atmen wir zum Beispiel mit der Nase oder mit dem Ohr Verstand ein. – Und ich habe Ihnen ja früher schon reichlich Beispiele gezeigt, an denen Sie sehen konnten, daß Verstand überall ist. Wir haben ja in der letzten Zeit von einem ganz besonders interessanten naturwissenschaftlichen Kapitel gesprochen, von den Bienen, Wespen und Ameisen. Vielleicht kann man durch wenig von dem, was in der Natur ist, so gründliche Blicke hineintun in die Natur selber wie durch das Treiben der Insekten überhaupt. Die Insekten sind nun einmal ganz merkwürdige Tiere und sie werden noch manches Geheimnis an den Tag bringen.

Es ist ja merkwürdig, daß wir sozusagen unser Insektenkapitel gerade in der Zeit besprechen, in der der hundertste Geburtstag des bedeutenden Insektenforschers *Jean-Henri Fabre* ist, der am 22. Dezember vor einem Jahrhundert geboren worden ist, und der gerade in die materialistische Zeit hineinfiel, daher alles materialistisch ausgelegt hat, der aber ungeheuer viele Tatsachen aus dem Leben der Insekten ans Licht gebracht hat, so daß es schon ganz natürlich ist, daß wir heute, wo wir über Insekten sprechen, an ihn erinnern.

Nun will ich Ihnen zunächst einmal ein Beispiel von einer Insektenart anführen, die Sie gerade im Zusammenhang mit den Bienen außerordentlich interessieren kann. Die Biene arbeitet ja in einem hohen Grade vollkommen, und es ist schon das Merkwürdigste an der Biene nicht das, daß sie schließlich den Honig hervorbringt, sondern daß sie diese wunderbar gebauten Zellenwaben ganz aus sich selber heraus macht. Sie muß ja dasjenige, was sie als Material verwendet, an sich selber in den Bienenstock hineintragen. Und sie arbeitet eigentlich so, daß sie das Material gar nicht mehr ursprünglich benützt, sondern daß sie das ganz verwandelt in den Bienenstock hineinbringt. Aus sich selber heraus arbeitet sie so.

Nun gibt es aber eine Bienenart, die nicht in dieser Weise arbeitet, die aber gerade durch ihre Arbeit zeigt, was für ein ungeheurer Verstand in der ganzen Natur ist. Wollen wir einmal diese Bienenart, die man gewöhnlich die Holzbiene nennt, die nicht so beachtet wird wie die Hausbiene, weil sie den Menschen meistens lästig wird, in ihrer Arbeit betrachten. Das ist ein ungeheuer fleißiges Tier, und ein Tier, das wirklich, damit es leben kann – nicht das einzelne Tier, aber die ganze Art leben kann –, ungeheure Arbeit zu verrichten hat. Dieses Tier sucht sich Holz auf, das nicht mehr an den Bäumen ist, sondern das schon aus den Bäumen herausgenommen und verarbeitet ist. Sie können diese Holzbiene mit ihren Nestern, die ich Ihnen gleich beschreiben werde, finden, sagen wir, wenn Sie Pflöcke irgendwo eingeschlagen haben, also wo eben das Holz aus den Bäumen herausgenommen ist und scheinbar unbelebtes Holz ist, Pflöcke oder Säulen, die aus Holz sind. Da drinnen können Sie die Holzbiene finden, auch in Gartenbänken oder Gartentüren. Also da, wo man Holz benützt hat, da macht die Holzbiene ihr Nest hinein, aber auf eine ganz sonderbare Weise.

Denken Sie sich einmal, das wäre solch ein Pfosten (siehe Zeichnung). Das ist also das Holz, das aus dem Baum bereits heraus ist. Jetzt kommt die Holzbiene und bohrt zunächst von außen so in schräger

Weise einen Gang hinein. Und wenn sie da drinnen angekommen ist, den Gang ausgeholzt hat, so eine Art Kanal ausgebohrt hat, dann fängt sie an, in ganz anderer Richtung zu bohren. Dann bohrt sie so, daß da zunächst eine kleine ringförmige Höhlung entsteht. Jetzt fliegt das Insekt fort, holt allerlei aus der Umgebung und polstert diese Höhle aus. Und dann, wenn es sie ausgepolstert hat, legt es das Ei hinein, aus dem die Made wird. Das liegt jetzt da drinnen. Wenn es das Ei abgelegt hat, kommt das Bienlein und macht darüber einen Deckel, in dem da in der Mitte ein Loch ist. Und jetzt fängt es an, da oben über diesem Deckel weiterzubohren, legt da drüber eine zweite Wohnung an für eine zweite auskriechende Holzbiene, und legt, nachdem es sie ausgepolstert hat, ein Loch gelassen hat, wiederum ein Ei hinein. Das setzt die Holzbiene fort, bis sie solche übereinandergelegten Höhlungen zu zehn oder zwölf übereinander gebaut hat. Überall ist ein Ei drinnen.

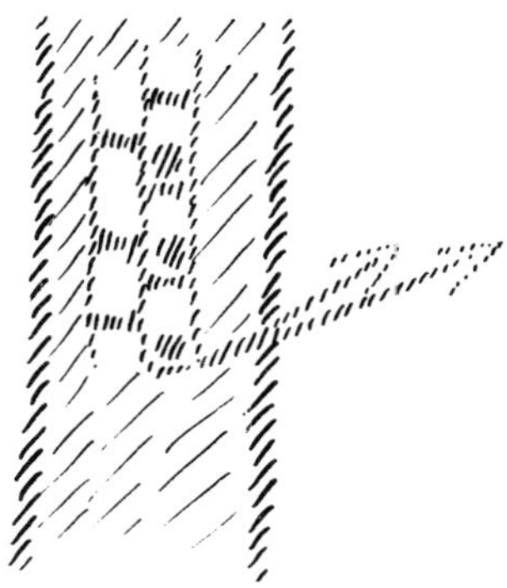

Jetzt kann die Made sich da drinnen in diesem Holzstock entwickeln. Überall legt das Insekt noch Futter neben die Made. Die frißt zuerst von dem Futter, das ihr zubereitet war, und wird dann reif zum Auskriechen. Aber jetzt kommt die Zeit, wo das Insekt sich verpuppt hat und sich verwandelt hat in die geflügelte Biene, die nun ausfliegen soll.

Da drinnen ist das so, daß die Made sich nun entwickelt und nach einiger Zeit richtig ausfliegen kann. Wenn die Zeit ist, wo die Made reif ist, sich verpuppt hat und Insekt wird, ist es ja jetzt so, daß das fertige

Insekt durch diesen Gang herausfliegen kann. Dadurch ist durch die Geschicklichkeit der Holzbiene erreicht, daß durch den Gang, der zuerst hineingebohrt worden ist, das fertige Insekt wiederum herausfliegen kann. Ja, schön. Aber wenn jetzt das zweite Insekt hier kommt, das ja etwas jünger ist, und das dritte oben ist wieder etwas jünger, weil das Muttertier erst diese Wohnungen machen muß, da finden diese Tiere keinen seitlichen Ausgang, um herauszukommen. Und die fatale Geschichte bestünde jetzt darin, daß die oberen Tiere allmählich da drinnen zugrunde gehen müßten. Aber das verhindert das Muttertier dadurch, daß es das Ei so legt, daß, wenn die Made, die jünger ist, auskriecht, sie da dieses Loch findet, von dem ich Ihnen erzählt habe; sie läßt sich da herunterfallen und kriecht da aus. Das dritte Tier läßt sich durch die zwei Löcher herunterfallen und kriecht so aus. Und dadurch, daß jedes später auskriechende Tier etwas später kommt, stört es das früher auskriechende Tier unter ihm nicht. Sie kommen nie zusammen, sondern das frühere ist immer schon ausgeflogen.

Sie sehen, das ganze Nest ist so vernünftig angelegt, daß man nur staunen kann darüber. Wenn Menschen heute maschinell etwas nachmachen, so sind meistens die Dinge, die die Menschen nachmachen, solchen Dingen nachgeahmt, aber sie sind meist weit weniger geschickt gemacht. Die Dinge, die in der Natur vorhanden sind, sind außerordentlich geschickt gemacht, und man muß schon sagen: Da drinnen ist durchaus Verstand, richtiger Verstand. – Und davon, daß in dieser Art, wie die Insekten bauen, wie die Insekten bei der Arbeit sich benehmen, davon, daß da Verstand drinnen lebt, könnte man Hunderte und Tausende von Beispielen anführen. Denken Sie sich nur, wieviel Verstand in dem liegt, was ich Ihnen neulich von der Ackerbauameise gesagt habe, die ihre ganze Wirtschaft anlegt und alles mit einem ungeheuren Verstand anlegt.

Nun haben wir aber noch eine andere Sache betrachtet, gerade als wir diese Insekten, Bienen, Wespen und Ameisen, ins Auge faßten. Ich habe Ihnen gesagt, alle diese Tiere haben in sich etwas, was eine Art giftiger Stoff ist, und dieser giftige Stoff, den alle diese Tiere in sich haben, der ist zu gleicher Zeit, wenn man ihn richtig dosiert, in richtiger Dosis gibt, ein ausgezeichnetes Heilmittel. Das Bienengift ist ein ausgezeichnetes Heilmittel. Das Wespengift ist ein ausgezeichnetes Heilmittel. Und die

Ameisensäure, die von den Ameisen abgesondert wird, ist erst recht ein gutes Heilmittel. Aber ich habe Ihnen auch das schon angedeutet: Diese Ameisensäure, die kriegen wir, wenn wir an einen Ameisenhaufen herangehen, die Ameisen herausnehmen, sie dann zerquetschen. Also die Ameisen haben diese Ameisensäure in sich; durch das Zerquetschen der Ameisen kriegen wir die Ameisensäure heraus. Diese Ameisensäure findet sich also eigentlich vorzugsweise bei den Ameisen. Aber wenn Sie wüßten, wieviel – verhältnismäßig natürlich – Ameisensäure in diesem Saal drinnen ist, Sie würden eben recht staunen! Sie werden sagen: Wir können doch nicht hier in einer Ecke einen Ameisenhaufen suchen. – Meine Herren, soviel Sie da sitzen, sind Sie in Wirklichkeit selber solch ein Ameisenhaufen! Denn überall in Ihren Gliedern, Muskeln, in Ihren anderen Geweben, im Herzgewebe, im Lungengewebe, im Lebergewebe, im Milzgewebe namentlich – überall da drinnen ist Ameisensäure, allerdings nicht so konzentriert und stark wie im Ameisenhaufen. Aber dennoch, Sie sind so, daß Sie ganz ausgefüllt sind mit Ameisensäure – ganz ausgefüllt. Ja, sehen Sie, das ist etwas höchst Merkwürdiges.

Wozu haben wir denn eigentlich in unserem Körper diese Ameisensäure? Wenn ein Mensch zuwenig hat, so muß man das erkennen. Wenn irgendein Mensch als kranker Mensch auftritt – und die Menschen sind ja meistens eigentlich ein bißchen krank –, so kann er ja hunderterlei Krankheiten haben, die äußerlich alle gleich ausschauen. Man muß erkennen, was ihm eigentlich fehlt; daß er blaß ist, oder daß er nicht essen kann, das sind ja nur äußerliche Dinge. Man muß darauf kommen, was ihm eigentlich fehlt. Und so kann es bei manchem Menschen sein, daß er einfach in sich selber nicht genug Ameisenhaufen ist, nicht genug Ameisensäure produziert. Geradeso wie im Ameisenhaufen Ameisensäure produziert wird, so muß einfach im menschlichen Körper, in allen seinen Gliedern, besonders in der Milz, stark Ameisensäure erzeugt werden. Und wenn der Mensch zuwenig Ameisensäure erzeugt, muß man ihm ein Präparat beibringen, ein Heilmittel, wodurch man ihm äußerlich hilft, genug Ameisensäure zu erzeugen.

Nun muß man aber beobachten, was mit einem Menschen geschieht, der gerade zuwenig Ameisensäure hat. Diese Beobachtungen, die können eben nur dann eintreten, wenn die Leute, die das beobachten wollen, wirklich gute Menschenkenner sind. Man muß sich dann eine Vorstellung darüber bilden, was in der Seele eines Menschen vorgeht, der zuerst genügend Ameisensäure in sich gehabt hat und der nachher zuwenig Ameisensäure in sich hat. Das ist sehr merkwürdig. Solch ein Mensch, der wird Ihnen, wenn Sie ihn in der richtigen Weise fragen, über seine Krankheit das Richtige aussagen. Nehmen Sie an, Sie haben zum Beispiel einen Menschen, der sagt Ihnen, indem Sie ihn auf die Spur bringen: Ach, Donnerwetter, vor einigen Monaten, da ist mir alles gut eingefallen, da habe ich alles gut ausspintisieren können. Jetzt bleibt es aus. Es geht nicht mehr. Wenn ich mich auf etwas besinnen will, da geht es nicht mehr. – Meine Herren, das ist oftmals ein viel wichtigeres Zeichen, als alle äußeren Untersuchungen Ihnen geben können, was man ja heute, mit Recht selbstverständlich, auch tun muß. Aber Sie können heute den Urin untersuchen auf Eiweiß, auf Eiter, auf Zucker und so weiter, Sie kriegen natürlich ganz interessante Resultate heraus; aber unter Umständen kann viel wichtiger sein, daß einem ein Mensch so etwas sagt, was ich Ihnen erzählt habe. Denn dann, wenn er Ihnen so etwas erzählt, müssen Sie natürlich noch einiges andere kennenlernen; aber da können Sie herauskriegen: Es ist in der letzten Zeit die Ameisensäure zuwenig geworden in seinem eigenen Körper.

Jetzt kann einer sagen, der noch äußerlich denkt: Der Mensch hat zuwenig Ameisensäure. Ich quetsche Ameisensäure aus oder stelle sie auf andere Weise her und gebe ihm Ameisensäure ein in entsprechender Dosierung. – Sie können das dann eine Zeitlang machen, und der Patient kommt zu Ihnen und sagt: Aber das hat mir gar nichts geholfen. – Was liegt da wiederum vor? Es hat ihm wirklich nichts geholfen. Es war ganz richtig, er hatte zu wenig Ameisensäure; Sie haben ihm Ameisensäure gegeben und es nützte nichts, hat gar nichts genützt. Was liegt da vor?

Ja, sehen Sie, wenn Sie weiterforschen, so kommen Sie darauf: Bei dem einen Menschen hat die Ameisensäure nicht geholfen, bei anderen Menschen hat sie aber fortwährend geholfen. – Nun, Sie merken nach und nach den Unterschied. Diejenigen Menschen, bei denen die Ameisensäure hilft, die werden namentlich Verschleimungen in der Lunge zeigen. Diejenigen Menschen, bei denen die Ameisensäure nichts hilft, die zeigen die Verschleimungen in der Leber oder in den Nieren oder in der Milz. Es ist das eine sehr eigentümliche Geschichte. Es ist also ein großer Unterschied, ob der Lunge zum Beispiel die Ameisensäure fehlt, oder ob der Leber die Ameisensäure fehlt. Der Unterschied ist der, daß mit dieser Ameisensäure, die im Ameisenhaufen drinnen ist, die Lunge sogleich etwas anfangen kann. Die Leber kann mit der Ameisensäure gar nichts anfangen.

Und jetzt kommt etwas anderes, meine Herren! Jetzt müssen Sie, wenn Sie bemerken, daß der Mensch an der Leber oder namentlich in den Gedärmen nicht ganz in Ordnung ist und ihm die Ameisensäure nichts hilft, trotzdem er zu wenig Ameisensäure in sich hat, ihm Kleesäure geben. Das heißt, Sie müssen den gewöhnlichen Sauerklee oder den Klee überhaupt, der auf den Äckern ist, zerpressen, diese Säure herausnehmen und ihm eingeben. Also Sie sehen: Bei einem, der in der Lunge etwas hat, müssen Sie Ameisensäure eingeben; bei einem, der in der Leber oder in den Gedärmen etwas hat, müssen Sie Kleesäure eingeben. Das Eigentümliche ist aber das, daß nun der Mensch, dem Sie die Kleesäure eingeben, aus der Kleesäure in sich selber nach einiger Zeit, nachdem Sie ihm die Kleesäure eingegeben haben, Ameisensäure macht! Also es kommt darauf an, daß man nicht bloß von außen her die Dinge in den Menschen hineinbringt, sondern man muß wissen, was der Organismus selber aus sich macht. Wenn Sie ihm die Ameisensäure eingeben, sagt der Organismus: Das ist doch nicht für mich, ich will arbeiten – man gab ihm die fertige Ameisensäure –, an der habe ich nicht zu arbeiten, die schaffe ich nicht in die Lunge herauf. – Natürlich müssen Sie das in den Magen geben. Da kommt es in die Därme zuletzt. Da sagt der seinerseits dem menschlichen Körper, der nun arbeiten will: Was setzt man mir vor? Ich soll nicht erst selber Ameisensäure schaffen, sondern die Ameisensäure, die man mir vorsetzt, soll ich aus dem Magen in die Lunge schaffen? Das tue ich nicht. – Er will Kleesäure haben, und aus dieser macht er die Ameisensäure.

Ja, meine Herren, das Leben besteht aus der Arbeit, nicht in Stoffen, und das ist das Allerwichtigste, daß man weiß, daß das Leben gar nicht im Verzehren von Kohl und Rüben besteht, sondern darin, was der Körper tun muß, wenn in ihn der Kohl und der Rübenstoff hineinkommt. Jedenfalls darf er aber nicht wieder Kohl fabrizieren aus seinem

Kohl heraus. Das ist aber dasjenige, was unserer heutigen Zivilisation ganz besonders merkwürdig zugrunde liegt.

Sie sehen aber daraus, was für eine merkwürdige Beziehung in der Natur besteht. Da sind draußen die Pflanzen. Der Klee ist ja nur besonders charakterisiert. Kleesäure findet sich aber in allen Pflanzen, ist beim Klee nur am meisten vorhanden; deshalb reden wir von «Kleesäure». Aber geradeso wie Ameisensäure überall in der Natur und überall im menschlichen Körper sich findet, so findet sich überall in der Natur und im menschlichen Körper die Kleesäure.

Nun gibt es etwas anderes Interessantes. Nehmen Sie an, Sie nehmen eine Retorte, wie man sie im chemischen Laboratorium hat; Sie machen darunter eine Flamme und geben nun in diese Retorte Kleesäure hinein – das ist so salzige, bröselige Asche –, dann geradesoviel Glyzerin. Das mischt man durcheinander und erhitzt es. Dann dampft mir die Geschichte da herüber (siehe Zeichnung). Ich kann das, was ich da bekomme, auffangen. Aber zu gleicher Zeit merke ich: Da geht Luft weg. Die

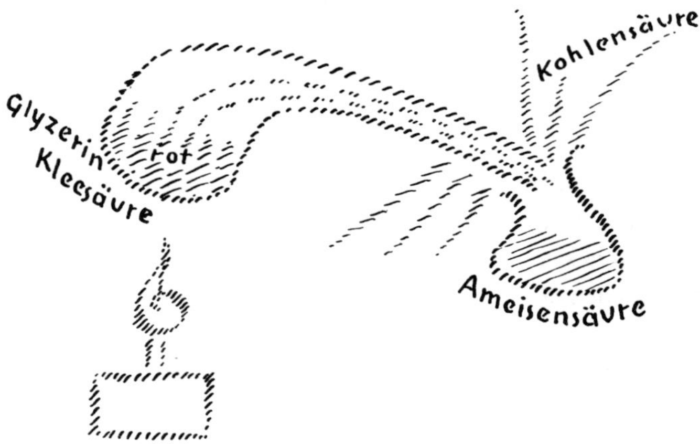

geht da überall weg. – Wenn ich diese Luft, die da weggeht, untersuche, so finde ich: Diese Luft ist Kohlensäure. Also da geht überall Kohlensäure heraus. Und hier, wo ich auffange, bekomme ich dann Ameisensäure. Da ist jetzt Ameisensäure drinnen. Da, in der Retorte, habe ich

Kleesäure und Glyzerin drinnen gehabt. Das Glyzerin bleibt liegen; das andere geht da herüber, die flüssige Ameisensäure tropft da herunter und die Kohlensäure geht hier fort.

Nun, schauen Sie sich die Geschichte da nur einmal ordentlich an, dann werden Sie sagen können: Nehmen wir einmal an, statt dieser Retorte wäre hier die menschliche Leber oder, sagen wir, irgend etwas, ein menschliches oder tierisches Gewebe (es wird gezeichnet), irgendein Organ des tierischen Unterleibes, Leber, Milz oder so etwas. Ich bringe durch den Magen Kleesäure herein. Die Glyzerinkraft hat der Körper selber. Da habe ich ja in meinen Gedärmen drinnen zusammen Kleesäure und Glyzerin. Und was geschieht? Nun, schauen Sie sich jetzt den menschlichen Mund an, dann kommt da Kohlensäure heraus und von der Lunge herunter tropft überall in den menschlichen Körper die Ameisensäure gegen die Organe herein. Also das Ganze, was ich Ihnen hier aufgezeichnet habe, haben wir in unserem eigenen Körper. Wir erzeugen immerfort in unserem Körper aus Kleesäure Ameisensäure.

Jetzt denken Sie sich die über die Erde ausgebreiteten Pflanzen. Da ist überall Kleesäure drinnen. Und jetzt denken Sie sich die Insekten. Bei denen kommt das nur in der merkwürdigsten Weise heraus. Denken Sie sich zunächst die Ameisen. Die gehen an diese Pflanzen und so weiter heran, oder sie gehen auch an das heran, was aus den Pflanzen vermodert. Da ist also überall diese Kleesäure drinnen, und diese Tiere machen sich gerade so, wie sie sich der Mensch selber macht, daraus Ameisensäure. Und die Ameisensäure ist überall vorhanden. Durch die Insekten ist überall Ameisensäure vorhanden.

Ja, da schaut der Philister so in die Luft hinein und sagt dann: In der Luft, da ist Stickstoff, Sauerstoff. – Aber, meine Herren, in ganz geringer Menge ist dadurch, daß die Insekten die Luft durchschwirren, immer Ameisensäure vorhanden. Das heißt, wir haben auf der einen Seite den Menschen. Der ist eine kleine Welt. Der macht in sich Ameisensäure und durchdringt namentlich seinen Atem fortwährend mit Ameisensäure. Und in der großen Welt draußen, da ist statt dessen, was im Menschen vor sich geht, das Heer der Insekten. Es wird der große Atem der Luft, der um die Erde herum ist, fortwährend mit Ameisensäure durchdrungen, die aus der Kleesäure der Pflanzen gemacht wird. Es ist schon so.

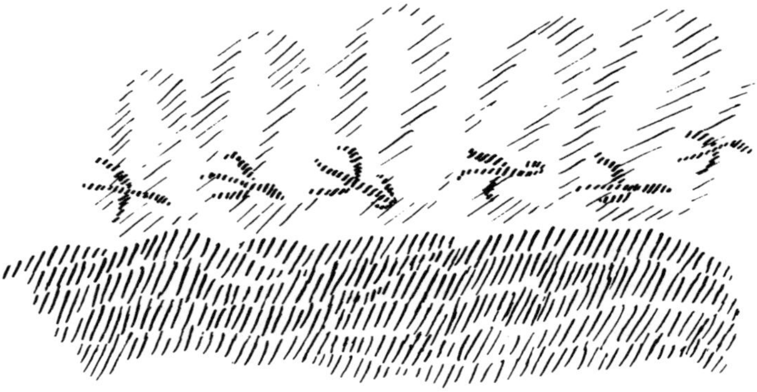

Wenn man richtig beobachtet und sich den Unterkörper des Menschen anschaut mit den darinnenliegenden Gedärmen, dem Magen, der Leber, den Nieren, der Milz, dann weiter drinnen liegen die Gedärme, so ist es schon so, daß da fortwährend die Kleesäure in die Ameisensäure verwandelt wird, und diese Ameisensäure geht mit der Luft, die der Mensch einatmet, in alle Teile des Körpers über. So ist es im Menschen.

Draußen auf der Erde haben Sie überall die Pflanzen. Dann haben Sie die Insekten in der verschiedensten Weise, die darüber flattern. Da drunten haben Sie die Kleesäure. Die Insekten flattern heran, und durch ihre Begegnung entsteht die Ameisensäure und die füllt die Luft aus. So daß wir immer auch aus der Luft Ameisensäure einatmen. Dasjenige, was nun die Wespen haben, das ist ein der Ameisensäure ähnliches Gift, nur etwas umgewandelt. Und was die Bienen als Bienengift in ihrem Stachel haben – aber eigentlich hat es ihr ganzer Körper –, ist wieder umgewandelte Ameisensäure, höher verwandelte Ameisensäure. Wenn man dies anschaut, da sagt man sich: Wir schauen uns diese Insekten an, Ameisen, Wespen, Bienen; die führen äußerlich etwas ungemein Gescheites aus. – Warum führen sie etwas ungemein Gescheites aus? Wenn die Ameise keine Ameisensäure hätte, würde sie all das, was ich Ihnen als etwas so Schönes geschildert habe, ganz dumm schaffen. Nur dadurch, daß die Ameisen so beschaffen sind, daß sie die Ameisensäure erzeugen können, erscheint alles so vernünftig und verständig, was sie bauen. Ebenso bei den Wespen und bei den Bienen.

Haben wir jetzt nicht alle Veranlassung, wenn wir selber in uns diese Ameisensäure erzeugen, uns zu sagen: Draußen in der Natur ist überall Verstand; der kommt durch die Ameisensäure. In uns ist auch überall Verstand, weil wir die Ameisensäure haben. – Und die Ameisensäure wäre nicht da, wenn nicht zuerst die Kleesäure da wäre. Nun ja, da flattern die Tierlein über den Pflanzen herum und sind die Veranlassung, daß die in den Pflanzen befindliche Kleesäure sich in Ameisensäure verwandelt, eine Metamorphose eingeht.

Diese Dinge, die begreift man erst, wenn man sich jetzt fragt: Ja, wie ist es mit der Kleesäure? Sehen Sie, die Kleesäure ist überall da, wo Leben sein soll. Wo etwas lebt, ist die Kleesäure da. Da ist aber auch ein Ätherleib. Der Ätherleib macht, daß die Kleesäure eben gleich erneuert wird. Aber die Kleesäure wird niemals für den menschlichen oder tierischen Organismus brauchbare Ameisensäure, wenn sie nicht durch einen Astralleib aus der Kleesäure in die Ameisensäure umgewandelt wird. Denn die Ameisensäure, die ich hier aus der Retorte genommen habe, die hilft dem menschlichen und tierischen Leib nichts. Da täuscht man sich, wenn man glaubt, daß die etwas Wirkliches hilft, die ist tot. Die Ameisensäure, die hier und hier – im Menschen und durch die Insekten – erzeugt wird, die ist lebendig, und die tritt überall auf, wo Empfindung, wo Seelisches auftritt. Der Mensch muß Ameisensäure in sich entwikkeln, wenn er aus dem bloßen Leben, das in seinem Unterleibe ist, wo die Kleesäure eine große Rolle spielt, das Seelische hervorbringen will. Dann lebt in der Ameisensäure im Atem das Seelische und geht hinauf nach dem Kopfe und kann im Kopfe weiter wirken. Das Seelische braucht diese Verarbeitung der Kleesäure in die Ameisensäure im Menschen.

Was geschieht denn da eigentlich, wenn die Kleesäure in die Ameisensäure umgewandelt wird? Sehen Sie, das kann das erste, was ich Ihnen gesagt habe, lehren. Diese Holzbiene, von der ich sprach, ist ganz besonders interessant, denn sie arbeitet ja in das Holz hinein, das nicht mehr ein lebendiges ist. Und wenn diese Holzbiene nicht dieses Holz ordentlich brauchen könnte, dann würde sie eben woanders ihren Aufenthalt suchen. In die Bäume hinein macht gerade diese Biene ihr Nest nicht, sondern in vermoderndes Holz, wo schon die Pfosten und Pfeiler anfangen zu vermodern, da legt sie die Eier hinein, nachdem sie sich ihr Nest gebaut hat.

Wenn man nun den Zusammenhang des Vermodernden mit den Holzbienen studiert, dann kriegt man heraus, daß das, was da vor sich geht im vermodernden Holz, im menschlichen Körper fortwährend vor sich geht. Er fängt an zu modern, und wenn er zu stark modert, dann stirbt er. Und was da draußen vor sich geht, das muß der Mensch fortwährend tun: er muß die Zellen aufbauen. Und das kann er nur dadurch, daß er das Pflanzliche, das von der Kleesäure durchdrungen ist, in die Ameisensäure umwandelt, in dasjenige umwandelt, was von der Ameisensäure durchdrungen ist.

Jetzt können Sie sagen: Was hat denn das ganze für eine Bedeutung für die Natur? – Nun, meine Herren, denken wir einmal an einen solchen Pfeiler oder Pfosten, der aus Holz ist und der vermodert. Wenn da niemals eine solche Holzbiene an einen Pfosten herankommt, so ist das dem Menschen sehr angenehm, denn sie breiten sich ziemlich aus, und der Pfosten fällt das nächste Jahr um, weil sie ihn hohl machen. Den Menschen ist das nicht sehr angenehm, aber der Natur ist es um so angenehmer. Denn wenn alles Holz, das aus den Pflanzen kommt, ohne diese Bienennester weiterexistieren würde, wo würde dieses Holz nach und nach – Sie sehen ja das dem Moder an – zerbröckeln, verstauben und würde ganz unbrauchbar werden. Das Holz aber, worinnen eine Holzbiene gearbeitet hat, das zerstiebt nicht, sondern das belebt sich wiederum. Und aus all dem Holz, das durch diese Holzbienen ein bißchen wiederum belebt wird, entsteht vieles von dem – ebenso aber durch die anderen Insekten –, was macht, daß unsere Erde einmal nicht ganz vermodert, im Weltenraum zerstäuben wird, sondern weiterleben kann, weil sie von diesen Insekten belebt wird. Wir Menschen atmen die Ameisensäure ein. In der Natur wirkt die Ameisensäure, die von diesen Insekten aus der Kleesäure der Pflanzen bereitet wird, so, daß die Erde überhaupt weiterleben kann.

Betrachten Sie jetzt den Zusammenhang. Hier haben wir den Menschen, hier die Erde (es wird gezeichnet). Betrachten wir zuerst den Menschen. Nehmen wir an, er ist ein junges Kind. Er verwandelt, wenn er ein junges Kind ist, mit Leichtigkeit die im Unterleib befindliche

Kleesäure in Ameisensäure. Die Organe kriegen genug an Ameisensäure. Die menschliche Seele entwickelt sich im Kinde. Wir haben also die Ameisensäure als die Grundlage für Seele und Geist. Und wenn der Mensch alt wird und nicht mehr genügend Ameisensäure entwickeln kann, gehen die Seele und der Geist fort. Die Ameisensäure also, die zieht Seele und Geist heran; sonst geht der Geist fort. Es ist sehr interessant.

Wenn Sie zum Beispiel einen Menschen, der sehr viel innere Eiterprozesse hat, richtig beobachten, so können Sie finden, daß ihm die Ameisensäure hilft, diese Eiterprozesse zu überwinden. Dann tritt das rechte Verhältnis ein zwischen dem Astralleib und seinem Körper, was durch die Eiterprozesse verhindert war. So daß immer die Ameisensäure gebraucht wird gerade in der richtigen Weise als die Grundlage für Seele und Geist. Wenn der Körper eben zuwenig Ameisensäure hat, vermodert er und kann die Seele nicht mehr haben; der Körper wird alt, die Seele muß fort.

Nun haben wir auf der einen Seite hier den Menschen, auf der anderen Seite die Natur. In der Natur wird auch fortwährend aus Kleesäure Ameisensäure gebildet, so daß die Erde immerfort die Möglichkeit hat, umgeben zu sein nicht nur von Sauerstoff und Stickstoff, sondern auch von Ameisensäure.

Diese Ameisensäure, die macht nun, daß die Erde überhaupt nicht, ich möchte sagen, jedes Jahr abstirbt, sondern weiter jedes Jahr sich beleben kann da oben. Dasjenige, was unter der Erde ist, das sehnt sich als Same nach der Ameisensäure, die da oben ist. Und in dem besteht das Wiederaufleben. Jedesmal im Winter ist es so, daß der Geist der Erde selber eigentlich bestrebt ist, wegzugehen. Und im Frühling ist es so, daß der Geist der Erde sich wiederum belebt. Der Geist der Erde macht die Erde erstarren im Winter; im Frühling belebt er sie wieder. Das macht, weil dasjenige, was als Same unter der Erde wartet, an die Ameisensäure herankommt, die erzeugt worden ist im letzten Jahr durch den Verkehr der Insektenwelt mit der Pflanzenwelt. Und jetzt kommen die Samen nicht nur herauf in Sauerstoff, in Stickstoff und in Kohlenstoff, sondern jetzt kommen die Pflanzen herauf in Ameisensäure. Und diese Ameisensäure, die regt sie an, selber wiederum Kleesäure zu entwickeln, wodurch die Ameisensäure im nächsten Jahr da sein kann. Geradeso aber wie die Ameisensäure im Menschen die Grundlage sein kann für Seele und Geist, so ist die Ameisensäure, die im Weltenall ausgebreitet ist, die Grundlage für das Geistige und Seelische der Erde. So daß wir also sagen können: Auch bei der Erde ist die Ameisensäure die Grundlage für Erdseele und Erdgeist (es wird gezeichnet).

Es ist tatsächlich viel schwerer zu telegraphieren in einer Gegend, wo gar keine Ameisenhaufen sind, als in einer Gegend, wo Ameisenhaufen sind, weil die Elektrizität und der Magnetismus, die zum Telegraphieren-Können gehören, von der Ameisensäure abhängen. Wenn die Telegraphendrähte durch Städte gehen, wo keine Ameisen sind, dann muß schon von außen, wo sie durch die Felder gehen, die Kraft darinnenliegen, daß sie überhaupt durch die Städte durchgehen, die magnetischen und die elektrischen Strömungen. Aber natürlich breitet sich ja die Ameisensäure aus und erfüllt auch die Luft der Städte.

Nun, sehen Sie, meine Herren, so können wir sagen: Was im Menschen drinnen ist – auch in bezug auf die Erzeugung der Ameisensäure –, das ist auch draußen in der Natur. – Der Mensch ist eine kleine Welt. Nur ist es beim Menschen so, daß er während seines Lebens bis zum Tode hin geeignet ist, aus Kleesäure Ameisensäure zu machen. Dann wird er ungeeignet, dann stirbt sein Körper ab. Er muß erst wieder einen Körper bekommen, der im Kinde in der richtigen Weise aus der Kleesäure Ameisensäure macht. Bei der Natur geht es immer weiter: Winter, Sommer; Winter, Sommer. Es wird immer Kleesäure in Ameisensäure umgewandelt.

Wenn man so einen sterbenden Menschen betrachtet, so hat man eigentlich das Gefühl: er probiert zunächst, indem er stirbt, ob sein Körper noch genügend geeignet ist, Ameisensäure zu entwickeln. Dann, wenn er nicht geeignet ist, tritt eben der Tod ein. Dann geht der Mensch in die geistige Welt über und er hält es eben in seinem Körper nicht mehr aus. So daß wir sagen können: Ein Mensch stirbt in einem gewissen Zeitpunkt. Dann vergeht eine lange Zeit und er kommt wiederum in einen anderen Körper. Dazwischen ist er in der geistigen Welt.

Wenn nun im Bienenstock eine junge Königin ausschlüpft, dann ist, wie ich Ihnen gesagt habe, etwas in den Bienen, was diese Bienen stört.

Vorher leben die Bienen in einer Art Dämmerung. Dann sehen sie diese junge Königin aufleuchten. Was ist denn verknüpft mit diesem Aufleuchten dieser jungen Königin? Mit diesem Aufleuchten der jungen Königin ist das verknüpft, daß die junge Königin der alten Königin die Kraft des Bienengiftes wegnimmt. Und das, meine Herren, ist die Furcht des ausziehenden Schwarmes, daß er das Bienengift nicht mehr hat, sich nicht mehr wehren, retten kann; er zieht weg. Geradeso wie die menschliche Seele wegzieht im Tode, wenn sie nicht mehr die Ameisensäure haben kann, so zieht die alte Bienenbrut weg, wenn nicht genug verwandelte Ameisensäure – Bienengift – da ist. Und wenn man jetzt den Bienenschwarm anschaut, so ist der zwar sichtbar, aber er schaut just so aus wie die Menschenseele, die den Körper verlassen muß. Es ist ein großartiges Bild, so ein fortschwärmender Bienenschwarm. Wie die Menschenseele den Körper verläßt, so verläßt, wenn die junge Königin herangewachsen ist, die alte Königin mit ihrem Anhang den Bienenstock, und man kann richtig am ausziehenden Schwarm ein Bild von der ausfliegenden Seele des Menschen sehen.

Ach, meine Herren, das ist furchtbar großartig! Nur, die Menschenseele, die hat es nie dazu gebracht, ihre Kräfte bis zu kleinen «Viecherln» auszubilden. In uns ist fortwährend auch die Tendenz dazu; wir wollen lauter kleine «Viecherl» werden. Wir haben eigentlich das in uns, daß wir uns innerlich immer in krabbelnde Bazillen und Bakterien umbilden wollen, in solche kleinen Bienen, aber wir unterdrücken das wieder. Dadurch sind wir ein ganzer Mensch. Aber der Bienenstock ist kein ganzer Mensch. Die Bienen können nicht den Weg in die geistige Welt hinein finden. Wir müssen sie in einem anderen Bienenstock zur Wiederverkörperung bringen. Das ist direkt ein Bild von dem sich wiederverkörpernden Menschen. Und der, der so etwas beobachten kann, der hat einen ungeheuren Respekt vor diesen schwärmenden alten Bienen mit ihrer Königin, die eigentlich sich so benimmt, wie sie sich benimmt, weil sie in die geistige Welt hinein will. Aber sie ist so materiell physisch geworden, daß sie das nicht kann. Und da schmusen sich die Bienen zusammen, werden ein einziger Körper. Sie wollen zusammen. Sie wollen aus der Welt heraus. Sie wissen ja: Während sie sonst fliegen, setzen sie sich nun an einen Baumstamm oder so etwas an, kuscheln sich zusammen, um zu verschwinden, weil sie in die geistige Welt hinein wollen. Und dann werden sie wieder der richtige Bienenstock, wenn wir ihnen helfen, wenn wir sie wieder zurückbringen in den neuen Bienenstock.

Also man kann schon sagen: Die Insekten lehren uns geradezu das Allerhöchste in der Natur. Daher hat immer der Anblick von den Pflanzen die Menschen, die in alten Zeiten noch Instinkte gehabt haben über das, was ich Ihnen da auseinandergesetzt habe, was der heutigen Wissenschaft ganz verlorengegangen ist, in der richtigen Weise aufgeklärt. Diese Menschen haben in besonderer Art hingeschaut auf die Pflanzen. Jetzt, in dieser Zeit, werden ja die Menschen an manches erinnert in der neueren Zeit, wenn sie einen Tannenbaum hereintragen und sich einen Christbaum daraus machen. Dann werden die Menschen daran erinnert, wie dasjenige, was in der Natur draußen ist, im Menschenleben herinnen etwas werden kann, was im sozialen Leben wirkt. Es soll ja ein Sinnbild für die Liebe sein, dieser zum Christbaum umgewandelte Tannenbaum.

Man glaubt gewöhnlich, der Christbaum sei sehr alt. Aber der Tannenbaum wird erst vielleicht seit hundertfünfzig oder zweihundert Jahren als Christbaum verwendet. Früher gab es diese Sitte nicht. Aber dennoch, zu Weihnachten wurde schon eine Art Gesträuch verwendet. Zum Beispiel bei diesen Weihnachtspielen, die in den Dörfern auch schon im 15., 16. Jahrhundert gemacht wurden, da lief einer, um sie anzukündigen, immer herum und hatte auch eine Art Christbaum in der Hand. Aber das war der sogenannte – in Mitteldeutschland so genannte – Kranewittbaum; das war der Wacholderbaum, der diese wunderbaren Beeren hat. Und in diesem Wacholderbaum sahen die Leute damals ihren Christbaum. Warum? Weil diese Wacholderbeeren, auf die die Vögel so gerne gehen, ihnen zeigten diese geringe Giftwirkung, die da kommt und die durchdringen muß das Irdische, damit das Geistige im Irdischen erstehen kann. Geradeso wie wenn die Ameise an das Holz oder die Holzbiene an die Pfähle geht, so wird jeden Morgen, wenn der Baum da draußen steht und der Vogel heranpickt, überall auch eine, aber eine viel schwächere Säure erzeugt. Das wußten instinktiv die alten Völker und sagten sich: Im Winter, wenn der Wacholderbaum dasteht und die Vögel an seine Beeren herankommen, da wird durch den Wacholderbaum die

Erde wieder belebt. – Und das war ihnen ein Bild der Belebung der Erde durch den Christus im moralischen Sinne.

So daß wir schon sagen können: Richtig natürlich betrachtet ist das so, daß man in dem, was in der Natur draußen vorgeht, wirklich Sinnbilder, Bilder von dem sehen kann, was im Menschenleben vorgeht. Die alten Leute sahen, wenn in einem Wacholderbaum die Vögel saßen, diese Vögel mit derselben Liebe, wie man heute die kleinen Gebäckstücke oder die Geschenke am Weihnachtsbaum sieht. So daß der Wacholderbaum für die Leute draußen eine Art Christbaum war, den sie hereintrugen in ihre Stuben. So ist aus dem Wacholderbaum eine Art Christbaum gemacht worden.

Wir müssen nun aber abschließen. Ich wollte aber die heutige Stunde nicht vorübergehen lassen – da Sie ja in dieser Zeit jetzt besonders angestrengt sind –, ohne daß wir über ein ganz wichtiges Thema gesprochen haben und wir es bis zur Betrachtung eines solchen Strauches gebracht haben, der wirklich wie ein Christstrauch angesehen werden kann, der Wacholderstrauch, der dasselbe für die Vögel gibt, was für die Bienen die Pflanzen, für die Ameisen und die Holzbienen das Holz, überhaupt die Insekten das Holz ist. Und am Schlusse möchte ich dies noch dazu benutzen, um Ihnen ein recht frohes, freudiges, innerlich seelenerhebendes Weihnachtsfest zu wünschen.

Den nächsten Vortrag werden wir Ihnen dann ansagen lassen; es wird nicht in allzuferner Zeit sein.

HINWEISE

Textgrundlagen: Die Vorträge wurden von der Berufsstenographin Helene Finckh (1883–1960) mitstenographiert und in Klartext übertragen.

Der 3. Auflage von 1978 liegt eine vollständige Neuübertragung des ursprünglichen Stenogramms zugrunde. Textabweichungen gegenüber früheren Ausgaben sind hierauf zurückzuführen.

Für die 4. Auflage von 1988 wurden die Seiten 135–137 im Vortrag vom 26. November und die Seiten 213/214 im Vortrag vom 12. Dezember 1923 neu durchgesehen. Siehe dazu auch den Hinweis zu Seite 136.

Der Titel des Bandes geht auf frühere Ausgaben von Marie Steiner zurück.

Einzelausgaben

Dornach, 8., 13., 20., 24., 27., 31. Oktober 1923: «Mensch und Welt – Das Wirken des Geistes in der Natur», Dornach 1950

Dornach, 26., 28. November, 1., 5., 10., 12., 15., 22. Dezember 1923: Vorträge II–IX in «Neun Vorträge über Bienenzucht» (Zwei Privatdrucke) Dornach o.J.; «Neun Vorträge über das Wesen der Bienen», Dornach 1929, 1937; «Über die Bienen», Dornach 1951. Vortrag I dieser früheren Reihe, Dornach 3. Februar 1923, ist jetzt enthalten in Bibl.-Nr. 348, 2. Band der Arbeitervorträge, Gesamtausgabe Dornach 1976.

Werke Rudolf Steiners innerhalb der Gesamtausgabe (GA) werden in den Hinweisen mit der Bibliographie-Nummer angegeben. Siehe auch die Übersicht am Schluß des Bandes.

Zu Seite

17 *Ich habe Ihnen ja beim Biberbau ... zeigen können, wie geistreich alle diese Dinge in der Natur sind:* Siehe Vortrag vom 10. Januar 1923 in «Über Gesundheit und Krankheit», GA Bibl.-Nr. 348.

18 *der Schmetterling Schwalbenschwanz:* Der Schwalbenschwanz, Papilio machaon L., ein farbenprächtiger Tagfalter, hat eine gelbe Grundfarbe mit blau-schwarzen Flügelzeichnungen. Seine Raupen leben auf verschiedenen Doldengewächsen.

31 *Cesare Lombroso,* 1836–1909, italienischer Anthropologe, Professor für gerichtliche Medizin in Turin, vertrat die Lehre vom «geborenen Verbrecher»; sein Werk «Genio e follia» (Genie und Irrsinn) erschien 1864.

51 *am letzten Montag:* Siehe den 1. Vortrag vom 8. Oktober 1923.

54 *latschete:* latschig, umgangssprachlich für nachlässig, schwerfällig.

schimpft wie ein Rohrspatz: Starkes und anhaltendes Schimpfen; benannt nach dem Drosselrohrsänger, Acrocephalus arundinaceus, einem rohrbewohnenden Singvogel aus der Grasmückenverwandtschaft, der einen anhaltenden, knarrenden und rauhen Gesang hat.

am letzten Mittwoch: Siehe den 2. Vortrag vom 10. Oktober 1923.

75 *daß am Lichte die Farben entstehen:* Siehe Vortrag vom 21. Februar 1923 in «Vom Leben des Menschen und der Erde», GA Bibl.-Nr. 349.

84 *Ich habe einmal in Paris Vorträge gehalten:* Im Mai 1906. Diese Vorträge sind in GA Bibl.-Nr. 94, «Kosmogonie», erschienen.

95 *passen:* In Österreich mundartlich für warten.

97 *Lykurgos, der Gesetzgeber von Sparta:* Lykurgos lebte im 9. vorchristlichen Jahrhundert. Näheres über ihn und über das Leben in Sparta findet sich in Plutarchs Biographie «Lykurg».

106 *Ich habe ja über solche Dinge auch schon hier gesprochen:* Siehe Vortrag vom 21. Februar 1923 in «Vom Leben des Menschen und der Erde», GA Bibl.-Nr. 349.

114 *Stuttgarter Klinik:* Klinisch-Therapeutisches Institut, Stuttgart; begründet nach dem 1. Ärztekurs Dr. Steiners – Ostern 1920 – durch die Ärzte Dr. Ludwig Noll, Dr. Otto Palmer, Dr. Felix Peipers und Dr. Friedrich Husemann, eröffnet am 15. August 1921 als Abteilung der Kommenden Tag AG, Stuttgart, unter der Leitung von Dr. Otto Palmer; 1924–1935 Privatunternehmen Dr. Otto Palmers.

114 *die Wirkungen kleinster Teile von Stoffen:* Siehe die Arbeiten von L. Kolisko, z. B. «Physiologischer und physikalischer Nachweis der Wirksamkeit kleinster Entitäten», Stuttgart 1923.

133 *Achter Vortrag:* Dieser Vortrag wurde gehalten im Anschluß an ein Referat des Imkers Müller.

was in den Pflanzen eigentlich schon als Honig enthalten ist: Mit Honig ist hier der Nektar der Blüte bezeichnet.

136 *die Arbeitsbiene wird gerade just fertig in der Zeit, in der sich die Sonne einmal um sich selber herumgedreht hat:* Hier sei bemerkt, daß diese Darstellung der anderen vom 12. Dezember 1923 (Seite 213f.) – in der Zuordnung und in den angegebenen Zahlen – widerspricht. Mit diesem Faktum muß man sich abfinden. Es ist der ausdrückliche Wunsch aus Imkerkreisen, die Synthese aus beiden Darstellungen selbst zu suchen und zu finden. In der Auflage von 1978 sind die Ausführungen des Vortrages vom 12. Dezember 1923 als Korrektur zu dem Vortrag vom 26. November 1923 behandelt worden. Rudolf Steiner hat ja bekanntlich auf die Fragen der Arbeiter ohne Vorbereitung geantwortet.

149 *Auguste Henri Forel,* 1848–1931, schweizerischer Psychiater und Naturforscher. Schrieb u. a. «Die psychischen Fähigkeiten der Ameisen», 1901, und «Das Sinnesleben der Insekten», 1910.

Alfred Kühn, 1885–1968, deutscher Zoologe; verfaßte einen viel benützten «Grundriß der allgemeinen Zoologie», 1922.

152 *die Venusfliegenfalle:* Dionaea muscipula, eine zu den Sonnentaugewächsen (Droseraceae) gehörende «insektenfressende» Pflanze, die an sumpfigen Stellen im wärmeren Nordamerika wächst. Vgl. hierzu Charles Darwin, «Insektenfressende Pflanzen», übersetzt v. J. Victor Carus, in «Ch. Darwins gesammelte Werke», 8. Band, Stuttgart 1876, S. 259ff.

153 *Nun habe ich Ihnen gesagt:* Siehe den 2. Vortrag vom 10. Oktober 1923.

158 *Ich habe Ihnen einmal gesagt:* Siehe Vortrag vom 14. April 1923 in «Vom Leben des Menschen und der Erde», GA Bibl.-Nr. 349.

162 *Gustav von Bunge,* 1844–1920, deutscher Physiologe russischer Abstammung, seit 1885 Professor in Basel. Er vertrat den modernen Neovitalismus. Hauptwerke: «Lehrbuch der physiologischen und pathologischen Chemie», 1887, und «Lehrbuch der Physiologie des Menschen», 1901, 2 Bände.

163 *Heinrich Heine,* 1797–1856. Sein Ausspruch «Die Armut kommt von der Pauvreté» konnte bis jetzt nicht nachgewiesen werden. Hingegen ist dieser Ausspruch in einer ähnlichen Weise in Fritz Reuters «Ut mine Stromtid», 38. Kap., zu finden: «Mitbürger, ich will's Euch sagen, denn ich wohn hier schon lange genug in der Stadt und regardir die Menschheit: *die große Armut in der Stadt kommt von der großen Powerteh her!*» (Inspektor Braesig in seiner Ansprache).

175 *das sogenannte rechnende Pferd des Herrn von Osten:* Siehe hierzu die Schrift von Oskar Pfungst «Das Pferd des Herrn von Osten (Der kluge Hans). Ein Beitrag zur experimentellen Tier- und Menschen-Psychologie», Leipzig 1907.

181 *Ph. T. Baldensberger:* Bekannter Bienenzüchter, im «Bulletin de l'Apiculture des Alpes maritimes».

185 *Mittel gegen die Maul- und Klauenseuche beim Rind:* Über dieses Mittel vergleiche man Joseph Werr: «Tierzucht und Tiermedizin im Rahmen biologisch-dynamischer Landwirtschaft», Stuttgart 1953.

190 *«Die Gemeine Hausbiene»:* Als «Gemeine Honigbiene oder Hausbiene» hat z. B. Alfred Brehm (Brehms Illustriertes Tierleben, 3. Band, 1875, Seite 474) die Biene bezeichnet.

Da hat ein Universitätsprofessor ... ein Buch über Nationalökonomie geschrieben: Konnte bisher nicht festgestellt werden.

195 *Was noch zu sagen ist, werden wir am nächsten Samstag ... verhandeln:* Der angesagte Vortrag konnte erst am Montag, den 10. Dezember 1923 gehalten werden.

201 *weil ich einen guten Freund hatte, der Landwirt war und der auch eine landwirtschaftliche Zeitung herausgab:* Mit großer Wahrscheinlichkeit handelt es sich hier um den Landwirt *Hugo Hitschmann* (1838–1904), den Begründer des modernen land- und forstwirtschaftlichen Zeitungswesens in Österreich. Er war der Mitgründer der land- und forstwirtschaftlichen Zentralorganisationen Österreichs, seit 1870 Inhaber der «Wiener Landwirtschaftlichen Zeitung», gründete 1883 die «Österreichische Forst- und Jagdzeitung», 1884 die «Allgemeine Weinzeitung», 1867 den «Praktischen Landwirt», 1878 den «Ökonom» und war Herausgeber des «Taschenkalenders für den Landwirt» (seit 1879), des «Archivs für Landwirtschaft» und des «Vademekums für den Landwirt» (1882).

203 *Es gibt Wespen:* Die Gallwespen (Cynipidae).

205 *Es gibt auch Gallbildungen ... die haarig sind:* Die von der Rosen-Gallwespe, Rhodites rosae, erzeugten Gallen, die sogenannten Rosenkönige oder Schlafäpfel.

206 *Feigenzucht:* Siehe hierzu die nachfolgende Schilderung in «Brehms Illustriertes Tierleben. Für Volk und Schule bearbeitet von Friedrich Schödler», 3. Band, Leipzig 1875, Seite 511, auf die sich Rudolf Steiner offensichtlich bezieht (der betreffende Band befindet sich in seiner Bibliothek):

«Es ist bekannt, daß schon die Alten sich eine Gallwespe, die Cynips Psenes Linnés (heute: Blastophaga psenes) zunutze machten, um saftigere und wohlschmeckendere Feigen zu erlangen, und noch heutigentags verwendet man in Griechenland große Sorgfalt darauf, die ‹Kaprifikation› der Feigen an den veredelten Bäumen durch dieses Tier zu bewirken. Es lebt in den wilden Feigen und ist zu der Zeit, wo diese noch unreif sind, Ende Juni vollkommen entwickelt, würde auch noch darin bleiben, wenn man es nicht störte. So aber pflückt man diese Feigen, verbindet je zwei durch einen langen Binsenhalm miteinander und wirft sie auf die Zweige der edlen Feigenbäume, sie möglichst gleichmäßig zwischen deren Früchten verteilend; das Austrocknen und Zusammenschrumpfen der wilden Feigen veranlaßt die Insekten, diese zu verlassen, herauszukommen, eine (abnorme) zweite Generation zu bilden und die veredelten Feigen für ihre Brut als Wohnung zu wählen. Ehe diese zur Entwicklung gelangt, werden die Feigen geerntet, sie geht daher zugrunde, nachdem sie durch ihre Anwesenheit den Saftreichtum der Frucht vermehrt hat.»

219 *sengerig:* Umgangssprachlich für brenzlig.

231 *und holen sich eine bestimmte Grasart:* Das sogenannte «Nadelgras», Aristida. Mit Vorliebe sammeln die hier beschriebenen Ameisen die Samen von Aristida stricta und A. oligantha, die deshalb auch als «Ameisenreis» bezeichnet werden.

ackerbautreibende Ameisen: Über diese berichtet Brehm (a. a. O., S. 501), der hierbei Darwin zitiert:
«Eine andere Art, die Atta malefaciens, nennt *Darwin* die *ackerbautreibende* und berichtet darüber wie folgt: ‹Die Art, welche ich die ‹ackerbautreibende› nenne, ist eine große braune Ameise. Sie wohnt in, wie man es nennen könnte, gepflasterten Städten und trifft, gleich einem fleißigen, vorsichtigen Landwirte, passende und zeitgemäße Anordnungen für die verschiedenen Jahreszeiten. Wenn sie einen Platz für ihren Aufenthalt ausgewählt hat, bohrt sie, im Falle es gewöhnlicher, trockener Boden ist, ein Loch, um welches sie den Boden drei bis sechs Zoll erhöht, indem sie einen niedrigen, kreisförmigen Wall bildet. Wenn aber die Lokalität auf flachem Lande ist, welches überschwemmt werden kann, dann erhöht sie den Wall in Gestalt eines ziemlich spitzen Kegels auf fünfzehn bis zwanzig Zoll oder mehr und macht den Eingang nahe der Spitze, wenn auch zu der Zeit, wo sie ihren Bau anlegt, der Boden vollkommen trocken ist. In beiden Fällen reinigt die Ameise den Grund rings um den Wall von allen Hindernissen und glättet die Oberfläche bis zu einer Entfernung von drei bis vier Fuß vor dem Tore der Stadt, indem sie dem Platze das Ansehen eines schönen Pflasters gibt, was es auch wirklich ist. Innerhalb dieses Hofes wird außer einer einzigen Art von korntragendem Grase kein grünes Blatt geduldet. Nachdem das Insekt dieses Korn ringsum in einem Kreise, zwei bis drei Fuß von der Mitte des Walles entfernt, gepflanzt hat, pflegt es dasselbe mit steter Sorgfalt, indem es alle anderen Gräser und Kräuter abbeißt, welche dazwischen und in einer Entfernung von einem bis zwei Fuß außen um den Ackerkreis aufsprießen sollten; das kultivierte Gras wächst aufs Üppigste und gibt einen reichen Ertrag kleiner, weißer, kieselharter Samen, welche unter dem Mikroskope gewöhnlichem Reis sehr ähnlich sehen. Wenn es reif ist, wird es sorgfältig eingeerntet und von den Arbeitern mitsamt der Spreu in die Kornkammer getragen, wo es von der Spreu befreit und weggepackt wird. Die Spreu wird über die Grenzen des gepflasterten Hofes hinausgeworfen.›»

231 *Charles Darwin,* 1809–1882.

232 *Wespen von besonderer Art:* Schlupfwespen.

233 *Ich habe Ihnen schon einmal davon erzählt:* Siehe Vortrag vom 5. Januar 1923 in «Über Gesundheit und Krankheit», GA Bibl.-Nr. 348.

236 *die Schüler des Professors Bunge:* Siehe den auf Seite 161 erwähnten Artikel und die sich daran anschließenden Ausführungen Rudolf Steiners, bes. Seite 162.

239 *Da erzählt der Brehm eine niedliche Szene:* Siehe a. a. O., S. 494:

«Die Frechheit, zügellose Wildheit der Wespen kennt ein jeder zur Genüge, auch wenn er nicht von einem ganzen Schwarme überfallen und unbarmherzig zerstochen wurde, indem er harmlos und völlig unkundig des Nestes den Fußpfad wandelte, neben welchem sein Eingang lag. Vor einigen Jahren machten ein Hirtenhund und seine Gesellschaft eine gleiche Erfahrung. Auf einem Gute weideten Kühe. Die betreffende Stelle war von zahlreichen Maulwurfshügeln durchsetzt. Auf einem dieser sitzt der Hund, ein treuer Wächter seiner Herde. Mit einem Male vollführt derselbe ein entsetzliches Geheul und stürzt sich verzweiflungsvoll in das nahe vorbeifließende Wasser. Der Kuhhirt, zunächst nicht ahnend, was geschehen, eilt seinem treuen Tiere zu Hilfe, lockt es herbei und findet es mit Wespen gespickt. Noch damit beschäftigt, die durch das Wasserbad etwas abgekühlten Bestien von ihm zu entfernen, bemerkt er im Eifer nicht, daß auch er auf einem Vulkan steht. Die gereizten Tiere kriechen an seinen Beinen, innerhalb deren Bekleidung, in die Höhe, und auch er muß schließlich im Wasser einige Linderung für die ihm beigebrachten Stiche suchen. Immer größer wird die Verwirrung. Jene Maulwurfshügel sind von zahlreichen Schwärmen bewohnt, welche man bisher nicht beachtet hatte. Auch die weidenden Kühe waren einigen in den Weg gekommen und auch sie wurden von den in wilde Aufregung versetzten Wespen angegriffen. Das Brüllen aller und sich in das Wasser Stürzen war die Folge und der Kampf ein allgemeiner. Es kostete große Mühe und die Mitwirkung vieler Kräfte, um allmählich die Ordnung wieder herzustellen. Versuche, jene Nester zu zerstören und die Stelle für das weidende Vieh zugänglich zu machen, blieben erfolglos. Die Wespen waren in jenem Jahre zu zahlreich und blieben Herren der Situation.»

Alfred Edmund Brehm, 1829–1884, deutscher Zoologe und Forschungsreisender.

245 *Jean-Henri Fabre,* 1823–1915, französischer Insektenforscher. Hauptwerk: «Souvenirs entomologiques – Etudes sur l'instinct et les mœurs des insectes», 10 Bände, 1879–1907.

246 *diese Bienenart, die man gewöhnlich die Holzbiene nennt:* Xylocopa violacea. Siehe hierzu A. Brehm a. a. O., S. 484 u. 485:

«Mit kräftigem Gesumme fliegt das überwinterte Weibchen an Latten, Bretterwänden, Pfosten umher und trifft die Auswahl eines geeigneten Ortes, wohin es seine Nachkommenschaft bette. Altes Holz, ein morscher Pfosten, ein mürber Baumstamm, dem fetzenweise die Borke schon fehlt, eignet sich dazu am besten und ermöglicht die schwere Arbeit. Mit Eifer nagt die Biene ein Loch von dem Umfange ihres Körpers, dringt einige Linien in das Innere ein und wendet sich nun nach unten. Die Späne werden herausgeschafft und tiefer und tiefer gearbeitet, bis eine gleichmäßige Röhre entsteht, welche einen Fuß lang sein kann und sich am Ende wieder etwas nach außen biegt. Die sorgsame Mutter gönnt sich nur so viel Ruhe bei dieser Beschäftigung, als zu einem und dem andern Ausfluge nach Blumen nötig ist, wo sie durch Aufnahme von Honig neue Kräfte sammelt. Der Mai ist noch nicht zu Ende, sie aber fertig mit ihrer Röhre. In den untern Teil wird nun Honig mit Blütenstaub vermischt in einer ganz bestimmten Menge eingetragen, ein Ei darauf gelegt und etwa in der Höhe, welche der Dicke des Rohres gleichkommt, ein

Deckel aus konzentrischen Ringen von gekneteten Sägespänen aufgesetzt. Die erste Zelle ist geschlossen und damit der Boden für die zweite, höher liegende, gewonnen. Diese bekommt eine gleiche Portion und wieder ein Ei. In solcher Weise geht es fort ohne Unterbrechung, bis der Raum mit einer Zellensäule erfüllt ist. Nach wenig Tagen schlüpft die junge Made aus; sie liegt gekrümmt und füllt, wenn sie nach ungefähr drei Wochen erwachsen ist, die Höhlung der Zelle ziemlich aus. Jetzt spinnt sie einen Kokon und verpuppt sich. Da die unterste die älteste ist, muß sie natürlich auch zuerst zur Entwicklung gelangen, die zweite zunächst, die oberste zuletzt. Wird sie nun wohl so lange warten, bis die letzte ihrer Schwestern bereit ist, den Weg aus dem Kerker zu bahnen? Keineswegs, sie steht auf dem Kopfe, braucht also nur etwas beweglich zu werden und nach vorn zu drängen, so wird sie finden, daß der Raum sich nachgiebig zeigt. Sie gelangt so an das Ende der Biegung, welche mit Spänen lose gefüllt ist, und nagt die dünne Schicht zwischen sich und der warmen Sommerluft durch. Die zweite, welche auskriecht, folgt der ersten nach, bis endlich die ganze Gesellschaft Ende Juli oder Anfangs August ausgeflogen ist und das Nest leer steht.»

254 *durch ihre Begegnung:* In der Nachschrift steht «mit ihrem Biß».

259 *und da schmusen sich die Bienen zusammen:* «Sich schmusen» ist ein umgangssprachlicher Ausdruck für: sich zusammenkuscheln.

260 *bei diesen Weihnachtspielen:* Bei den Oberuferer Weihnachtspielen. Siehe die «Weihnachtspiele aus altem Volkstum. Die Oberuferer Spiele. Mitgeteilt von Karl Julius Schröer, szenisch eingerichtet von Rudolf Steiner», Dornach 1976, und Rudolf Steiner, «Ansprachen zu den Weihnachtspielen aus altem Volkstum» GA Bibl.-Nr. 274.

PERSONENREGISTER

(H = Hinweis, * = ohne Namensnennung)

RUDOLF STEINER GESAMTAUSGABE

Gliederung nach: Rudolf Steiner – Das literarische
und künstlerische Werk. Eine bibliographische Übersicht
(Bibliographie-Nrn. *kursiv* in Klammern)

A. SCHRIFTEN

I. Werke

Goethes Naturwissenschaftliche Schriften, eingeleitet und kommentiert von R. Steiner, 5 Bände, 1884 – 97, Neuausgabe 1975 *(1a-e)*; separate Ausgabe der Einleitungen, 1925 *(1)*

Grundlinien einer Erkenntnistheorie der Goetheschen Weltanschauung, 1886 *(2)*

Wahrheit und Wissenschaft. Vorspiel einer «Philosophie der Freiheit», 1892 *(3)*

Die Philosophie der Freiheit. Grundzüge einer modernen Weltanschauung, 1894 *(4)*

Friedrich Nietzsche, ein Kämpfer gegen seine Zeit, 1895 *(5)*

Goethes Weltanschauung, 1897 *(6)*

Die Mystik im Aufgange des neuzeitlichen Geisteslebens und ihr Verhältnis zur modernen Weltanschauung, 1901 *(7)*

Das Christentum als mystische Tatsache und die Mysterien des Altertums, 1902 *(8)*

Theosophie. Einführung in übersinnliche Welterkenntnis und Menschenbestimmung, 1904 *(9)*

Wie erlangt man Erkenntnisse der höheren Welten? 1904/05 *(10)*

Aus der Akasha-Chronik, 1904 – 08 *(11)*

Die Stufen der höheren Erkenntnis, 1905 – 08 *(12)*

Die Geheimwissenschaft im Umriß, 1910 *(13)*

Vier Mysteriendramen: Die Pforte der Einweihung – Die Prüfung der Seele – Der Hüter der Schwelle – Der Seelen Erwachen, 1910 – 13 *(14)*

Die geistige Führung des Menschen und der Menschheit, 1911 *(15)*

Anthroposophischer Seelenkalender, 1912 *(in 40)*

Ein Weg zur Selbsterkenntnis des Menschen, 1912 *(16)*

Die Schwelle der geistigen Welt, 1913 *(17)*

Die Rätsel der Philosophie in ihrer Geschichte als Umriß dargestellt, 1914 *(18)*

Vom Menschenrätsel, 1916 *(20)*

Von Seelenrätseln, 1917 *(21)*

Goethes Geistesart in ihrer Offenbarung durch seinen Faust und durch das Märchen von der Schlange und der Lilie, 1918 *(22)*

Die Kernpunkte der sozialen Frage in den Lebensnotwendigkeiten der Gegenwart und Zukunft, 1919 *(23)*

Aufsätze über die Dreigliederung des sozialen Organismus und zur Zeitlage 1915 – 1921 *(24)*

Kosmologie, Religion und Philosophie, 1922 *(25)*

Anthroposophische Leitsätze, 1924/25 *(26)*

Grundlegendes für eine Erweiterung der Heilkunst nach geisteswissenschaftlichen Erkenntnissen, 1925. Von Dr. R. Steiner und Dr. I. Wegman *(27)*

Mein Lebensgang, 1923 – 25 *(28)*

II. Gesammelte Aufsätze

Aufsätze zur Dramaturgie 1889–1901 *(29)* – Methodische Grundlagen der Anthroposophie 1884–1901 *(30)* – Aufsätze zur Kultur- und Zeitgeschichte 1887–1901 *(31)* – Aufsätze zur Literatur 1886–1902 *(32)* – Biographien und biographische Skizzen 1894–1905 *(33)* – Aufsätze aus «Lucifer-Gnosis» 1903–1908 *(34)* – Philosophie und Anthroposophie 1904–1918 *(35)* – Aufsätze aus «Das Goetheanum» 1921–1925 *(36)*

III. Veröffentlichungen aus dem Nachlaß

Briefe – Wahrspruchworte – Bühnenbearbeitungen – Entwürfe zu den vier Mysteriendramen 1910–1913 – Anthroposophie. Ein Fragment aus dem Jahre 1910 – Gesammelte Skizzen und Fragmente – Aus Notizbüchern und -blättern – *(38-47)*

B. DAS VORTRAGSWERK

I. Öffentliche Vorträge

Die Berliner öffentlichen Vortragsreihen, 1903/04 bis 1917/18 *(51-67)* – Öffentliche Vorträge, Vortragsreihen und Hochschulkurse an anderen Orten Europas 1906–1924 *(68-84)*

II. Vorträge vor Mitgliedern der Anthroposophischen Gesellschaft

Vorträge und Vortragszyklen allgemein-anthroposophischen Inhalts – Christologie und Evangelien-Betrachtungen – Geisteswissenschaftliche Menschenkunde – Kosmische und menschliche Geschichte – Die geistigen Hintergründe der sozialen Frage – Der Mensch in seinem Zusammenhang mit dem Kosmos – Karma-Betrachtungen – *(91-244)*
Vorträge und Schriften zur Geschichte der anthroposophischen Bewegung und der Anthroposophischen Gesellschaft *(251-263)*

III. Vorträge und Kurse zu einzelnen Lebensgebieten

Vorträge über Kunst: Allgemein Künstlerisches – Eurythmie – Sprachgestaltung und Dramatische Kunst – Musik – Bildende Künste – Kunstgeschichte *(271-292)* – Vorträge über Erziehung *(293-311)* – Vorträge über Medizin *(312-319)* – Vorträge über Naturwissenschaft *(320-327)* – Vorträge über das soziale Leben und die Dreigliederung des sozialen Organismus *(328-341)* – Vorträge für die Arbeiter am Goetheanumbau *(347-354)*

C. DAS KÜNSTLERISCHE WERK

Originalgetreue Wiedergaben von malerischen und graphischen Entwürfen und Skizzen Rudolf Steiners in Kunstmappen oder als Einzelblätter: Entwürfe für die Malerei des Ersten Goetheanum – Schulungsskizzen für Maler – Programmbilder für Eurythmie-Aufführungen – Eurythmieformen – Entwürfe zu den Eurythmiefiguren, u. a.

Die Bände der Rudolf Steiner Gesamtausgabe
sind innerhalb einzelner Gruppen einheitlich ausgestattet.
Jeder Band ist einzeln erhältlich.